# DIE GESCHICHTE VON

## INFORMATIONSNETZE

*Wie der Ideenfluss genutzt wurde, um die Zukunft aufzubauen, zu verändern und zu gestalten*

## ARNOLD D. STABILE

Dieses Buch ist ein Sachbuch. Es wurden alle Anstrengungen unternommen, um die Richtigkeit der bereitgestellten Informationen sicherzustellen. Der Autor und der Herausgeber übernehmen jedoch keine Verantwortung für Fehler, Auslassungen oder Konsequenzen, die sich aus der Verwendung der Informationen in diesem Buch ergeben.

## Haftungsausschluss

Dieses Buch dient ausschließlich Informations- und Bildungszwecken. Die in diesem Buch geäußerten Ansichten und Meinungen sind die des Autors und spiegeln nicht unbedingt die Ansichten der genannten Organisationen, Institutionen oder Einzelpersonen wider.

Der Autor und Herausgeber übernimmt keinerlei Gewähr für die Vollständigkeit, Zuverlässigkeit und Genauigkeit der bereitgestellten Informationen. Den Lesern wird empfohlen, selbst zu recherchieren und Fachleute zu konsultieren, um spezifische Ratschläge zu den in diesem Buch behandelten Themen einzuholen.

Alle Hinweise auf historische Ereignisse, Personen oder Organisationen basieren auf öffentlich zugänglichen Informationen und sollen keine Einzelperson oder Gruppe diffamieren oder schädigen.

Der Autor und der Herausgeber haften nicht für Schäden oder Verluste, die aus der Verwendung dieses Buches entstehen.

# INHALTSVERZEICHNIS

# Prolog

*„Das Wichtigste an der Kommunikation ist, zu hören, was nicht gesagt wird. "* — Peter Drucker

Von dem Moment an, als Menschen zum ersten Mal Symbole in Höhlenwände eingravierten, wurden wir von einem einzigartigen, unerbittlichen Bedürfnis getrieben: das, was wir wissen, zu teilen. Der Ideenfluss – sei es durch gesprochene Worte, geschriebene Texte oder digitale Signale – war schon immer der unsichtbare Faden, der uns verbindet. Es geht darum, wie wir die Welt verstehen, wie wir uns miteinander verbinden und wie wir die Zukunft gestalten. In diesem Buch geht es um diesen Thread. Es ist die Geschichte darüber, wie Menschen Informationsnetzwerke geschaffen, genutzt und verändert haben, um Gesellschaften, Kulturen und den Lauf der Geschichte selbst zu formen.

Stellen Sie sich für einen Moment eine Welt ohne die Möglichkeit vor, Ideen auszutauschen. Keine Geschichten werden von einer Generation zur nächsten weitergegeben. Keine Briefe über Ozeane verschickt. Keine Bücher, keine Zeitungen, kein Internet. Ohne den Informationsfluss würde der Fortschritt zum Stillstand kommen. Das Wissen würde in den Köpfen der Einzelnen stecken bleiben, unfähig, sich zu verbreiten, unfähig zu wachsen. Aber das ist nicht die Welt, in der wir leben. Stattdessen haben wir Systeme – Netzwerke – aufgebaut, die es Ideen ermöglichen, sich weiter und schneller als je zuvor zu verbreiten. Diese Netzwerke waren so einfach wie ein Bote zu Pferd oder so komplex wie das globale Satellitennetz, das heute unseren Planeten umkreist. Und mit jeder neuen Art des Informationsaustauschs hat sich die Menschheit verändert.

Dieses Buch beginnt mit den frühesten Formen der Kommunikation, als unsere Vorfahren Bilder und Symbole verwendeten, um ihre Gedanken aufzuzeichnen. Es folgt dem Aufstieg der Schriftsprache, der Erfindung der Druckerpresse und der Schaffung von Postsystemen, die entfernte Länder miteinander verbanden. Es geht der Frage nach, wie Telegraf und Telefon die Welt schrumpften, wie Radio und Fernsehen Stimmen und Bilder in unsere Häuser brachten und wie das Internet alles revolutionierte. Dabei werden nicht nur die Technologien selbst untersucht, sondern auch die tiefgreifenden Auswirkungen, die sie auf die Art und Weise haben, wie wir leben, denken und interagieren.

Die Geschichte der Informationsnetzwerke ist nicht nur eine Geschichte der Erfindung; Es ist eine Geschichte der Macht. Wer den Informationsfluss kontrolliert, hatte schon immer großen Einfluss. Könige und Kaiser nutzten Boten, um ihre Reiche aufrechtzuerhalten. Religiöse Führer nutzten Bücher, um ihren Glauben zu verbreiten. Regierungen und Unternehmen haben Radiowellen, Fernsehbildschirme und digitale Plattformen genutzt, um die öffentliche Meinung zu formen. Aber Informationsnetzwerke sind auch Fähigkeiten des Widerstands. Sie wurden eingesetzt, um Autoritäten herauszufordern, revolutionäre Ideen zu verbreiten und den Stimmlosen eine Stimme zu geben. Von den Broschüren der Amerikanischen Revolution bis hin zu den Tweets moderner Aktivisten war der Informationsfluss eine Kraft sowohl für Kontrolle als auch für Veränderung.

Heute leben wir in einer Welt, in der sich Informationen mit Lichtgeschwindigkeit bewegen. Eine einzelne Idee kann im Handumdrehen um die ganze Welt reisen und Bewegungen, Debatten und Innovationen auslösen. Doch diese beispiellose

Konnektivität wirft auch neue Fragen auf. Wer entscheidet, welche Informationen weitergegeben und was verborgen bleibt? Wie navigieren wir in einer Welt, in der sich Wahrheit und Unwahrheit gleichermaßen leicht verbreiten können? Und was hält die Zukunft für die Netzwerke bereit, die wir aufgebaut haben?

Dieses Buch erhebt nicht den Anspruch, alle Antworten zu haben. Stattdessen lädt es Sie ein, die Geschichte unserer Anreise zu erkunden. Wenn wir die Vergangenheit verstehen, können wir die Gegenwart besser verstehen – und vielleicht sogar einen Blick in die Zukunft werfen. Die Geschichte der Informationsnetzwerke ist in vielerlei Hinsicht die Geschichte der Menschheit selbst. Es ist eine Geschichte von Neugier, Kreativität und Verbundenheit. Es ist eine Geschichte darüber, wie wir den Ideenfluss genutzt haben, um die Welt, in der wir leben, aufzubauen, zu verändern und zu gestalten. Und es ist eine Geschichte, die noch lange nicht zu Ende ist.

# Kapitel 1

## Was ist Wissen?

---

## Wissen definieren

Was bedeutet es, etwas zu wissen? Diese Frage fasziniert die Menschheit seit Tausenden von Jahren und prägt die Art und Weise, wie wir über uns selbst, unsere Gesellschaften und die Welt um uns herum denken. Von antiken Philosophen bis hin zu modernen Denkern war die Suche nach einer Definition von Wissen von zentraler Bedeutung für das Verständnis des menschlichen Fortschritts und der Rolle von Ideen bei der Gestaltung unseres Lebens.

Die Geschichte beginnt mit Platon, einem der einflussreichsten Philosophen der Geschichte. In seinem Dialog Theaitetus schlug Platon eine Definition von Wissen vor, die sich über Jahrhunderte hinweg bewährt hat: Wissen ist „gerechtfertigter wahrer Glaube". Um etwas wirklich zu wissen, müssten drei Bedingungen erfüllt sein, argumentierte er. Erstens muss der Glaube wahr sein – er muss der Realität entsprechen. Zweitens muss die Person daran glauben; Wissen kann ohne Überzeugung nicht existieren. Schließlich muss eine Rechtfertigung vorliegen, das heißt, der Glaube muss durch Beweise oder Gründe gestützt werden. Wenn zum Beispiel jemand glaubt, dass die Sonne morgen aufgehen wird, und das tut sie auch, dann ist dieser Glaube wahr. Aber ohne zu verstehen, warum die Sonne aufgeht – ohne Rechtfertigung –, kann es nicht als Wissen im philosophischen Sinne angesehen werden.

Platons Definition war bahnbrechend, weil sie die Idee einführte, dass es beim Wissen nicht nur darum geht, richtige Überzeugungen zu haben, sondern auch darum, zu verstehen, warum diese Überzeugungen richtig sind. Diese Betonung der Rechtfertigung legte den Grundstein für Jahrhunderte philosophischer Forschung. Es warf jedoch auch schwierige Fragen auf. Was gilt als Begründung? Woher wissen wir, dass unsere Begründungen zuverlässig sind? Diese Fragen würden Philosophen über Generationen hinweg vor Herausforderungen stellen.

Aristoteles, Platons Schüler, erweiterte diese Ideen, indem er die Bedeutung von Beobachtung und Logik betonte. Während sich Platon auf abstrakte, ideale Formen konzentrierte, glaubte Aristoteles, dass Wissen aus dem Studium der natürlichen Welt stammte. Er argumentierte, dass Wissen durch systematisches Denken und Beweisen aufgebaut wird, ein Prozess, den wir heute als Grundlage der Wissenschaft anerkennen. Der Ansatz von Aristoteles verlagerte den Fokus von rein theoretischen Ideen auf praktisches Verständnis und beeinflusste die Art und Weise, wie Wissen in Bereichen wie Biologie, Physik und Ethik verfolgt wurde.

Jahrhunderte später, im Mittelalter, wurde der Wissensbegriff eng mit der Religion verknüpft. Denker wie Thomas von Aquin versuchten, Glauben und Vernunft in Einklang zu bringen, und argumentierten, dass Wissen sowohl aus göttlicher Offenbarung als auch aus menschlicher Forschung stammen könne. Für Thomas von Aquin ging es beim Wissen nicht nur darum, die natürliche Welt zu verstehen, sondern auch darum, spirituelle Wahrheiten zu erfassen. Diese Zeit verdeutlichte die Spannung zwischen verschiedenen Wissensquellen – Vernunft, Erfahrung und Glaube – eine Debatte, die bis heute andauert.

Die Aufklärung des 17. und 18. Jahrhunderts brachte einen dramatischen Wandel in der Art und Weise mit sich, wie Wissen verstanden wurde. Philosophen wie René Descartes und John Locke stellten die Grundlagen des menschlichen Verständnisses in Frage. Descartes erklärte bekanntlich: „Ich denke, also bin ich" und betonte damit die Rolle von Zweifel und Vernunft bei der Suche nach Gewissheit. Er glaubte, dass Wissen auf einer Grundlage absoluter Gewissheit aufbauen muss, beginnend mit der selbstverständlichen Wahrheit der eigenen Existenz.

Im Gegensatz dazu argumentierte Locke, dass Wissen aus Erfahrung entsteht. Er beschrieb den menschlichen Geist als ein „unbeschriebenes Blatt" bei der Geburt, in dem alles Wissen aus Sinneseindrücken und Reflexion erwächst. Diese als Empirismus bekannte Idee stellte die Vorstellung in Frage, dass bestimmte Wahrheiten angeboren oder selbstverständlich seien. Lockes Arbeit legte den Grundstein für die moderne Wissenschaft, die auf Beobachtung und Experimenten beruht, um Wissen aufzubauen.

Mit fortschreitender Aufklärung versuchten andere Philosophen wie Immanuel Kant, die Kluft zwischen Vernunft und Erfahrung zu überbrücken. Kant argumentierte, dass Wissen zwar mit Erfahrung beginnt, der Geist jedoch eine aktive Rolle bei der Organisation und Interpretation dieser Erfahrung spielt. Er führte die Idee ein, dass bestimmte Konzepte wie Raum und Zeit nicht aus der Welt gelernt werden, sondern in die Struktur des menschlichen Denkens eingebaut sind. Diese Perspektive veränderte die Art und Weise, wie Philosophen die Beziehung zwischen Geist und Realität verstanden.

Im 20. Jahrhundert erlangte die Erkenntnistheorie – die sogenannte Erkenntnistheorie – neue Dimensionen. Philosophen wie Ludwig Wittgenstein und Edmund Gettier stellten traditionelle Definitionen von Wissen in Frage. Wittgenstein untersuchte, wie Sprache unser Verständnis der Welt prägt, und wies darauf hin, dass das, was wir „wissen", oft an die Wörter und Konzepte gebunden ist, die wir verwenden. Gettier hingegen stellte bekanntermaßen Platons Definition von Wissen mit einer Reihe von Gedankenexperimenten in Frage. Er zeigte, dass ein Glaube wahr und gerechtfertigt sein kann, aber dennoch nicht als Wissen gilt, was eine heftige Debatte unter Philosophen auslöste.

Die moderne Philosophie beschäftigt sich weiterhin mit diesen Fragen, insbesondere im Kontext von Technologie und Information. In einer Zeit, in der Daten reichlich vorhanden, aber oft unzuverlässig sind, war die Herausforderung, Wissen zu definieren, noch nie so dringend. Philosophen erforschen nun, wie Wissen durch Algorithmen, soziale Medien und künstliche Intelligenz beeinflusst wird, und werfen neue Fragen darüber auf, was es bedeutet, etwas in einer digitalen Welt zu „wissen".

Im Laufe der Geschichte haben die sich weiterentwickelnden Definitionen von Wissen die Art und Weise geprägt, wie Menschen über Wahrheit, Lernen und Fortschritt denken. Platons Idee des gerechtfertigten wahren Glaubens bereitete die Bühne für jahrhundertelange Debatten, während Denker wie Aristoteles, Descartes und Locke unser Verständnis davon erweiterten, wie Wissen erworben und genutzt wird. Diese philosophischen Erkundungen erinnern uns daran, dass Wissen nicht nur eine

Sammlung von Fakten ist, sondern ein dynamischer Prozess des Fragens, Denkens und Entdeckens. Durch diesen Prozess hat die Menschheit Zivilisationen aufgebaut, die Wissenschaft vorangebracht und nach Sinn in einer sich ständig verändernden Welt gesucht.

## Die Rolle des Wissens im menschlichen Fortschritt

Seit den frühesten Tagen der menschlichen Existenz ist Wissen die Grundlage für den Fortschritt. Es ist der unsichtbare Faden, der Generationen verbindet, die Fähigkeit, die es der Menschheit ermöglicht hat, sich in einer sich ständig verändernden Welt anzupassen, zu innovieren und zu gedeihen. Wissen ist nicht nur die Anhäufung von Fakten oder Fähigkeiten; Es ist die Fähigkeit, Informationen zu verstehen, zu interpretieren und anzuwenden, um Probleme zu lösen, neue Möglichkeiten zu schaffen und die Zukunft zu gestalten. Ohne Wissen wäre die Menschheit stagniert und nicht in der Lage gewesen, die Herausforderungen des Überlebens zu meistern oder die komplexen Gesellschaften aufzubauen, die wir heute sehen.

Am Anfang war Wissen eine Frage des Überlebens. Die frühen Menschen verließen sich auf ihr Verständnis der natürlichen Welt, um zu jagen, zu sammeln und sich vor Raubtieren zu schützen. Sie lernten, welche Pflanzen sicher gegessen werden können, wie man Tiere aufspürt und wie man aus Stein und Holz Fähigkeiten erschafft. Dieses Wissen wurde nicht niedergeschrieben, sondern mündlich von einer Generation zur nächsten weitergegeben, um sicherzustellen, dass jede neue Gruppe von Menschen auf den Erfahrungen ihrer Vorgänger aufbauen konnte. Diese Fähigkeit,

Wissen zu teilen und zu bewahren, verschaffte dem Menschen einen erheblichen Vorteil gegenüber anderen Arten und ermöglichte ihm, sich an unterschiedliche Umgebungen anzupassen und die harten Realitäten des prähistorischen Lebens zu meistern.

Einer der transformativsten Momente in der Geschichte der Menschheit war die Agrarrevolution, die vor etwa 10.000 Jahren begann. Vor dieser Zeit lebten die Menschen als nomadische Jäger und Sammler und waren ständig auf der Suche nach Nahrung. Doch mit der Entdeckung der Landwirtschaft änderte sich alles. Die Menschen lernten, Getreide anzubauen und Tiere zu domestizieren, was für eine stabile Nahrungsversorgung sorgte und es ihnen ermöglichte, sich an einem Ort niederzulassen. Dieser Wandel vom nomadischen zum sesshaften Lebensstil legte den Grundstein für die ersten Zivilisationen. Das Wissen über die Landwirtschaft breitete sich über die Regionen aus und ermöglichte das Wachstum von Städten, die Entwicklung des Handels und die Schaffung komplexer sozialer Strukturen. Bei der Agrarrevolution ging es nicht nur um Lebensmittel; Es ging um die Macht des Wissens, die Art und Weise zu verändern, wie Menschen leben und mit der Welt interagieren.

Mit dem Wachstum der Zivilisationen wuchs auch die Notwendigkeit, Wissen zu bewahren und zu erweitern. Zur Aufzeichnung von Gesetzen, Handelsgeschäften und religiösen Texten wurden Schriftsysteme erfunden, etwa die Keilschrift in Mesopotamien und die Hieroglyphen in Ägypten. Diese frühen Aufzeichnungen ermöglichten die Speicherung und Weitergabe von Wissen über Generationen hinweg und sorgten so dafür, dass wichtige Entdeckungen und Ideen nicht verloren gingen. Bibliotheken, wie die berühmte Bibliothek von Alexandria, wurden zu Lernzentren, in denen Gelehrte studieren und Ideen austauschen konnten. Diese Bewahrung des Wissens war entscheidend für den Fortschritt von Wissenschaft, Philosophie und Kultur.

Die wissenschaftliche Revolution des 16. und 17. Jahrhunderts markierte einen weiteren entscheidenden Moment im menschlichen Fortschritt. In dieser Zeit stellten Denker wie Galileo Galilei, Isaac Newton und Johannes Kepler traditionelle Überzeugungen in Frage und nutzten Beobachtung, Experimente und Vernunft, um die Naturgesetze aufzudecken. Die Erfindung des Buchdrucks durch Johannes Gutenberg im 15. Jahrhundert spielte eine Schlüsselrolle in dieser Revolution, indem sie Bücher leichter zugänglich machte und die schnelle Verbreitung neuer Ideen ermöglichte. Wissen war nicht länger auf die Elite beschränkt; Es wurde zu einer gemeinsamen Ressource, die Innovationen anregen und den Fortschritt vorantreiben konnte. Die Entdeckungen der wissenschaftlichen Revolution legten den Grundstein für die moderne Wissenschaft und Technologie und veränderten die Art und Weise, wie Menschen die Welt und ihren Platz darin verstanden.

Die industrielle Revolution des 18. und 19. Jahrhunderts hat erneut gezeigt, dass Wissen die Geschichte der Menschheit prägen kann. Fortschritte in Technik, Chemie und Physik führten zur Erfindung von Maschinen, mit denen Güter in großem Maßstab hergestellt werden konnten. Fabriken ersetzten kleine Werkstätten und Dampfmaschinen revolutionierten Transport und Industrie. Diese Zeit des schnellen technischen Fortschritts wurde durch die Anhäufung und Anwendung von Wissen vorangetrieben, die es den Gesellschaften ermöglichte, sich von der Agrarwirtschaft zu industriellen Kraftwerken zu entwickeln. Die industrielle

Revolution verbesserte nicht nur den Lebensstandard vieler Menschen, sondern machte auch deutlich, wie wichtig Bildung und Innovation für die wirtschaftliche und soziale Entwicklung sind.

Im Laufe der Geschichte war der Austausch von Wissen ebenso wichtig wie seine Schaffung. Gesellschaften, die der Bildung und der Verbreitung von Ideen Priorität einräumten, waren besser in der Lage, sich an Veränderungen anzupassen und Herausforderungen zu meistern. Während der Aufklärung beispielsweise betonten Denker wie Voltaire, Rousseau und Kant den Wert der Vernunft, der Bildung und des freien Gedankenaustauschs. Ihre Arbeit inspirierte politische Revolutionen und soziale Reformen und zeigte, wie Wissen eine Kraft für Befreiung und Fortschritt sein kann.

In der Geschichte des Wissens geht es jedoch nicht nur um seine Triumphe. Es gab Zeiten, in denen Wissen unterdrückt oder kontrolliert wurde, um die Macht aufrechtzuerhalten. Im Mittelalter beispielsweise war der Zugang zu Büchern und Bildung auf wenige Privilegierte beschränkt, und abweichende Ideen wurden oft zum Schweigen gebracht. Doch selbst in diesen Zeiten fand das Wissen Möglichkeiten zu überleben, sei es durch Geheimgesellschaften, Untergrundbewegungen oder durch die Widerstandskraft von Einzelpersonen, die sich weigerten, es verschwinden zu lassen.

Heute leben wir in einer Zeit, in der Wissen leichter zugänglich ist als je zuvor. Das Internet hat ein globales Netzwerk für den Informationsaustausch geschaffen und dabei Entfernungs- und Zeitbarrieren überwunden. Doch diese Fülle an Wissen bringt auch Herausforderungen mit sich, etwa Fehlinformationen und die Notwendigkeit, Quellen kritisch zu bewerten. Wenn wir in die

Zukunft blicken, ist klar, dass die Bewahrung und Weitergabe von Wissen weiterhin von entscheidender Bedeutung für die Bewältigung der komplexen Probleme unserer Zeit sein wird, vom Klimawandel bis zur globalen Ungleichheit.

Die Rolle des Wissens für den menschlichen Fortschritt ist ein Beweis für unsere Lern-, Anpassungs- und Innovationsfähigkeit. Es ist die treibende Kraft hinter jeder großen Errungenschaft der Geschichte, vom Bau der Pyramiden bis zur Erforschung des Weltraums. Aber Wissen ist nicht statisch; Es muss gepflegt, hinterfragt und geteilt werden, um relevant zu bleiben. Während wir weiterhin auf den Grundlagen aufbauen, die von denen vor uns gelegt wurden, müssen wir auch sicherstellen, dass zukünftige Generationen die Fähigkeiten und Möglichkeiten haben, eine bessere Welt zu schaffen. Um es mit den Worten von Isaac Newton zu sagen: „Wenn ich weiter gesehen habe, dann dadurch, dass ich auf den Schultern von Riesen gestanden habe." Wissen ist unser Erbe, unsere Verantwortung und unsere größte Hoffnung für die Zukunft.

## Wie alte Kulturen die Weisheit bewahrten

Seit Beginn der menschlichen Zivilisation war Wissen mehr als nur eine Überlebensfähigkeit – es war ein heiliges Erbe, ein Schatz, den es zu bewahren und über Generationen weiterzugeben galt. Für alte Kulturen war Wissen nicht nur praktisch; es war eng mit ihrem Verständnis der Welt, ihren spirituellen Überzeugungen und ihrem Identitätsgefühl verknüpft. Es war die Grundlage ihrer Gesellschaften und prägte ihre Gesetze, Rituale und Lebensweisen. Der Verlust dieses Wissens hätte bedeutet, dass sie ihre Verbindung zur Vergangenheit und ihre Fähigkeit verloren hätten, die Zukunft zu steuern. Infolgedessen entwickelten die alten Zivilisationen bemerkenswerte Methoden, um die ihnen am Herzen liegende Weisheit zu schützen und sicherzustellen, dass sie den Test der Zeit überdauert.

In vielen alten Kulturen war heiliges Wissen eng mit Religion und Spiritualität verbunden. Man glaubte oft, diese Weisheit stamme aus göttlichen Quellen – Göttern, Vorfahren oder der natürlichen Welt – und sei der Menschheit als Geschenk oder Verantwortung anvertraut worden. Im alten Ägypten beispielsweise galt Wissen als göttlicher Segen des Gottes Thot, der als Schutzpatron der Schrift, der Weisheit und der Wissenschaft galt. Die Ägypter entwickelten Hieroglyphen, ein komplexes Schriftsystem, das Symbole und Bilder kombinierte, um ihre heiligen Texte, Rituale und historischen Ereignisse aufzuzeichnen. Diese Hieroglyphen wurden sorgfältig in Tempelwände, Gräber und Papyrusrollen eingraviert, um sicherzustellen, dass das Wissen über ihre Götter, Könige und die Kosmologie für die Ewigkeit erhalten bleibt. Das „Buch der Toten", eine Sammlung von Zaubersprüchen und Anweisungen zur Navigation im Jenseits, ist eines der berühmtesten Beispiele dafür, wie die Ägypter ihre heilige Weisheit bewahrten.

Im alten Indien nahm die Bewahrung heiligen Wissens eine andere Form an. Die Veden, eine Sammlung von Hymnen, Gebeten und philosophischen Lehren, galten als die ultimative Quelle der Weisheit und Wahrheit. Diese Texte wurden jahrhundertelang nicht niedergeschrieben; Stattdessen wurden sie durch mündliche Überlieferung bewahrt. Priester und Gelehrte, sogenannte Brahmanen, lernten die Veden mit außergewöhnlicher Präzision auswendig und verwendeten bestimmte Rhythmen und Intonationen, um sicherzustellen, dass jedes Wort und jeder Ton genau so weitergegeben wurde, wie er empfangen worden war. Diese mündliche Überlieferung war nicht nur eine Methode zur Bewahrung; Es war ein heiliger Akt, eine Möglichkeit, den göttlichen Ursprung des Wissens zu ehren. Auch heute noch werden die Veden auf die gleiche Weise rezitiert wie vor Tausenden von Jahren, ein Beweis für die anhaltende Kraft dieser alten Methode.

Mündliche Überlieferungen waren auch für die Bewahrung des Wissens in vielen indigenen Kulturen auf der ganzen Welt von zentraler Bedeutung. In diesen Gesellschaften war Weisheit oft in Geschichten, Lieder und Rituale eingebettet, die wichtige Lehren über die natürliche Welt, soziale Werte und spirituelle Überzeugungen vermittelten. Bei den indigenen Völkern Australiens beispielsweise beschreiben die „Dreamtime"-Geschichten die Erschaffung der Welt und die Gesetze, die sie regieren. Diese Geschichten sind nicht nur Mythen; Sie sind ein lebendiger Wissensspeicher und lehren jede Generation, im Einklang mit dem Land und seinen Ressourcen zu leben. In ähnlicher Weise spielten Griots – Oralhistoriker und Geschichtenerzähler – in vielen afrikanischen Kulturen eine entscheidende Rolle bei der Bewahrung der Geschichte und Traditionen ihrer Gemeinschaften. Durch ihre Auftritte hielten sie die Erinnerung an ihre Vorfahren, die Weisheit der Ältesten und die Lehren der Vergangenheit wach.

Symbole und Rituale waren eine weitere wirkungsvolle Möglichkeit, wie alte Kulturen heiliges Wissen bewahrten. In der Maya-Zivilisation Mesoamerikas beispielsweise waren Kenntnisse in Astronomie, Mathematik und Zeitmessung in ihren komplizierten Kalendersystemen und der monumentalen Architektur verankert. Die Mayas bauten Observatorien und

Tempel, die auf himmlische Ereignisse ausgerichtet waren, und nutzten diese Strukturen, um die Bewegungen von Sonne, Mond und Sternen zu verfolgen. Dieses Wissen war nicht nur wissenschaftlich; Es war zutiefst spirituell und leitete ihre landwirtschaftlichen Praktiken, religiösen Zeremonien und ihr Verständnis des Universums. Die in Stein gemeißelten und auf Kodizes gemalten Maya-Glyphen dienten als schriftliche Aufzeichnung ihres heiligen Wissens, obwohl ein Großteil davon während der spanischen Eroberung auf tragische Weise verloren ging.

In vielen Fällen war die Bewahrung heiligen Wissens eng mit Regierungsführung und sozialer Ordnung verbunden. In Mesopotamien, einer der frühesten Zivilisationen der Welt, wurde der Kodex von Hammurabi für alle sichtbar in eine Steinstele eingraviert. Dieses Gesetzbuch, das Gesetze und Strafen darlegte, war nicht nur ein praktischer Leitfaden für die Gerechtigkeit; Es war eine Widerspiegelung des göttlichen Willens, von dem angenommen wird, dass er König Hammurabi vom Gott Marduk gegeben wurde. Indem sie diese Gesetze schriftlich festhielten, stellten die Mesopotamier sicher, dass ihre Regierungs- und Moralprinzipien Bestand hatten, und sorgten für Stabilität und Kontinuität in ihrer Gesellschaft.

Die Bewahrung des heiligen Wissens war nicht ohne Herausforderungen. In vielen Kulturen war diese Weisheit auf eine ausgewählte Gruppe von Menschen beschränkt – Priester, Schriftgelehrte oder Herrscher – denen die Aufbewahrung anvertraut wurde. Diese Exklusivität sollte oft das Wissen vor Missbrauch oder Korruption schützen, bedeutete aber auch, dass der Zugang dazu eingeschränkt war. Im alten China beispielsweise war das „I Ging" (Buch der Wandlungen) ein heiliger Text, der zur

Wahrsagerei und philosophischen Reflexion verwendet wurde. Die Beherrschung seines komplexen Symbol- und Interpretationssystems erforderte jahrelange Studien, und seine Lehren waren oft Gelehrten und Beamten vorbehalten. Auch im mittelalterlichen Europa wurde das in religiösen Texten und klassischen Werken enthaltene Wissen in Klöstern bewahrt, wo Mönche Manuskripte sorgfältig von Hand kopierten. Dies sicherte zwar das Überleben dieser Texte, bedeutete aber auch, dass sie für die breite Bevölkerung weitgehend unzugänglich waren.

Trotz dieser Einschränkungen hatten die Bemühungen alter Kulturen, ihr heiliges Wissen zu bewahren, tiefgreifende und dauerhafte Auswirkungen. Die Weisheit der Vergangenheit inspiriert und informiert weiterhin die Gegenwart und bildet eine Grundlage für moderne Wissenschaft, Philosophie und Kultur. Die Hieroglyphen Ägyptens, die Veden Indiens, die mündlichen Überlieferungen indigener Völker und die Kodizes der Mayas sind nicht nur Relikte der Geschichte; Sie sind lebendige Erinnerungen an die menschliche Fähigkeit, das Wichtigste zu schätzen, zu schützen und zu teilen.

In einer Welt, die sich ständig verändert, bleibt die Bewahrung von Wissen so wichtig wie eh und je. So wie alte Kulturen erkannten, wie wichtig es ist, ihre Weisheit zu bewahren, müssen auch wir dafür sorgen, dass das Wissen unserer Zeit für zukünftige Generationen erhalten bleibt. Ob durch Bücher, digitale Archive oder mündliche Überlieferungen – die Bewahrung von Wissen ist eine Möglichkeit, die Vergangenheit zu würdigen, die Gegenwart zu bereichern und sich auf die Zukunft vorzubereiten. Wie die alten Griechen glaubten, ist Wissen nicht nur ein Besitz; Es ist ein Vermächtnis, ein Geschenk, das uns mit denen verbindet, die vorher da waren, und denen, die danach kommen werden.

# Die Entwicklung der Wissensvermittlung

Während eines Großteils der Menschheitsgeschichte wurde Wissen nicht auf Papier oder Stein weitergegeben, sondern in den Köpfen und Stimmen der Menschen. Vor der Erfindung der Schrift waren mündliche Überlieferungen das wichtigste Mittel, mit dem Gesellschaften ihre Weisheit, Geschichte und Werte bewahrten und weitergaben. Durch Geschichten, Lieder und Rituale gaben die frühen Menschen ihr Wissen von einer Generation zur nächsten weiter. Diese Methode der Wissensvermittlung war zutiefst persönlich und gemeinschaftlich und verband die Menschen durch gemeinsame Erfahrungen und kollektive Erinnerungen. Als jedoch die menschlichen Gesellschaften immer komplexer wurden, wurden die Grenzen mündlicher Überlieferungen deutlich, was zu einer der transformativsten Innovationen der Geschichte führte: der Erfindung der Schrift.

In frühen Gesellschaften waren mündliche Überlieferungen das Lebenselixier der Kultur und des Überlebens. Wissen wurde nicht aufgeschrieben, sondern gesprochen, gesungen oder aufgeführt. Älteste, Geschichtenerzähler und spirituelle Führer waren die Hüter dieses Wissens und stellten sicher, dass es an jüngere Generationen weitergegeben wurde. Geschichten wurden verwendet, um die Ursprünge der Welt zu erklären, moralische Lehren zu vermitteln und die Geschichte einer Gemeinschaft zu bewahren. Beispielsweise verlassen sich indigene Völker auf der ganzen Welt seit langem auf mündliche Überlieferungen, um ihr Verständnis des Landes, ihrer Vorfahren und ihres spirituellen Glaubens zu vermitteln. Diese Geschichten waren oft reich an

Symbolik und Bedeutung und so gestaltet, dass sie einprägsam waren, sodass sie genau nacherzählt werden konnten.

Auch Lieder und Rituale spielten eine entscheidende Rolle bei der mündlichen Wissensvermittlung. In vielen afrikanischen Kulturen verwendeten Griots – Oralhistoriker und Musiker – Rhythmus und Melodie, um Genealogie, historische Ereignisse und kulturelle Werte zu erzählen. Ebenso gab es im antiken Griechenland epische Gedichte wie das von Homer *Ilias* Und *Odyssee* wurden mündlich komponiert und aufgeführt und bewahren die Mythen und die Geschichte des griechischen Volkes. Bei diesen mündlichen Überlieferungen ging es nicht nur um Unterhaltung; Sie waren eine Möglichkeit, die Vergangenheit lebendig zu halten und sicherzustellen, dass wichtiges Wissen nicht vergessen wurde.

Die Stärke mündlicher Überlieferungen liegt in ihrer Fähigkeit, sich anzupassen und weiterzuentwickeln. Da sie durch die Aufführung weitergegeben wurden, konnten sie an die Bedürfnisse des Publikums oder den Kontext der Zeit angepasst werden. Diese Flexibilität ermöglichte es, dass mündliche Überlieferungen relevant und ansprechend blieben. Allerdings war diese Anpassungsfähigkeit auch eine Einschränkung. Im Laufe der Zeit können sich Geschichten und Wissen durch das Nacherzählen absichtlich oder versehentlich ändern. Details könnten vergessen, verändert oder ausgeschmückt werden, was zu Abweichungen führen könnte, die die ursprüngliche Botschaft verfälschen könnten. Darüber hinaus stützten sich mündliche Überlieferungen stark auf das Gedächtnis, was bedeutete, dass Wissen verloren gehen konnte, wenn die Bewahrer dieses Wissens verstarben, ohne es weiterzugeben.

Als die menschlichen Gesellschaften größer und komplexer wurden, wurde die Notwendigkeit einer zuverlässigeren und dauerhafteren Methode zur Wissensbewahrung deutlich. Dieses Bedürfnis führte zu einem der bedeutendsten Meilensteine der Menschheitsgeschichte: der Erfindung der Schrift. Das Schreiben ermöglichte es den Menschen, Informationen in einer festen Form aufzuzeichnen und so sicherzustellen, dass sie über einen längeren Zeitraum genau aufbewahrt und über große Entfernungen weitergegeben werden konnten. Es war ein revolutionärer Schritt, der die Art und Weise veränderte, wie Menschen Wissen weitergaben und die Entwicklung von Zivilisationen prägte.

Das früheste bekannte Schriftsystem, die Keilschrift, wurde um 3100 v. Chr. in Mesopotamien entwickelt. Es begann als eine Möglichkeit, den Überblick über Handels- und Landwirtschaftsaufzeichnungen zu behalten, indem einfache, in Tontafeln eingepresste Symbole verwendet wurden. Im Laufe der Zeit entwickelte sich die Keilschrift zu einem ausgefeilteren System, mit dem Gesetze, Literatur und religiöse Texte aufgezeichnet werden konnten. Im alten Ägypten entstanden Hieroglyphen als ein weiteres frühes Schriftsystem, das Bildsymbole mit phonetischen Elementen kombinierte, um eine vielseitige und ausdrucksstarke Form der Kommunikation zu schaffen. Hieroglyphen wurden verwendet, um alles zu beschriften, von königlichen Dekreten bis hin zu heiligen Texten wie dem „Buch der Toten", das den Verstorbenen durch das Leben nach dem Tod führte.

Die Erfindung der Schrift hatte tiefgreifende Auswirkungen auf die menschlichen Gesellschaften. Einerseits ermöglichte es die Bewahrung von Wissen mit weitaus größerer Genauigkeit als durch mündliche Überlieferungen. Schriftliche Aufzeichnungen beruhten nicht auf Gedächtnis oder Leistung, was bedeutete, dass sie über Jahrhunderte hinweg unverändert bleiben konnten. Diese Beständigkeit war besonders wichtig für Gesetze, religiöse Lehren und historische Berichte, die konsistent und verbindlich sein mussten. Das Schreiben ermöglichte auch die Anhäufung von Wissen im Laufe der Zeit. Wissenschaftler konnten die Werke ihrer Vorgänger studieren und darauf aufbauen, was zu Fortschritten in Wissenschaft, Philosophie und Technologie führte.

Ein weiterer transformativer Aspekt des Schreibens war seine Fähigkeit, Zeit und Raum zu überwinden. Bei mündlichen Überlieferungen mussten sich Sprecher und Publikum zur gleichen Zeit am selben Ort aufhalten. Schriftliche Aufzeichnungen hingegen könnten gespeichert, kopiert und transportiert werden, wodurch Wissen Menschen weit über seinen Ursprungsort hinaus erreichen könnte. Diese Fähigkeit, Informationen über Entfernungen hinweg auszutauschen, war entscheidend für das Wachstum von Handel, Regierungsführung und kulturellem Austausch. Beispielsweise bildeten die schriftlichen Gesetze Hammurabis in Mesopotamien einen einheitlichen rechtlichen Rahmen für ein ganzes Reich, während die schriftlichen Texte des antiken Griechenlands und Roms den Grundstein für die westliche Philosophie und Literatur legten.

Der Übergang von der mündlichen zur schriftlichen Wissensvermittlung erfolgte nicht unmittelbar oder allgemein. Über Jahrhunderte existierten mündliche und schriftliche Überlieferungen nebeneinander, die jeweils unterschiedlichen Zwecken dienten. In vielen Kulturen war das Schreiben zunächst der Elite – Schriftgelehrten, Priestern und Herrschern – vorbehalten, während mündliche Überlieferungen in der breiten Bevölkerung weiterhin florierten. Auch heute noch sind mündliche

Überlieferungen ein wichtiger Bestandteil vieler Kulturen, sie ergänzen schriftliche Aufzeichnungen und stellen eine dynamische, lebendige Verbindung zur Vergangenheit her.

Die Entwicklung von mündlichen Überlieferungen zu schriftlichen Aufzeichnungen stellt einen Wendepunkt in der Geschichte der Menschheit dar. Es markierte den Beginn einer neuen Ära, in der Wissen auf bisher unvorstellbare Weise bewahrt, geteilt und erweitert werden konnte. Das Schreiben ermöglichte es dem Menschen, die Grenzen des Gedächtnisses und der Leistungsfähigkeit zu überwinden und schuf so eine Grundlage für die Entwicklung komplexer Gesellschaften, fortschrittlicher Technologien und globaler Kommunikation. Doch auch wenn wir die Kraft des Schreibens feiern, ist es wichtig, sich an den Reichtum und die Vitalität mündlicher Überlieferungen zu erinnern, die uns weiterhin an die menschliche Stimme im Herzen allen Wissens erinnern. Gemeinsam haben diese beiden Formen der Weitergabe die Geschichte der Menschheit geprägt und dafür gesorgt, dass die Weisheit der Vergangenheit uns in die Zukunft führen kann.

## Wissen als Fähigkeit zum Überleben, zur Verbindung und zur Innovation

Wissen war schon immer die mächtigste Fähigkeit der Menschheit. Es ist die Grundlage, auf der unser Überleben, unsere Beziehungen und unser Fortschritt basieren. Seit den frühesten Tagen der menschlichen Existenz ist Wissen der Schlüssel zur Bewältigung von Herausforderungen, zum Knüpfen von Verbindungen und zum Erschaffen neuer Möglichkeiten. Es ist nicht einfach etwas, was wir erwerben; Es ist etwas, das wir nutzen – eine Fähigkeit, die es uns ermöglicht, uns anzupassen, zu wachsen und innovativ zu sein. Die Geschichte des menschlichen Fortschritts ist im Kern die Geschichte, wie wir Wissen genutzt haben, um zu überleben, uns zu verbinden und die Welt um uns herum zu verändern.

Am Anfang war Wissen eine Frage von Leben und Tod. Die frühen Menschen lebten in einer Welt voller Gefahren – Raubtiere, raues Klima und knappe Ressourcen. Um zu überleben, mussten sie ihre Umwelt verstehen. Sie lernten, welche Pflanzen unbedenklich und welche giftig waren, wie man Tiere für die Jagd aufspürt und wie man in trockenen Landschaften Wasser findet. Dieses Wissen war nicht angeboren; es wurde durch Beobachtung, Versuch und Irrtum und Erfahrung gewonnen. Beispielsweise entdeckten die frühen Menschen, wie man Feuer macht, ein Durchbruch, der Wärme, Schutz und die Fähigkeit bot, Essen zu kochen. Feuer war mehr als ein Werkzeug – es war ein Symbol dafür, wie Wissen das Überleben in etwas Sichereres und Nachhaltigeres verwandeln konnte.

Aber beim Überleben ging es nicht nur um individuelles Wissen. Die frühen Menschen erkannten schnell, dass der Austausch ihres Wissens sie als Gruppe stärker machte. Eine einzelne Person könnte lernen, wie man einen Speer herstellt, aber wenn man es anderen beibringt, könnte die gesamte Gemeinschaft davon profitieren. Dieser Wissensaustausch ermöglichte es den Menschen, stärkere soziale Bindungen zu knüpfen und gemeinsam an der Lösung von Problemen zu arbeiten. Beispielsweise erforderte die Jagd auf große Tiere wie Mammuts Teamwork, Strategie und Kommunikation. Durch die Bündelung ihres Wissens konnten die frühen Menschen Dinge erreichen, die kein Einzelner allein erreichen könnte. Diese Fähigkeit zum Teilen und zur

Zusammenarbeit wurde zur Grundlage menschlicher Verbindungen und des Wachstums von Gemeinschaften.

Als die Menschen begannen, in größeren Gruppen zu leben, wurde der Wissensaustausch noch wichtiger. Es ging nicht mehr nur ums Überleben – es ging um den Aufbau einer gemeinsamen Identität und Kultur. Mit Geschichten, Liedern und Ritualen wurde Wissen von einer Generation zur nächsten weitergegeben und so sichergestellt, dass die Weisheit der Vergangenheit nicht verloren ging. Dieses kollektive Wissen half den Gemeinschaften zu wachsen und zu gedeihen und schuf ein Gefühl der Zugehörigkeit und des Ziels. Beispielsweise nutzen indigene Völker auf der ganzen Welt seit langem mündliche Überlieferungen, um ihren Kindern das Land, ihre Vorfahren und ihre Werte näherzubringen. Bei diesen Traditionen geht es nicht nur ums Überleben; Bei ihnen geht es um Verbindungen – darum, zu verstehen, wer wir sind und wie wir in die Welt passen.

Während Wissen den Menschen zum Überleben und zur Vernetzung verhalf, wurde es auch zur treibenden Kraft hinter Innovationen. Im Laufe der Geschichte haben Menschen Wissen genutzt, um Probleme zu lösen und neue Technologien zu entwickeln, die ihr Leben verbessern. Eines der frühesten Beispiele hierfür ist die Entwicklung der Landwirtschaft. Vor etwa 10.000 Jahren entdeckten die Menschen, wie man Nutzpflanzen anbaut und Tiere domestiziert, und veränderten so ihre Lebensweise. Anstatt sich ausschließlich auf das Jagen und Sammeln zu verlassen, konnten sie nun ihre eigene Nahrung produzieren. Diese Innovation führte zum Wachstum dauerhafter Siedlungen, zum Aufstieg von Zivilisationen und zur Entwicklung von Handel und Regierungsführung. Die Landwirtschaft war nicht nur ein technologischer Durchbruch; Es war ein Beweis für die Macht des Wissens, die Welt neu zu gestalten.

Ein weiteres Beispiel für wissensbasierte Innovation ist die Erfindung des Rades. Auch wenn es heute einfach erscheinen mag, war das Rad eine revolutionäre Idee, die die Art und Weise veränderte, wie Menschen Güter transportierten und reisten. Es ermöglichte den Bau von Karren und Waggons, was den Transport schwerer Lasten und die Verbindung entfernter Gemeinden erleichterte. Das Rad ist ein perfektes Beispiel dafür, wie Wissen sich selbst aufbaut – wie eine Idee zu unzähligen anderen führen kann. Ohne das Rad gäbe es kein modernes Transportmittel, keine Autos, keine Flugzeuge. Jede Innovation ist ein Fortschritt, der durch das ihr vorangegangene Wissen ermöglicht wird.

Im Laufe der Zeit trieb das Wissen die Menschheit immer weiter voran. Die Entdeckung der Elektrizität im 18. und 19. Jahrhundert ist ein weiteres eindrucksvolles Beispiel. Wissenschaftler wie Benjamin Franklin, Michael Faraday und Thomas Edison nutzten ihr Verständnis der Naturkräfte, um Technologien zu entwickeln, die die Welt veränderten. Elektrizität brachte Licht in Häuser, trieb Maschinen an und verband Menschen über Telegraphen und Telefone. Es war ein Wendepunkt in der Geschichte der Menschheit und zeigte, wie Wissen genutzt werden konnte, um völlig neue Lebensweisen zu schaffen.

Was Wissen so bemerkenswert macht, ist, wie eng seine Rollen für Überleben, Verbindung und Innovation miteinander verbunden sind. Jeder Aspekt verstärkt den anderen. Zum Beispiel führt das zum Überleben notwendige Wissen – etwa das Verständnis, wie man Nahrungsmittel anbaut – oft zu Innovationen, etwa der Entwicklung von Bewässerungssystemen. Diese Innovationen wiederum stärken die Verbindungen zwischen Menschen, da Gemeinschaften zusammenarbeiten, um sie aufzubauen und aufrechtzuerhalten. Ebenso hilft der Wissensaustausch innerhalb einer Gemeinschaft nicht nur dem Einzelnen beim Überleben, sondern fördert auch Kreativität und Zusammenarbeit, was zu neuen Ideen und Lösungen führt.

Auch heute noch ist Wissen die Grundlage des menschlichen Fortschritts. In der modernen Welt stehen wir vor Herausforderungen wie dem Klimawandel, globalen Pandemien und technologischer Ungleichheit. Um diese Herausforderungen zu meistern, müssen wir uns auf dieselben Prinzipien verlassen, die die Menschheit seit Tausenden von Jahren leiten: die Fähigkeit zu lernen, zu teilen und innovativ zu sein. So wie die frühen Menschen ihr Wissen nutzten, um sich an ihre Umwelt anzupassen, müssen wir unser Wissen nutzen, um eine nachhaltige und gerechte Zukunft zu schaffen.

# Kapitel 2

## Wie Geschichten Menschen zusammenbrachten

### Die Ursprünge des Geschichtenerzählens

Das Geschichtenerzählen ist so alt wie die Menschheit selbst. Lange vor dem geschriebenen Wort, vor Städten und Zivilisationen erzählten Menschen Geschichten. Durch das Geschichtenerzählen verstanden die frühen Menschen ihre Welt, teilten wichtiges Wissen und bauten die Verbindungen auf, die es ihnen ermöglichten, zu überleben und zu gedeihen. Im Kern begann das Geschichtenerzählen als eine grundlegende menschliche Aktivität, die auf der Notwendigkeit basierte, sich in einer gefährlichen und unvorhersehbaren Umgebung zurechtzufinden und gleichzeitig die Bindungen innerhalb von Gemeinschaften zu fördern. Es war nicht nur eine Möglichkeit zu kommunizieren – es war eine Möglichkeit zu leben, sich zu verbinden und Sinn zu schaffen.

In den frühesten Tagen der menschlichen Existenz hing das Überleben vom Wissen ab. Die frühen Menschen lebten in einer Welt voller Bedrohungen: Raubtiere, raues Wetter und knappe Ressourcen. Um zu überleben, mussten sie ihre Umwelt verstehen und dieses Verständnis mit anderen teilen. Das Geschichtenerzählen wurde zu einer Möglichkeit, diese wichtigen Informationen weiterzugeben. Am Feuer erzählten die Ältesten vielleicht Geschichten über erfolgreiche Jagden, beschrieben, wo man Wild findet, wie man Tiere aufspürt und welche Pflanzen sicher gegessen werden können. Diese Geschichten dienten nicht nur der Unterhaltung; Sie waren Überlebensführer und lehrten die nächste Generation, die Herausforderungen ihrer Welt zu meistern.

Beispielsweise könnte eine Geschichte über einen Jäger, der sich zu nahe an eine Löwengrube heranwagte, als Warnung für andere dienen und sie lehren, ähnliche Gefahren zu meiden. Eine andere Geschichte könnte beschreiben, wie eine Gruppe zusammenarbeitete, um ein großes Tier zu erlegen, und dabei die Bedeutung von Zusammenarbeit und Strategie hervorheben. Diese frühen Geschichten waren praktisch, aber auch einprägsam. Durch die Einbettung von Lektionen in Erzählungen stellten die frühen Menschen sicher, dass wichtiges Wissen nicht vergessen wurde. Eine einfache Liste von Fakten mag schwer zu merken sein, aber eine Geschichte mit Charakteren, Emotionen und einem klaren Ausgang kann jahrelang im Gedächtnis bleiben.

Aber beim Geschichtenerzählen ging es nicht nur ums Überleben – es ging auch um die Verbindung. Menschen sind soziale Wesen und das Geschichtenerzählen wurde zu einer Möglichkeit, Menschen zusammenzubringen. Am Feuer, in der Sicherheit der Gruppe, sorgten Geschichten für ein gemeinsames Erlebnis. Sie gaben den Menschen ein Zugehörigkeitsgefühl, das Gefühl, Teil von etwas zu sein, das größer ist als sie selbst. Durch das Geschichtenerzählen konnten die frühen Menschen ihre Ängste, Hoffnungen und Träume zum Ausdruck bringen und so Bindungen schaffen, die ihre Gemeinschaften stärkten.

Höhlenmalereien, einige der frühesten Formen des Geschichtenerzählens, bieten einen Einblick in diese alte Praxis. Diese Gemälde wurden an Orten wie Lascaux in Frankreich und Altamira in Spanien gefunden und zeigen Tiere, Jagden und mysteriöse Symbole. Während wir ihre genaue Bedeutung nur vermuten können, ist es klar, dass sie für die frühen Menschen eine Möglichkeit waren, ihre Erfahrungen zu kommunizieren und zu bewahren. Vielleicht wurden sie verwendet, um Jagdtechniken zu lehren oder um die Tiere zu ehren, die Nahrung und Kleidung lieferten. Was auch immer ihr Zweck sein mag, diese Gemälde zeigen, dass das Geschichtenerzählen bereits vor Zehntausenden von Jahren tief in der menschlichen Kultur verankert war.

Mit der Weiterentwicklung der Menschen entwickelten sich auch ihre Geschichten. Im Laufe der Zeit wurde das Geschichtenerzählen zu mehr als nur einer Möglichkeit, praktisches Wissen zu teilen – es wurde zu einer Möglichkeit, Werte, Traditionen und Überzeugungen weiterzugeben. Es entstanden mündliche Überlieferungen, in denen Geschichten über Generationen hinweg erzählt und nacherzählt wurden. Diese Geschichten nahmen oft die Form von Mythen und Legenden an und erklärten den Ursprung der Welt, die Kräfte der Natur und die Regeln der Gesellschaft. Beispielsweise gibt es in vielen indigenen Kulturen Schöpfungsgeschichten, die beschreiben, wie die Welt entstand und welchen Platz die Menschheit darin einnimmt. Diese Geschichten waren nicht nur Erklärungen; Sie waren eine Möglichkeit, den Menschen beizubringen, wie man lebt, wie man das Land respektiert und wie man miteinander umgeht.

Das Geschichtenerzählen förderte auch Empathie und Verständnis. Durch das Hören der Geschichte eines anderen könnten Menschen in ihre Lage schlüpfen und ihre Freuden und Schwierigkeiten erleben. Diese Fähigkeit, die Welt mit den Augen eines anderen zu sehen, trug dazu bei, Vertrauen und Zusammenarbeit innerhalb der Gemeinschaften aufzubauen. Beispielsweise könnte eine Geschichte über einen Helden, der sich für das Wohl der Gruppe opferte, andere zu selbstlosem Handeln inspirieren. Die Geschichte eines Betrügers, der Ärger verursachte, könnte als Warnung vor Egoismus oder Betrug dienen. Durch das Geschichtenerzählen könnten Menschen komplexe Emotionen und moralische Dilemmata erkunden und nicht nur lernen, wie man überlebt, sondern auch, wie man zusammenlebt.

Die Kraft des Geschichtenerzählens, Menschen zu verbinden, ging über einzelne Gemeinschaften hinaus. Als die Menschen begannen zu reisen und Handel zu treiben, teilten sie ihre Geschichten mit anderen und verbreiteten so Wissen und Ideen über Kulturen hinweg. Eine Geschichte, die in einem Dorf erzählt wird, könnte eine ähnliche Geschichte in einem anderen inspirieren und so ein Netz gemeinsamer Erzählungen schaffen, das sich über große Entfernungen erstreckt. Dieser Austausch von Geschichten trug dazu bei, Brücken zwischen verschiedenen Gruppen zu schlagen und das Verständnis und die Zusammenarbeit zu fördern.

Noch heute sind die Ursprünge des Geschichtenerzählens in der Art und Weise zu erkennen, wie wir kommunizieren und Kontakte knüpfen. Moderne Geschichten – ob in Büchern, Filmen oder Gesprächen erzählt – dienen immer noch denselben grundlegenden Zwecken wie die unserer Vorfahren. Sie lehren uns, inspirieren uns und bringen uns zusammen. Sie erinnern uns an unsere gemeinsame Menschlichkeit und unsere Fähigkeit, Herausforderungen durch Zusammenarbeit und Kreativität zu meistern.

# Mündliche Überlieferungen in verschiedenen Kulturen

Mündliche Überlieferungen sind seit Tausenden von Jahren das Lebenselixier von Kulturen auf der ganzen Welt. Lange vor der Erfindung der Schrift verließen sich die Menschen auf das gesprochene Wort, um ihre Geschichte zu bewahren, wichtige Lektionen zu vermitteln und ihre Werte weiterzugeben. Diese Traditionen waren mehr als nur eine Möglichkeit, Informationen auszutauschen – sie waren eine Möglichkeit, eine Kultur am Leben zu erhalten und sicherzustellen, dass ihre Identität, Weisheit und ihr Geist über Generationen hinweg Bestand hatten. Durch Geschichtenerzählen, Lieder, Sprichwörter und Rituale wurden mündliche Überlieferungen zu einer mächtigen Fähigkeit, Gemeinschaften zu lehren, zu verbinden und zu vereinen.

Im Kern ging es bei mündlichen Überlieferungen um Kontinuität. Sie ermöglichten es den Menschen, Wissen auf eine Weise weiterzugeben, die für jedermann zugänglich war, unabhängig davon, ob sie lesen oder schreiben konnten. Älteste, Geschichtenerzähler und spirituelle Führer wurden zu Hütern dieses Wissens und stellten sicher, dass es mit jüngeren Generationen geteilt wurde. Bei diesen Traditionen ging es nicht nur um Fakten oder Ereignisse; Es ging ihnen um Bedeutung. Sie brachten den Menschen bei, wie man lebt, wie man miteinander umgeht und wie man seinen Platz in der Welt versteht. Auf diese Weise ging es bei mündlichen Überlieferungen sowohl um Werte und Identität als auch um Geschichte.

Eines der auffälligsten Beispiele mündlicher Überlieferungen findet sich in Westafrika, wo Griots – Oralhistoriker, Dichter und

Musiker – eine zentrale Rolle bei der Bewahrung der Geschichte und Kultur ihrer Gemeinschaften gespielt haben. Griots sind mehr als nur Geschichtenerzähler; Sie sind lebendige Archive, die die Erinnerungen ihres Volkes in ihren Gedanken und Stimmen tragen. In epischen Geschichten, Genealogien und Liedern erzählen Griots von den Taten ihrer Vorfahren, vom Aufstieg und Fall von Königreichen und von den Lehren, die sie aus der Vergangenheit gezogen haben. Zum Beispiel die *Epos von Sundiata*, das die Geschichte der Gründung des Mali-Reiches erzählt, wird seit Jahrhunderten mündlich weitergegeben und bewahrt nicht nur die Geschichte eines großen Führers, sondern auch die Werte Mut, Ausdauer und Einheit.

In Amerika verlassen sich indigene Völker seit langem auf mündliche Überlieferungen, um ihre Geschichte, ihren spirituellen Glauben und ihre kulturellen Praktiken zu bewahren. Diese Traditionen nehmen oft die Form von Geschichten an, die den Ursprung der Welt, die Kräfte der Natur und die Beziehungen zwischen Mensch und Umwelt erklären. Beispielsweise gibt es in der Konföderation der Haudenosaunee (Irokesen) eine mündliche Überlieferung, die als „Großes Gesetz des Friedens" bekannt ist und erzählt, wie ihr Volk zusammenkam, um eine geeinte und harmonische Gesellschaft zu bilden. Diese Geschichte ist nicht nur ein historischer Bericht; Es ist ein Leitfaden für die Regierungsführung und eine Erinnerung an die Werte Frieden, Zusammenarbeit und Respekt.

Mündliche Überlieferungen spielten auch im antiken Griechenland und Indien eine wichtige Rolle, wo epische Gedichte wie das von Homer entstanden *Ilias* Und *Odyssee* und der Inder *Mahabharata* Und *Ramayana* wurden lange vor ihrer Niederschrift komponiert und mündlich aufgeführt. Diese Epen waren mehr als nur

Unterhaltung; Sie waren eine Möglichkeit, moralische Lektionen zu erteilen, die menschliche Natur zu erforschen und die kulturelle Identität zu stärken. Zum Beispiel die *Mahabharata* enthält Geschichten, die sich mit komplexen ethischen Dilemmata wie dem Konflikt zwischen Pflicht und persönlichem Verlangen befassen *Odyssee* untersucht Themen wie Loyalität, Ausdauer und die Bedeutung des Zuhauses. Diese Geschichten wurden von erfahrenen Künstlern vorgetragen, die Rhythmus, Wiederholungen und lebendige Bilder nutzten, um sie einprägsam und wirkungsvoll zu machen.

Sprichwörter und Redewendungen sind ein weiterer wichtiger Aspekt mündlicher Überlieferungen. In allen Kulturen wurden Sprichwörter verwendet, um Weisheit auf prägnante und einprägsame Weise zu vermitteln. In afrikanischen Kulturen zum Beispiel verkörpern Sprichwörter wie „Es braucht ein Dorf, um ein Kind großzuziehen" Werte der Gemeinschaft und der kollektiven Verantwortung. In der chinesischen Kultur betonen Sprichwörter wie „Eine Reise von tausend Meilen beginnt mit einem einzigen Schritt" Geduld und Ausdauer. Diese kurzen, aussagekräftigen Sätze sind leicht zu merken und weiterzugeben, was sie zu einer effektiven Möglichkeit macht, Werte zu vermitteln und Verhalten anzuleiten.

Rituale und Zeremonien spielen auch in mündlichen Überlieferungen eine Schlüsselrolle. In vielen Kulturen werden wichtige Ereignisse wie Geburten, Hochzeiten und Ernten durch Rituale markiert, die Lieder, Gesänge und Geschichten umfassen. Bei diesen Ritualen handelt es sich nicht nur um Feste; Sie sind eine Möglichkeit, gemeinsame Werte zu stärken und Menschen mit ihrem kulturellen Erbe zu verbinden. Beispielsweise sind in polynesischen Kulturen mündliche Überlieferungen oft in

Zeremonien eingebunden, die die Vorfahren und die Natur ehren und so ein Gefühl der Kontinuität und Zugehörigkeit schaffen.

Einer der bemerkenswertesten Aspekte mündlicher Überlieferungen ist ihre Fähigkeit, sich anzupassen und weiterzuentwickeln und gleichzeitig das Wesen einer Kultur zu bewahren. Da sie durch Aufführungen weitergegeben werden, können mündliche Überlieferungen auf die Bedürfnisse des Publikums oder den Kontext der Zeit zugeschnitten werden. Diese Flexibilität hat es ihnen ermöglicht, auch angesichts von Veränderungen relevant und bedeutungsvoll zu bleiben. Gleichzeitig erfordern mündliche Überlieferungen eine aktive Beteiligung. Es handelt sich nicht um statische Datensätze; Es handelt sich um lebendige Praktiken, die vom Gedächtnis, der Kreativität und dem Engagement der Menschen abhängen, die sie vorantreiben.

Auch mündliche Überlieferungen waren eine verbindende Kraft und förderten das Zugehörigkeitsgefühl und den sozialen Zusammenhalt. Durch den Austausch von Geschichten, Liedern und Ritualen schaffen Menschen ein gemeinsames Erlebnis, das ihre Bindungen stärkt und ihre Identität als Gemeinschaft stärkt. Dies ist besonders wichtig in Gesellschaften ohne schriftliche Aufzeichnungen, in denen mündliche Überlieferungen als wichtigstes Mittel zur Bewahrung und Weitergabe des kulturellen Erbes dienen. Auch in der heutigen Zeit spielen mündliche Überlieferungen in vielen Gemeinschaften weiterhin eine wichtige Rolle und erinnern uns an die Kraft des gesprochenen Wortes, zu verbinden, zu inspirieren und zu erhalten.

# Epische Geschichten und gemeinsame Werte

Epische Geschichten waren schon immer mehr als nur Geschichten. Sie sind die Spiegel der Gesellschaften, die sie geschaffen haben, und spiegeln ihre Werte, Überzeugungen und Bestrebungen wider. Von der antiken Welt Griechenlands bis zu den mittelalterlichen Höfen Europas dienten epische Erzählungen als wirkungsvolles Medium zur Vermittlung gemeinsamer Werte, zur Wahrung der kulturellen Identität und zur Vermittlung moralischer Lehren. Diese Geschichten voller überlebensgroßer Helden, großer Abenteuer und zeitloser Kämpfe waren nicht nur eine Quelle der Unterhaltung, sondern auch eine Möglichkeit, Menschen über Generationen hinweg zu inspirieren, zu erziehen und zu vereinen.

Im antiken Griechenland gab es epische Geschichten wie *Die Ilias* Und *Die Odyssee* von Homer waren von zentraler Bedeutung für das kulturelle und moralische Gefüge der Gesellschaft. Diese Geschichten wurden von Barden rezitiert und mündlich weitergegeben, lange bevor sie niedergeschrieben wurden, um sicherzustellen, dass ihre Lektionen ein breites Publikum erreichten. *Die Ilias* erzählt die Geschichte des Trojanischen Krieges und konzentriert sich dabei auf Themen wie Heldentum, Ehre und die Folgen von Stolz. Im Mittelpunkt steht die Figur des Achilles, eines Kriegers, dessen Stärke und Tapferkeit unübertroffen sind, dessen Zorn und Hybris jedoch zur Tragödie führen. Auf der Reise des Achilles erkundeten die Griechen die Komplexität der menschlichen Natur, die Bedeutung der Selbstbeherrschung und den Preis persönlichen Ruhms.

Ähnlich, *Die Odyssee* folgt den Abenteuern von Odysseus, der nach dem Trojanischen Krieg darum kämpft, nach Hause zurückzukehren. Seine Reise ist voller Herausforderungen, die seine Intelligenz, Belastbarkeit und Loyalität auf die Probe stellen. Odysseus ist nicht nur wegen seiner Stärke ein Held; Aufgrund seiner Klugheit und Entschlossenheit ist er ein Held. Die Geschichte betont die Werte Beharrlichkeit, Familie und die Sehnsucht nach Heimat, die beim griechischen Volk großen Anklang fanden. Diese Epen waren nicht nur Geschichten einzelner Helden – sie spiegelten die kollektiven Werte der griechischen Gesellschaft wider und lehrten Lehren über Mut, Loyalität und die menschliche Verfassung.

Der Einfluss dieser griechischen Epen reichte weit über ihre Zeit hinaus und prägte die Erzähltraditionen späterer Kulturen. Im mittelalterlichen Europa nahmen epische Geschichten neue Formen an und spiegelten die Werte und Herausforderungen einer anderen Zeit wider. Geschichten wie *Beowulf, Das Lied von Roland*und die Artuslegenden wurden zu den Eckpfeilern der mittelalterlichen Literatur und verkörperten die Ideale von Ritterlichkeit, Loyalität und Glauben, die diese Zeit prägten.

*Beowulf,* eines der ältesten erhaltenen Werke der englischen Literatur, erzählt die Geschichte eines Helden, der gegen Monster und Drachen kämpft, um sein Volk zu beschützen. Beowulfs Tapferkeit und Selbstlosigkeit werden gefeiert, aber die Geschichte erkundet auch die Unvermeidlichkeit des Todes und die Flüchtigkeit menschlicher Errungenschaften. Durch Beowulfs Taten stärkt die Geschichte die Werte Mut, Ehre und die Verantwortung der Führer, ihre Gemeinschaften zu schützen. Gleichzeitig spiegelt es die Spannung zwischen heidnischen Traditionen und dem wachsenden Einfluss des Christentums wider und zeigt, wie sich epische Geschichten an veränderte Kulturlandschaften anpassen können.

In Frankreich, *Das Lied von Roland* wurde zu einem prägenden Epos des Mittelalters. Basierend auf der historischen Schlacht am Roncevaux-Pass feiert die Geschichte die Loyalität und Opferbereitschaft von Roland, einem Ritter, der bei der Verteidigung seines Königs und seines Glaubens stirbt. Die Geschichte ist voller Themen wie Treue, religiöse Hingabe und der Kampf zwischen Gut und Böse und spiegelt die Werte einer Gesellschaft wider, die tief vom Feudalismus und den Kreuzzügen geprägt ist. Rolands unerschütterliche Loyalität gegenüber seinem König und seine Bereitschaft, für seinen Glauben zu sterben, machten ihn zu einer idealisierten Figur des mittelalterlichen Rittertums und inspirierten Ritter und Adlige, ähnliche Tugenden zu wahren.

Die Artus-Legenden, die ihren Ursprung in Großbritannien hatten und sich in ganz Europa verbreiteten, boten einen reichen Fundus an Geschichten über König Artus, die Ritter der Tafelrunde und die Suche nach dem Heiligen Gral. Diese Geschichten kombinierten Elemente aus Geschichte, Mythos und Romantik und schufen eine Welt, in der Ideale von Ritterlichkeit, Gerechtigkeit und Ehre zum Leben erweckt wurden. Charaktere wie Sir Lancelot, Sir Gawain und Königin Guinevere verkörperten die Komplexität menschlicher Beziehungen und erkundeten Themen wie Liebe, Verrat und Erlösung. Die Artuslegenden waren nicht nur Abenteuergeschichten; Sie waren moralische Führer und lehrten Lektionen über Führung, Loyalität und das Streben nach einem höheren Ziel.

Während die epischen Traditionen des antiken Griechenlands und des mittelalterlichen Europas von unterschiedlichen kulturellen Kontexten geprägt waren, hatten sie ein gemeinsames Ziel: ihr Publikum zu inspirieren und zu vereinen, indem sie die Werte und Ideale ihrer Gesellschaften widerspiegelten. Beide Traditionen nutzten überlebensgroße Helden, um universelle Themen wie den Kampf zwischen Gut und Böse, die Bedeutung von Loyalität und die Suche nach Sinn in einer chaotischen Welt zu erforschen. Allerdings gab es auch wesentliche Unterschiede. Griechische Epen konzentrierten sich oft auf individuelles Heldentum und die Spannung zwischen persönlichen Wünschen und gesellschaftlichen Erwartungen, während mittelalterliche Epen kollektive Werte wie die Loyalität gegenüber dem eigenen Herrn, die Hingabe an Gott und die Verantwortung des Rittertums betonten.

Trotz dieser Unterschiede erkannten beide Traditionen die Macht des Geschichtenerzählens, um Identität zu formen und ein Zugehörigkeitsgefühl zu fördern. Epische Geschichten waren nicht nur Unterhaltung; Sie waren eine Möglichkeit, die Geschichte zu bewahren, moralische Lehren zu vermitteln und die gemeinsamen Werte zu stärken, die Gesellschaften zusammenhielten. Sie erinnerten die Menschen an ihre Vergangenheit, inspirierten sie zum Streben nach Größe und vermittelten ein Gefühl der Kontinuität in einer sich ständig verändernden Welt.

## Geschichtenerzählen als Fähigkeit für Empathie und sozialen Wandel

Geschichtenerzählen war schon immer eine der mächtigsten Fähigkeiten der Menschheit. Durch Geschichten verbinden wir uns, verstehen und fühlen uns miteinander. Geschichten ermöglichen es uns, in die Welt eines anderen einzutreten, das Leben mit seinen Augen zu sehen und seine Freuden, Ängste und Kämpfe zu spüren. Diese Fähigkeit, Empathie hervorzurufen, macht das Geschichtenerzählen zu einer so transformativen Kraft. Im Laufe der Geschichte haben uns Geschichten nicht nur dabei geholfen, einander besser zu verstehen, sondern sie haben auch gesellschaftliche Normen in Frage gestellt, Bewegungen inspiriert und bedeutende soziale Veränderungen vorangetrieben.

Im Kern geht es beim Geschichtenerzählen um Verbindungen. Wenn wir eine Geschichte hören, werden wir in die Erfahrungen anderer versetzt. Wir spüren ihre Gefühle, verstehen ihre Herausforderungen und sehen die Welt aus ihrer Perspektive. Diese Fähigkeit, Empathie zu erzeugen, macht das Geschichtenerzählen so einzigartig. Es baut Barrieren ab und ermöglicht es uns, mit Menschen in Kontakt zu treten, die ganz anders zu sein scheinen als wir. Beispielsweise kann eine Geschichte über eine Familie, die mit Armut zu kämpfen hat, jemandem, der noch nie Not erlebt hat, helfen, den Schmerz und die Widerstandskraft derer zu verstehen, die damit jeden Tag leben. Indem das Geschichtenerzählen das Unbekannte vertraut macht, baut es Brücken zwischen Menschen und fördert Mitgefühl.

Diese Fähigkeit des Geschichtenerzählens, Empathie hervorzurufen, wurde im Laufe der Geschichte genutzt, um Ungerechtigkeit zu bekämpfen und Veränderungen anzuregen. Eines der bekanntesten Beispiele ist der Roman von Harriet Beecher Stowe *Onkel Toms Hütte*. Das 1852 veröffentlichte Buch erzählte die Geschichte versklavter Menschen in den Vereinigten Staaten und enthüllte die brutale Realität der Sklaverei für Leser, die möglicherweise nichts davon wussten oder gleichgültig waren. Durch seine lebendigen Charaktere und die emotionale Erzählung vermenschlichte das Buch die Not versklavter Menschen und rüttelte das Gewissen einer Nation auf. Als Präsident Abraham Lincoln Stowe traf, soll er sie als „die kleine Dame, die diesen großen Krieg begonnen hat" bezeichnet und die Rolle hervorgehoben haben, die ihre Geschichte bei der Ankurbelung der Abolitionistenbewegung gespielt hat.

Auch für marginalisierte Gemeinschaften ist das Geschichtenerzählen eine wichtige Fähigkeit, ihre Kämpfe, Träume und Identitäten zu bewahren. In vielen Kulturen wurden mündliche Erzähltraditionen genutzt, um Geschichten und Erfahrungen weiterzugeben, die andernfalls möglicherweise gelöscht oder vergessen worden wären. Während der Ära der Sklaverei in den Vereinigten Staaten beispielsweise nutzten versklavte Menschen Lieder und Geschichten, um ihren Schmerz, ihre Hoffnung und ihren Widerstand zum Ausdruck zu bringen. Spirituals wie „Go Down, Moses" trugen verborgene Botschaften der Befreiung, während Volksmärchen über clevere Betrüger wie Br'er Rabbit die Widerstandskraft und den Einfallsreichtum der Unterdrückten symbolisierten. Diese Geschichten waren nicht nur eine Möglichkeit zu überleben – sie waren eine Möglichkeit, Widerstand zu leisten, Menschlichkeit zu behaupten und sich eine bessere Zukunft vorzustellen.

In Südafrika spielte das Geschichtenerzählen eine entscheidende Rolle im Kampf gegen die Apartheid. Schriftsteller wie Nadine Gordimer und Alan Paton nutzten ihre Romane, um die Ungerechtigkeiten der Rassentrennung aufzudecken, während mündliche Überlieferungen in schwarzen Gemeinschaften den Geist des Widerstands am Leben hielten. In geheimen Zusammenkünften wurden Geschichten über Kampf und Triumph erzählt, die die Menschen dazu inspirierten, den Kampf für die

Freiheit fortzusetzen. Diese Erzählungen trugen dazu bei, Gemeinschaften zu vereinen, Hoffnung aufrechtzuerhalten und letztendlich zum Abbau eines unterdrückerischen Systems beizutragen.

Die Fähigkeit des Geschichtenerzählens, gesellschaftliche Veränderungen voranzutreiben, ist nicht auf die Vergangenheit beschränkt. Auch in der heutigen Zeit sind Geschichten weiterhin eine wirkungsvolle Möglichkeit zur Interessenvertretung und Sensibilisierung. Bücher, Filme und digitale Medien sind zu Plattformen geworden, um Stimmen zu Gehör zu bringen und Themen wie Ungleichheit, Diskriminierung und Umweltzerstörung anzusprechen. Zum Beispiel der Roman *Der Drachenläufer* von Khaled Hosseini machte weltweit auf die Kämpfe afghanischer Flüchtlinge aufmerksam, während der Film *12 Jahre Sklave* bot eine erschütternde Darstellung der Sklaverei, die Gespräche über Rassenungerechtigkeit neu entfachte. Dokumentarfilme wie *Eine unbequeme Wahrheit* haben Storytelling genutzt, um das Bewusstsein für den Klimawandel zu schärfen und ein komplexes wissenschaftliches Thema in einen persönlichen und dringenden Aufruf zum Handeln zu verwandeln.

Digitale Medien haben die Reichweite und Wirkung des Geschichtenerzählens weiter vergrößert. Social-Media-Plattformen wie Twitter, Instagram und TikTok sind zu Räumen geworden, in denen Einzelpersonen ihre Geschichten mit der Welt teilen können, was oft zu Bewegungen und Gesprächen führt. Die #MeToo-Bewegung beispielsweise begann damit, dass Überlebende sexueller Belästigung und Übergriffe ihre persönlichen Erfahrungen online austauschten. Diese Geschichten lösten eine Welle der Empathie und Solidarität aus und führten zu weitreichenden kulturellen und institutionellen Veränderungen. In ähnlicher Weise hat die Black Lives Matter-Bewegung das Geschichtenerzählen – durch Videos, Posts und Kunst – genutzt, um die Realitäten von systemischem Rassismus und Polizeibrutalität hervorzuheben und Millionen von Menschen auf der ganzen Welt zu mobilisieren, Gerechtigkeit zu fordern.

Was das Geschichtenerzählen so effektiv macht, um gesellschaftliche Veränderungen voranzutreiben, ist seine Fähigkeit, abstrakte Themen persönlich zu machen. Statistiken und Fakten sind wichtig, aber oft können sie Menschen nicht so bewegen wie eine Geschichte. Eine einzelne Geschichte über die Reise eines Flüchtlings kann mehr Empathie und Tatkraft hervorrufen als ein Bericht voller Zahlen. Das liegt daran, dass Geschichten unsere Emotionen wecken und uns die Menschen und Probleme, die sie darstellen, intensiv beschäftigen. Sie erinnern uns daran, dass hinter jeder Statistik ein Mensch mit Hoffnungen, Ängsten und Träumen steht.

Geschichtenerzählen hat auch die Kraft, gesellschaftliche Normen in Frage zu stellen und unser Verständnis dessen zu erweitern, was möglich ist. Durch die Vorstellung neuer Welten und Möglichkeiten können Geschichten uns dazu inspirieren, anders zu denken und uns eine bessere Zukunft vorzustellen. Zum Beispiel Science-Fiction-Geschichten wie *Star Trek* haben sich mit Themen wie Gleichheit, Vielfalt und Zusammenarbeit befasst und Generationen dazu inspiriert, nach einer integrativeren und harmonischeren Welt zu streben. Ebenso mögen Romane *Eine Spottdrossel töten* von Harper Lee haben die Leser herausgefordert, sich ihren eigenen Vorurteilen zu stellen und für Gerechtigkeit einzutreten.

Im Kern geht es beim Geschichtenerzählen um Empathie. Es geht darum, die Welt mit den Augen eines anderen zu sehen und seine Freuden und Sorgen zu spüren, als wären es unsere eigenen. Diese Empathie treibt den gesellschaftlichen Wandel voran, denn sie sorgt dafür, dass wir uns um Themen kümmern, die uns vielleicht nicht direkt betreffen. Es motiviert uns, Maßnahmen zu ergreifen, für andere einzutreten und auf eine gerechtere und mitfühlendere Welt hinzuarbeiten.

## Modernes Geschichtenerzählen: Von Büchern zu sozialen Medien

Das Geschichtenerzählen war schon immer das Herzstück der menschlichen Kommunikation und hat sich parallel zu den Fähigkeiten und Technologien weiterentwickelt, die wir nutzen, um unsere Erfahrungen zu teilen. In der heutigen Zeit hat das Geschichtenerzählen einen bemerkenswerten Wandel durchgemacht und sich von den Seiten von Büchern auf die Bildschirme digitaler Geräte verlagert. Während Bücher nach wie vor ein zeitloses und wirkungsvolles Medium zur Vermittlung komplexer Erzählungen und zur Bewahrung des kulturellen Erbes sind, hat der Aufstieg der sozialen Medien neue Möglichkeiten eröffnet, Geschichten zu erzählen – Möglichkeiten, die unmittelbar, interaktiv und für Menschen auf der ganzen Welt zugänglich sind. Diese Entwicklung hat die Reichweite und Wirkung des Geschichtenerzählens erweitert, aber auch neue Herausforderungen mit sich gebracht und die Art und Weise verändert, wie wir uns im digitalen Zeitalter vernetzen, lernen und teilen.

Bücher sind seit langem eine der beständigsten und einflussreichsten Formen des Geschichtenerzählens. Sie ermöglichen es Autoren, detaillierte Welten zu erschaffen, komplexe Charaktere zu erforschen und sich mit Themen zu befassen, die bei den Lesern tiefe Resonanz finden. Ein Buch kann jemanden in eine andere Zeit oder an einen anderen Ort versetzen und ein immersives Erlebnis bieten, das zum Nachdenken und zur Fantasie anregt. Seit Jahrhunderten sind Bücher eine Möglichkeit, das kulturelle Erbe zu bewahren, Wissen weiterzugeben und Veränderungen anzuregen. Funktioniert wie *Eine Spottdrossel töten* von Harper Lee, *1984* von George Orwell und *Dinge fallen auseinander* von Chinua Achebe haben die Art und Weise geprägt, wie Menschen über Gerechtigkeit, Freiheit und Identität denken. Bücher geben den Lesern die Zeit und den Raum, sich auf einer tieferen Ebene mit Ideen auseinanderzusetzen, was sie zu einem leistungsstarken Medium für das Geschichtenerzählen macht, das auch im digitalen Zeitalter Bestand hat.

Allerdings hat sich die Art und Weise, wie wir Geschichten erzählen und konsumieren, mit dem Aufkommen der digitalen Technologie dramatisch verändert. Social-Media-Plattformen wie Instagram, Twitter, TikTok und YouTube haben das Geschichtenerzählen revolutioniert und es unmittelbarer und interaktiver gemacht. Im Gegensatz zu Büchern, die Zeit und Konzentration erfordern, ermöglichen soziale Medien das Teilen von Geschichten in Echtzeit, oft in mundgerechten Formaten, die leicht zu konsumieren sind. Ein einzelner Tweet kann eine Geschichte mit 280 Zeichen erzählen, während ein TikTok-Video einen Moment oder eine Idee in weniger als einer Minute festhalten kann. Diese Plattformen haben das Geschichtenerzählen demokratisiert und jedem die Möglichkeit gegeben, seine Stimme zu teilen und ein globales Publikum zu erreichen.

Einer der größten Vorteile des modernen Storytelling in sozialen Medien ist seine Zugänglichkeit. In der Vergangenheit waren für die Veröffentlichung eines Buches oder die Produktion eines Films Ressourcen und Kontakte erforderlich, die für die meisten Menschen unerreichbar waren. Heute kann jeder, der über ein Smartphone und eine Internetverbindung verfügt, seine Geschichte mit der Welt teilen. Dadurch ist eine Vielfalt an Stimmen entstanden, die in den traditionellen Medien oft ausgeschlossen blieben. Aktivisten haben beispielsweise soziale Medien genutzt, um ihre Erfahrungen auszutauschen und das Bewusstsein für wichtige Themen zu schärfen. Die #MeToo-Bewegung, die mit dem Teilen persönlicher Geschichten auf Twitter begann, entwickelte sich zu einer weltweiten Diskussion über sexuelle Belästigung und Übergriffe. Auch während der Black-Lives-Matter-Proteste machten Videos und Beiträge auf Plattformen wie Instagram und TikTok auf systemischen Rassismus und Polizeibrutalität aufmerksam und mobilisierten Millionen Menschen auf der ganzen Welt.

Auch soziale Medien haben das Geschichtenerzählen interaktiver gemacht. Im Gegensatz zu Büchern, die eine einseitige Kommunikationsform darstellen, ermöglichen digitale Plattformen sofortiges Feedback und Engagement. Eine auf Instagram geteilte Geschichte kann in den Kommentaren eine Konversation auslösen, während ein YouTube-Video Zuschauer dazu inspirieren kann, als Reaktion darauf eigene Inhalte zu erstellen. Diese Interaktivität hat rund um das Geschichtenerzählen ein Gemeinschaftsgefühl geschaffen, in dem Menschen miteinander in Kontakt treten, zusammenarbeiten und ihre Perspektiven teilen können. Während der COVID-19-Pandemie nutzten Menschen beispielsweise Plattformen wie TikTok, um ihre Erfahrungen mit dem Lockdown zu teilen und so eine kollektive Erzählung zu schaffen, die anderen dabei half, sich weniger allein zu fühlen.

Trotz seiner vielen Vorteile bringt modernes Storytelling in sozialen Medien auch Herausforderungen mit sich. Eine der größten Sorgen ist das Potenzial für Fehlinformationen. Da sich Geschichten in sozialen Medien schnell verbreiten können, können falsche oder irreführende Narrative an Bedeutung gewinnen, bevor sie auf Fakten überprüft werden. Dies hat schwerwiegende Auswirkungen darauf, wie Menschen wichtige Themen verstehen und darauf reagieren. Eine weitere Herausforderung ist die übermäßige Vereinfachung komplexer Geschichten. Während kurze Videos und Beiträge fesselnd sind, fehlt ihnen oft die Tiefe und Nuance längerer Formen des Geschichtenerzählens wie Bücher oder Dokumentationen. Dies kann zu einem oberflächlichen Verständnis wichtiger Themen führen, wobei der Schwerpunkt eher auf schnellen, emotionalen Reaktionen als auf nachdenklicher Reflexion liegt.

Darüber hinaus kann es die Schnelllebigkeit der sozialen Medien erschweren, dass Geschichten eine nachhaltige Wirkung erzielen. Ein viraler Beitrag kann ein oder zwei Tage lang Aufmerksamkeit erregen, kann jedoch schnell vergessen werden, da neue Inhalte an seine Stelle treten. Dies steht im Gegensatz zu Büchern, die Generationen überdauern und Kultur und Denken im Laufe der Zeit prägen können. Die Herausforderung für moderne Geschichtenerzähler besteht darin, Wege zu finden, die Unmittelbarkeit sozialer Medien mit der Tiefe und Langlebigkeit des traditionellen Geschichtenerzählens in Einklang zu bringen.

Trotz dieser Herausforderungen prägt das moderne Geschichtenerzählen weiterhin die Kultur und verbindet Menschen auf tiefgreifende Weise. Soziale Medien haben neue Formen der Kreativität hervorgebracht, von Instagram-Fotoessays bis hin zu TikTok-Storytelling-Trends. Es hat auch das Geschichtenerzählen integrativer gemacht und Stimmen verstärkt, die einst marginalisiert waren. Beispielsweise haben indigene Künstler Plattformen wie YouTube und TikTok genutzt, um ihre Traditionen, Geschichten und Perspektiven mit einem globalen Publikum zu teilen und so ihr kulturelles Erbe in einem modernen Format zu bewahren. In ähnlicher Weise haben LGBTQ+-Personen soziale Medien genutzt, um ihre Geschichten zu erzählen und so das Verständnis und die Akzeptanz in Gemeinschaften auf der ganzen Welt zu fördern.

In vielerlei Hinsicht spiegelt die Entwicklung des Geschichtenerzählens von Büchern zu sozialen Medien die sich verändernde Art und Weise wider, wie wir als Gesellschaft kommunizieren und uns vernetzen. Während Bücher nach wie vor ein wichtiges Medium für tiefgründiges, reflektiertes Geschichtenerzählen sind, haben soziale Medien neue Möglichkeiten für den Austausch von Geschichten eröffnet, die unmittelbar, interaktiv und weitreichend sind. Zusammen ergänzen sich diese Formen des Geschichtenerzählens und bieten unterschiedliche Möglichkeiten, sich mit der Welt und miteinander auseinanderzusetzen.

# Kapitel 3

## Die Kraft des Schreibens, die Welt zu verändern

### Die Erfindung des Schreibens

Die Erfindung der Schrift gilt als eine der transformativsten Errungenschaften der Menschheitsgeschichte. Es markierte den Moment, in dem die Menschheit dazu überging, sich nicht mehr ausschließlich auf Erinnerungen und mündliche Überlieferungen zu verlassen, sondern Wissen in einer dauerhaften, greifbaren Form aufzuzeichnen. Das Schreiben ermöglichte es den Menschen, ihre Gedanken zu bewahren, über Zeit und Raum hinweg zu kommunizieren und die Grundlagen komplexer Gesellschaften zu schaffen. Zu den frühesten und einflussreichsten Schriftsystemen gehörten die Keilschrift, die von den Sumerern in Mesopotamien entwickelt wurde, und die Hieroglyphen, die von den alten Ägyptern geschaffen wurden. Diese Systeme revolutionierten nicht nur die Art und Weise, wie Informationen gespeichert und weitergegeben wurden, sondern prägten auch die kulturellen Identitäten der Zivilisationen, die sie nutzten.

Die Ursprünge des Schreibens lassen sich auf die praktischen Bedürfnisse früher Gesellschaften zurückführen. Als die Menschen von kleinen, nomadischen Gruppen zu größeren, sesshaften Gemeinschaften übergingen, begannen sie, sich an Aktivitäten zu beteiligen, die das Führen von Aufzeichnungen erforderten. Der Handel beispielsweise wurde komplexer, da die Menschen über große Entfernungen Waren austauschten. Landwirte mussten Ernten verfolgen, Händler mussten Transaktionen aufzeichnen und Herrscher mussten Gesetze durchsetzen und Steuern eintreiben. Mündliche Kommunikation und Gedächtnis allein reichten nicht mehr aus, um diese wachsenden Anforderungen zu bewältigen. Dieses Bedürfnis nach Organisation und Verantwortlichkeit führte zur Schaffung symbolischer Systeme, die Informationen konsistent und dauerhaft darstellen konnten.

Das erste bekannte Schriftsystem, die Keilschrift, entstand um 3100 v. Chr. in Mesopotamien, in der Region des heutigen Irak. Es wurde von den Sumerern entwickelt, einer der frühesten Zivilisationen der Welt. Das Wort „Keilschrift" kommt vom lateinischen Wort *Keil*, was „Keil" bedeutet, weil die Schrift durch das Eindrücken eines keilförmigen Griffels in weiche Tontafeln entstand. Ursprünglich wurde die Keilschrift für praktische Zwecke verwendet, beispielsweise zur Aufzeichnung von Handelstransaktionen und Inventaren. Beispielsweise könnte ein Händler Keilschrift verwenden, um die Anzahl der Schafe oder Getreidesäcke zu dokumentieren, die in einem Handel getauscht wurden.

Im Laufe der Zeit entwickelte sich die Keilschrift zu einem ausgefeilteren System, das komplexe Ideen ausdrücken kann. Es begann als eine Reihe von Piktogrammen – einfache Zeichnungen, die Objekte oder Konzepte darstellten – entwickelte sich aber nach und nach zu einem System abstrakter Symbole, die Laute, Silben und Wörter darstellen konnten. Dadurch war es möglich, nicht nur Listen und Zahlen, sondern auch Geschichten, Gesetze und religiöse Texte zu schreiben. Eines der bekanntesten Beispiele für Keilschrift ist die *Gilgamesch-Epos*, eines der ältesten bekannten literarischen Werke der Welt. Dieses auf Tontafeln eingravierte epische Gedicht erzählt die Geschichte eines heldenhaften Königs und beschäftigt sich mit Themen wie Freundschaft, Sterblichkeit und der Suche nach Sinn.

Während sich in Mesopotamien die Keilschrift entwickelte, nahm im alten Ägypten ein weiteres bemerkenswertes Schriftsystem Gestalt an. Um 3100 v. Chr. begannen die Ägypter mit der Verwendung von Hieroglyphen, einem Schriftsystem, das Bildsymbole mit phonetischen Elementen kombinierte. Das Wort „Hieroglyphe" kommt aus dem Griechischen *Hieros* (heilig) und *Glyphin* (zum Schnitzen), was die Verbindung des Systems mit religiösen und zeremoniellen Zwecken widerspiegelt. Im Gegensatz zur Keilschrift, die hauptsächlich auf Tontafeln geschrieben wurde, wurden Hieroglyphen oft in Stein gemeißelt oder auf Papyrus geschrieben, einer Papiersorte, die aus der Papyruspflanze hergestellt wird.

Hieroglyphen waren äußerst vielseitig und konnten Töne, Wörter und Ideen darstellen. Beispielsweise könnte eine einzelne Hieroglyphe einen Vogel darstellen, der das Wort „Vogel", den mit dem Wort verbundenen Klang oder ein abstrakteres Konzept wie „Freiheit" darstellen könnte. Diese Flexibilität ermöglichte es den Ägyptern, Hieroglyphen für eine Vielzahl von Zwecken zu verwenden, von der Aufzeichnung der Taten der Pharaonen an Tempelwänden bis hin zum Schreiben von Gebeten und Zaubersprüchen *Buch der Toten*, eine Sammlung von Texten, die den Verstorbenen durch das Leben nach dem Tod führen sollen.

Obwohl sowohl Keilschrift als auch Hieroglyphen bahnbrechend waren, unterschieden sie sich in ihrer Struktur und Verwendung. Die Keilschrift war abstrakter und zweckmäßiger und eignete sich daher gut für Verwaltungsaufgaben und die Aufzeichnung von

Gesetzen, beispielsweise dem Kodex von Hammurabi, einem der frühesten bekannten Rechtskodizes. Hieroglyphen hingegen waren eng mit der ägyptischen Religion und Kultur verbunden und wurden oft zur Verherrlichung der Götter und zur Erinnerung an die Errungenschaften der Herrscher verwendet. Trotz dieser Unterschiede dienten beide Systeme demselben grundlegenden Zweck: der Erhaltung des Wissens und der Sicherung des Fortbestands ihrer Zivilisationen.

Die Erfindung der Schrift hatte tiefgreifende Auswirkungen auf die menschliche Gesellschaft. Es ermöglichte die Bildung komplexer Regierungen, da die Herrscher schriftliche Gesetze und Dekrete erlassen konnten, die konsistent und durchsetzbar waren. Es erleichterte den Handel und das Wirtschaftswachstum, indem es eine zuverlässige Möglichkeit zur Aufzeichnung von Transaktionen und Verträgen bot. Es ermöglichte auch die Bewahrung des kulturellen Erbes, da Geschichten, religiöse Überzeugungen und historische Ereignisse aufgezeichnet und über Generationen hinweg weitergegeben werden konnten. Ohne die Schrift wäre vieles von dem, was wir über antike Zivilisationen wissen, verloren gegangen.

Am wichtigsten ist vielleicht, dass das Schreiben die Art und Weise verändert hat, wie Menschen über Wissen und Kommunikation denken. Dadurch konnten Ideen über weite Entfernungen ausgetauscht und für künftige Generationen bewahrt werden, wodurch ein Gefühl der Kontinuität und Verbundenheit entstand, das über Zeit und Ort hinausging. Die Tontafeln Mesopotamiens und die Steinmetzarbeiten Ägyptens sind nicht nur Artefakte; Sie sind Fenster in die Gedanken und das Leben von Menschen, die vor Tausenden von Jahren lebten.

In vielerlei Hinsicht war die Erfindung der Schrift der Beginn der Geschichte selbst. Vor dem Schreiben wurde Wissen mündlich weitergegeben, und vieles davon ging im Laufe der Zeit verloren oder wurde verändert. Durch das Schreiben erlangten die Menschen die Fähigkeit, ihre Erfolge, ihre Überzeugungen und ihre Geschichten dauerhaft festzuhalten. Diese Erfindung legte den Grundstein für die Entwicklung von Literatur, Wissenschaft, Philosophie und unzähligen anderen Bereichen menschlichen Strebens.

## Schreiben als Katalysator für die Zivilisation

Die Erfindung der Schrift war einer der transformativsten Meilensteine in der Geschichte der Menschheit. Es war nicht nur eine Möglichkeit, Informationen aufzuzeichnen; es wurde zum Fundament, auf dem Zivilisationen aufgebaut wurden. Das Schreiben ermöglichte es Gesellschaften, Gesetze zu erlassen, den Handel zu organisieren und Regierungssysteme zu etablieren, die große Bevölkerungsgruppen und komplexe Volkswirtschaften verwalten konnten. Es bot eine Möglichkeit, Wissen zu bewahren, Rechenschaftspflicht durchzusetzen und über Zeit und Raum hinweg zu kommunizieren. Ohne die Schrift wäre das Wachstum der Zivilisationen, wie wir sie kennen, unmöglich gewesen. Es war diese Fähigkeit, die verstreute Gemeinschaften in organisierte Gesellschaften verwandelte und den Grundstein für die Entwicklung von Kultur, Handel und Regierung legte.

Eine der bedeutendsten Formen, mit denen die Schrift die Zivilisation prägte, war die Schaffung und Durchsetzung von Gesetzen. Vor dem Schreiben wurden Regeln und Bräuche mündlich weitergegeben, was sie anfällig für Fehlinterpretationen oder Manipulationen machte. Das Schreiben änderte dies, indem es eine dauerhafte und unveränderliche Aufzeichnung von Gesetzen lieferte, auf die sich jeder beziehen konnte. Eines der frühesten und berühmtesten Beispiele hierfür ist der Kodex von Hammurabi, der um 1750 v. Chr. in Mesopotamien erstellt wurde. Dieses Gesetzeswerk, das auf einer großen Steinstele eingraviert war, legte Regeln für alles fest, von Handels- und Eigentumsstreitigkeiten bis hin zu Ehe und kriminellem Verhalten. Außerdem wurden klare Strafen für Verstöße gegen diese Gesetze festgelegt, um eine einheitliche und transparente Justiz sicherzustellen.

Der Kodex von Hammurabi war revolutionär, weil er die Idee einführte, dass Gesetze niedergeschrieben und der Öffentlichkeit zugänglich gemacht werden sollten. Dies sorgte nicht nur für Struktur und Ordnung in der Gesellschaft, sondern stärkte auch den Gedanken der Gerechtigkeit. Die Menschen konnten nicht länger behaupten, die Regeln nicht zu kennen, und die Herrscher konnten sie nicht willkürlich ändern. Das Schreiben machte Gesetze zu einem gemeinsamen Rahmen, dem jeder, vom König bis zum Bürger, folgen sollte. Dieses Konzept geschriebener Gesetze wurde zu einem Eckpfeiler der Zivilisation und beeinflusste die Rechtssysteme in Kulturen auf der ganzen Welt.

Das Schreiben revolutionierte auch den Handel, der für das Wachstum der frühen Volkswirtschaften von wesentlicher Bedeutung war. Mit der Expansion der Gesellschaften wurde der Handel komplexer und erforderte größere Warenmengen, größere Entfernungen und mehr Teilnehmer. Zur Abwicklung dieser Transaktionen reichten mündliche Vereinbarungen nicht mehr aus. Das Schreiben bot eine Möglichkeit, Handelsgeschäfte, Lagerbestände und Verträge zu dokumentieren und sicherzustellen, dass alle Beteiligten eine klare Aufzeichnung darüber hatten, was vereinbart wurde. In Mesopotamien beispielsweise verwendeten Kaufleute Keilschrifttafeln, um die Mengen der Waren, die sie kauften oder verkauften, sowie die Bedingungen ihrer Verträge aufzuzeichnen. Diese Aufzeichnungen trugen dazu bei, Streitigkeiten vorzubeugen und Vertrauen zwischen Handelspartnern aufzubauen.

Die Fähigkeit, schriftliche Aufzeichnungen zu führen, ermöglichte auch die Entwicklung von Handelsnetzwerken, die sich über weite Regionen erstreckten. Händler könnten ihre Bestände verfolgen, ihre Handelsrouten planen und mit Partnern in entfernten Städten kommunizieren. Im alten Ägypten wurden beispielsweise Schriften verwendet, um den Warenverkehr entlang des Nils zu dokumentieren, der die Lebensader der ägyptischen Wirtschaft darstellte. Auch im Römischen Reich waren schriftliche Aufzeichnungen für die Verwaltung des Warenflusses über das ausgedehnte Straßennetz des Reiches von entscheidender Bedeutung. Das Schreiben machte den Handel effizienter und zuverlässiger und ermöglichte das Wirtschaftswachstum sowie den Austausch von Ideen und Ressourcen zwischen Kulturen.

Über Gesetze und Handel hinaus wurde das Schreiben für die Regierungsführung unverzichtbar. Als die Zivilisationen größer wurden, brauchten die Herrscher eine Möglichkeit, ihre Territorien zu verwalten, mit ihren Beamten zu kommunizieren und die Kontrolle über ihre Bevölkerung zu behalten. Das Schreiben lieferte die Lösung. In Mesopotamien zeichneten Schreiber Steuern, Volkszählungsdaten und militärische Befehle auf Tontafeln auf und schufen so ein Verwaltungssystem, das die Komplexität eines wachsenden Staates bewältigen konnte. Im alten Ägypten wurden Hieroglyphen verwendet, um königliche Dekrete zu verfassen und die Leistungen der Pharaonen zu dokumentieren, um sicherzustellen, dass ihre Autorität anerkannt und in Erinnerung gehalten wurde.

Das Schreiben ermöglichte es den Herrschern auch, historische Aufzeichnungen aufzubewahren, die für die Wahrung von Kontinuität und Legitimität unerlässlich waren. In den Annalen der assyrischen Könige beispielsweise sind ihre militärischen Feldzüge und Erfolge detailliert beschrieben, wodurch ihre Macht gestärkt und die Loyalität ihrer Untertanen gefördert wurde. In Rom wurden schriftliche Aufzeichnungen zur Dokumentation von Gesetzen, Verträgen und öffentlichen Arbeiten verwendet und schufen so ein Gefühl von Ordnung und Stabilität, das dem Reich über Jahrhunderte hinweg zum Fortbestehen verhalf. Das Schreiben ermöglichte es Regierungen, in einem Ausmaß zu funktionieren, das ohne es unmöglich gewesen wäre, und lieferte die Fähigkeiten, die zur Organisation großer Bevölkerungsgruppen und komplexer Gesellschaften erforderlich waren.

Der Einfluss des Schreibens auf die Zivilisation kann nicht genug betont werden. Es bot eine Möglichkeit, Gesetze zu schaffen und durchzusetzen und so Gerechtigkeit und Rechenschaftspflicht sicherzustellen. Es revolutionierte den Handel und ermöglichte die Verwaltung komplexer Volkswirtschaften und den Aufbau von Netzwerken, die entfernte Regionen miteinander verbanden. Es wurde zum Rückgrat der Regierungsführung und ermöglichte es den Herrschern, ihre Territorien zu verwalten, mit ihren Beamten zu kommunizieren und ihre Hinterlassenschaften zu bewahren. Durch das Schreiben wurde Wissen zu einer dauerhaften Ressource, die von künftigen Generationen geteilt, studiert und ausgebaut werden konnte.

Am wichtigsten ist vielleicht, dass das Schreiben es den Zivilisationen ermöglichte, die Grenzen von Zeit und Raum zu überwinden. Mündliche Kommunikation ist flüchtig, aber geschriebene Worte haben Bestand. Sie können über Generationen weitergegeben werden und bewahren die Weisheit und Errungenschaften der Vergangenheit. Sie können über weite Entfernungen gesendet werden und Menschen und Ideen auf bisher unvorstellbare Weise verbinden. Schreiben war nicht nur eine Fähigkeit zum Aufzeichnen von Informationen; Es war ein Katalysator für den Fortschritt und ermöglichte es der Menschheit, die komplexe und vernetzte Welt aufzubauen, in der wir heute leben.

Von den Tontafeln Mesopotamiens über die Papyrusrollen Ägyptens bis hin zu den Gesetzestexten Roms war die Schrift die Grundlage der Zivilisation. Es hat uns ermöglicht, Rechts-, Handels- und Regierungssysteme zu schaffen, die den Lauf der Geschichte geprägt haben. Es ist eine Erinnerung an die Kraft des geschriebenen Wortes, zu organisieren, zu inspirieren und zu verändern. Während wir weiterhin unsere eigenen Geschichten schreiben, bauen wir auf einem Erbe auf, das vor Tausenden von Jahren begann – einem Erbe, das die Zivilisation selbst ermöglicht hat.

## Die Rolle des Schreibens bei der Bewahrung des religiösen und kulturellen Erbes

Schreiben ist eine der mächtigsten Fähigkeiten der Menschheit zur Bewahrung des religiösen und kulturellen Erbes. Es hat es Gesellschaften ermöglicht, ihre Überzeugungen, Traditionen und Geschichten zu schützen und sicherzustellen, dass sie über

Generationen hinweg weitergegeben werden. Ohne die Schrift wäre vieles von dem, was wir über antike Religionen, kulturelle Praktiken und historische Ereignisse wissen, verloren gegangen. Das Schreiben hat nicht nur heilige Lehren und Moralkodizes bewahrt, sondern auch dazu beigetragen, die Identität und Kontinuität von Gemeinschaften zu bewahren, selbst angesichts von Veränderungen und Widrigkeiten.

Eine der wichtigsten Aufgaben des Schreibens ist die Bewahrung religiöser Überzeugungen und Praktiken. In alten Zivilisationen wurden heilige Texte niedergeschrieben, um sicherzustellen, dass spirituelle Lehren und Moralkodizes über Generationen hinweg korrekt weitergegeben werden konnten. Im alten Indien beispielsweise wurden die Veden – einige der ältesten bekannten religiösen Texte – ursprünglich mündlich weitergegeben, schließlich aber in Sanskrit verfasst, um ihre Lehren zu bewahren. Diese Texte enthalten Hymnen, Rituale und philosophische Ideen, die die Grundlage des Hinduismus bilden. Durch die schriftliche Aufzeichnung der Veden stellten die alten Indianer sicher, dass ihr spirituelles Erbe auch im Zuge der Weiterentwicklung ihrer Gesellschaft Bestand haben würde.

In ähnlicher Weise wurde die Thora im Judentum geschrieben, um die Gesetze, Lehren und die Geschichte des jüdischen Volkes zu dokumentieren. Die Thora ist nicht nur ein religiöser Text; Es ist ein Leitfaden für ein moralisches und sinnvolles Leben, das tief mit der Identität der jüdischen Gemeinschaft verbunden ist. Durch das Schreiben der Thora konnten ihre Lehren präzise bewahrt werden, sodass sie von künftigen Generationen studiert und befolgt werden konnten. Diese schriftliche Überlieferung wurde zu einem Eckpfeiler der jüdischen Kultur und half der Gemeinschaft, ihre Identität auch in Zeiten des Exils und der Verfolgung zu bewahren.

Im Islam nimmt der Koran als geschriebenes Wort Gottes, das dem Propheten Mohammed offenbart wurde, einen zentralen Platz ein. Der Koran wurde sorgfältig aufgezeichnet und zusammengestellt, um seine Lehren zu bewahren, die das spirituelle und moralische Leben von Muslimen auf der ganzen Welt leiten. Das Verfassen des Korans galt als heilige Pflicht und stellte sicher, dass seine Botschaft unverändert und für alle Gläubigen zugänglich blieb. Wie die Veden und die Thora zeigt auch der Koran, wie wichtig das Schreiben für die Bewahrung religiöser Lehren und die Förderung eines Gefühls der Einheit und Kontinuität innerhalb der Glaubensgemeinschaften ist.

Über religiöse Texte hinaus hat das Schreiben auch eine entscheidende Rolle bei der Bewahrung des kulturellen Erbes gespielt. Mythen, Folklore, Rituale und historische Ereignisse wurden schriftlich festgehalten, was es den Gesellschaften ermöglicht, ein Identitätsgefühl und eine Verbindung zu ihrer Vergangenheit aufrechtzuerhalten. Im antiken Griechenland zum Beispiel die epischen Gedichte von Homer – die *Ilias* und die *Odyssee*– wurden schließlich niedergeschrieben, nachdem sie über Generationen hinweg mündlich weitergegeben wurden. Diese Werke sind nicht nur Geschichten über Heldentum und Abenteuer; Sie spiegeln griechische Werte, Überzeugungen und kulturelle Identität wider. Durch die schriftliche Aufzeichnung dieser Epen sorgten die Griechen dafür, dass ihr kulturelles Erbe über Jahrhunderte hinweg bewahrt und gefeiert wurde.

In Amerika nutzte die Maya-Zivilisation die Schrift, um ihre Geschichte, Rituale und ihr astronomisches Wissen zu dokumentieren. Die Mayas schrieben ihre Hieroglyphenschrift auf Stelen (Steinmonumente), Codices (gefaltete Bücher) und Tempelwände. Diese Inschriften dokumentierten wichtige

Ereignisse wie die Regierungszeit von Königen und religiöse Zeremonien und gewährten einen Einblick in das spirituelle und kulturelle Leben des Maya-Volkes. Obwohl ein Großteil ihres schriftlichen Erbes während der spanischen Eroberung zerstört wurde, sind die erhaltenen Texte nach wie vor ein Beweis für die Raffinesse und den Reichtum der Maya-Kultur.

Im mittelalterlichen Europa spielten Chroniken und Manuskripte eine entscheidende Rolle bei der Bewahrung kulturellen und historischen Wissens. Mönche in Klöstern kopierten sorgfältig religiöse Texte, klassische Werke und historische Aufzeichnungen und stellten so sicher, dass dieses Wissen in Zeiten von Krieg und Instabilität nicht verloren ging. Diese schriftlichen Aufzeichnungen wurden zur Grundlage der Renaissance, einer Zeit des kulturellen und intellektuellen Aufschwungs, die sich stark auf die erhaltenen Schriften früherer Zivilisationen stützte. Das Schreiben ermöglichte es mittelalterlichen Gesellschaften, eine Verbindung zu ihrer Vergangenheit aufrechtzuerhalten und gleichzeitig neue Ideen und Innovationen zu inspirieren.

Die Kraft des Schreibens zur Bewahrung des kulturellen Erbes zeigt sich vielleicht am deutlichsten in seiner Fähigkeit, Gesellschaften dabei zu helfen, externe Herausforderungen zu überstehen. Als Gemeinschaften mit Eroberung, Migration oder anderen Störungen konfrontiert waren, wurden ihre schriftlichen Aufzeichnungen zu einer Möglichkeit, an ihrer Identität und ihren Traditionen festzuhalten. Während der jüdischen Diaspora beispielsweise halfen die geschriebene Thora und der Talmud dem jüdischen Volk, seine kulturelle und religiöse Identität zu bewahren, auch wenn es über die ganze Welt verstreut war. Ebenso hat die Bewahrung afrikanischer mündlicher Überlieferungen in schriftlicher Form dafür gesorgt, dass die Geschichten,

Sprichwörter und Geschichten afrikanischer Kulturen auch angesichts der Kolonialisierung und des transatlantischen Sklavenhandels Bestand haben.

Schreiben war auch eine Möglichkeit, eine Brücke zwischen Vergangenheit und Zukunft zu schlagen. Durch die Aufzeichnung ihrer Überzeugungen, Traditionen und Geschichten konnten Gesellschaften ihr Erbe an künftige Generationen weitergeben und so sicherstellen, dass ihre Kultur lebendig und relevant bleibt. Aus diesem Grund werden alte Texte wie die Veden, die Thora und der Koran auch heute noch studiert und verehrt. Sie sind nicht nur Relikte der Vergangenheit; Sie sind lebendige Dokumente, die Menschen mit ihren Wurzeln verbinden und Orientierung für die Gegenwart geben.

Das Schreiben bewahrt nicht nur das Erbe, sondern ermöglicht es den Kulturen auch, ihr Wissen und ihre Traditionen mit anderen zu teilen. Die Übersetzung religiöser und kultureller Texte hat den Gedankenaustausch zwischen Zivilisationen erleichtert, das menschliche Verständnis bereichert und gegenseitigen Respekt gefördert. Beispielsweise trug die Übersetzung griechischer philosophischer Werke ins Arabische während des islamischen Goldenen Zeitalters dazu bei, das Wissen über das antike Griechenland zu bewahren und zu erweitern, was später die europäische Renaissance beeinflusste. Das Schreiben war eine Brücke zwischen den Kulturen und ermöglichte die Verbreitung von Ideen und die Erweiterung des menschlichen Wissens.

# Die Druckmaschinenrevolution

Die Erfindung des Buchdrucks durch Johannes Gutenberg im 15. Jahrhundert war eines der bahnbrechendsten Ereignisse in der Geschichte der Menschheit. Es revolutionierte die Art und Weise, wie Wissen geteilt und abgerufen wurde, und beseitigte Barrieren, die Informationen in den Händen einiger weniger Privilegierter gehalten hatten. Indem sie Bücher und schriftliche Materialien erschwinglicher und allgemein verfügbar machte, demokratisierte die Druckmaschine das Wissen und befähigte Einzelpersonen und Gemeinschaften, zu lernen, kritisch zu denken und sich mit neuen Ideen auseinanderzusetzen. Diese Erfindung markierte den Beginn einer neuen Ära, in der der Informationsfluss nicht mehr von religiösen oder politischen Eliten kontrolliert werden konnte, und bereitete die Bühne für einige der wichtigsten kulturellen, intellektuellen und sozialen Veränderungen in der Geschichte.

Vor der Druckerpresse waren Bücher selten und teuer. Sie wurden von Hand kopiert, oft von Mönchen in Klöstern, ein langsamer, arbeitsintensiver und fehleranfälliger Prozess. Infolgedessen konnten sich nur die wohlhabendsten Einzelpersonen und Institutionen wie die Kirche und königliche Höfe den Besitz von Büchern leisten. Das Wissen war in den Händen einer kleinen Elite konzentriert und der Zugang zu Bildung und Informationen war für die Mehrheit der Menschen begrenzt. Dadurch entstand eine Welt, in der Ideen streng kontrolliert wurden und die Verbreitung neuen Wissens langsam und eingeschränkt erfolgte.

In den 1440er Jahren veränderte Johannes Gutenberg, ein deutscher Goldschmied und Erfinder, alles. Er entwickelte eine Druckmaschine mit beweglichen Lettern, eine Maschine, die einzelne Metallbuchstaben verwendete, die neu angeordnet und zum Drucken von Seiten wiederverwendet werden konnten. Diese Innovation ermöglichte es, Bücher und andere schriftliche Materialien viel schneller und effizienter als je zuvor zu produzieren. Gutenbergs Druckmaschine kombinierte mehrere bestehende Technologien wie Papier und ölbasierte Tinte mit seinen eigenen Innovationen im beweglichen Lettern- und mechanischen Druck. Das Ergebnis war eine Maschine, die Hunderte von Exemplaren eines Buches in der Zeit herstellen konnte, die Schreiber für die Herstellung nur eines Buches benötigt hätten.

Das erste große Werk, das auf Gutenbergs Druckmaschine gedruckt wurde, war die Gutenberg-Bibel, die um 1455 fertiggestellt wurde. Dieses wunderschön gestaltete Buch demonstrierte das Potenzial der Druckmaschine, hochwertige Texte in großem Umfang zu produzieren. Noch wichtiger ist, dass es den Beginn einer neuen Ära markierte, in der Bücher nicht länger das ausschließliche Eigentum der Elite waren. Die Druckmaschine machte Bücher erschwinglicher, was bedeutete, dass mehr Menschen Zugang zu ihnen hatten. Dies führte im Laufe der Zeit zu einem dramatischen Anstieg der Verfügbarkeit von Wissen und der Verbreitung von Ideen.

Eine der bedeutendsten Auswirkungen des Buchdrucks war seine Rolle bei der Brechung des Wissensmonopols religiöser und politischer Autoritäten. Vor der Druckerpresse hatte die Kirche erhebliche Kontrolle über die Produktion und Verbreitung schriftlicher Materialien, insbesondere religiöser Texte. Die Druckerpresse hat dies geändert, indem sie eine schnelle und weitreichende Verbreitung von Ideen ermöglicht hat, oft außerhalb der Kontrolle traditioneller Gatekeeper. Während der protestantischen Reformation im 16. Jahrhundert wurden beispielsweise die Schriften Martin Luthers, darunter seine berühmten *95 Thesen*, wurden gedruckt und in ganz Europa verteilt. Diese rasche Verbreitung von Ideen stellte die Autorität der katholischen Kirche in Frage und löste eine religiöse Revolution aus, die Europa neu gestaltete.

Die Druckmaschine spielte auch eine entscheidende Rolle in der Renaissance, einer Zeit des kulturellen und intellektuellen Aufschwungs, die im 14. Jahrhundert in Italien begann und sich über ganz Europa ausbreitete. Die Renaissance wurde durch ein erneutes Interesse an klassischem Wissen, Kunst und Wissenschaft angetrieben, von denen viele in alten Texten überliefert waren. Die Druckmaschine ermöglichte die Vervielfältigung und Verbreitung dieser Texte in großem Maßstab und ermöglichte Wissenschaftlern, Künstlern und Denkern den Zugriff auf das Wissen der Vergangenheit und die Weiterentwicklung dieses Wissens. Dieser Gedankenaustausch führte zu bahnbrechenden Errungenschaften in Bereichen wie Literatur, Philosophie und bildender Kunst.

Neben ihrem Einfluss auf Religion und Kultur war die Druckerpresse eine treibende Kraft hinter der wissenschaftlichen Revolution. Wissenschaftler wie Nikolaus Kopernikus, Galileo Galilei und Isaac Newton nutzten die Druckerpresse, um ihre Entdeckungen einem breiteren Publikum zugänglich zu machen. Zum Beispiel Kopernikus *Über die Revolutionen der himmlischen Sphären*, das ein heliozentrisches Modell des Sonnensystems vorschlug, wurde gedruckt und in ganz Europa verteilt und stellte lang gehegte Vorstellungen über das Universum in Frage. Die Druckmaschine ermöglichte die schnelle Verbreitung wissenschaftlicher Ideen und ermöglichte die Zusammenarbeit und Debatte unter Wissenschaftlern. Dieser Wissensaustausch war für die Entwicklung der modernen Wissenschaft von wesentlicher Bedeutung.

Die Druckmaschine trug auch zum Aufstieg der Alphabetisierung und Bildung bei. Da Bücher erschwinglicher und allgemeiner verfügbar wurden, hatten mehr Menschen die Möglichkeit, Lesen und Schreiben zu lernen. Dies war besonders wichtig für die Mittelschicht, deren Größe und Einfluss in dieser Zeit zunahmen. Der Zugang zu Büchern ermöglichte es dem Einzelnen, sich weiterzubilden, was neue Möglichkeiten für die persönliche und berufliche Weiterentwicklung eröffnete. Im Laufe der Zeit trug die Verbreitung der Alphabetisierung dazu bei, eine besser informierte und engagiertere Bevölkerung zu schaffen und den Grundstein für demokratische Gesellschaften zu legen.

Obwohl die Druckmaschine viele Vorteile mit sich brachte, brachte sie auch neue Herausforderungen mit sich. Die schnelle Verbreitung von Informationen machte es schwieriger, den Ideenfluss zu kontrollieren, was zu Konflikten und Debatten führte. Beispielsweise löste die Reformation jahrhundertelange Religionskriege und Spaltungen aus. Darüber hinaus ermöglichte die Druckerpresse nicht nur die Verbreitung von Wissen, sondern auch von Fehlinformationen und Propaganda. Diese Herausforderungen wurden jedoch durch die immensen Vorteile der Demokratisierung des Wissens und der Befähigung des Einzelnen zum eigenständigen Denken überwogen.

## Schreiben im digitalen Zeitalter

Das digitale Zeitalter hat die Art und Weise verändert, wie wir Informationen schreiben, teilen und konsumieren. Was einst auf gedruckte Seiten und physische Bücher beschränkt war, hat sich heute zu einem riesigen, miteinander verbundenen Netz digitaler Plattformen und Formate ausgeweitet. Das Schreiben ist im digitalen Zeitalter nicht mehr durch Geografie, Zeit oder traditionelle Gatekeeper begrenzt. Es hat sich zu einem dynamischen und zugänglichen Medium entwickelt, das es Einzelpersonen ermöglicht, ihre Ideen sofort zu teilen und ein Publikum auf der ganzen Welt zu erreichen. Von Blogs bis hin zu E-Books und darüber hinaus hat die digitale Revolution das Schreiben demokratisiert und den Menschen die Möglichkeit gegeben, sich auszudrücken, mit anderen in Kontakt zu treten und neue kreative Möglichkeiten zu erkunden.

Eine der bedeutendsten Veränderungen, die das Internet mit sich bringt, ist der Aufstieg von Blogs. Ein Blog, kurz für „Weblog", ist eine digitale Plattform, auf der Einzelpersonen ihre Gedanken, Geschichten und Fachkenntnisse zu praktisch jedem Thema veröffentlichen können. Im Gegensatz zu herkömmlichen Veröffentlichungen, die häufig die Zustimmung von Redakteuren oder Verlegern erfordern, ermöglichen Blogs jedem, der über eine Internetverbindung verfügt, seine Stimme mit der Welt zu teilen. Dies hat das Schreiben zugänglicher gemacht als je zuvor und Menschen aus allen Gesellschaftsschichten die Möglichkeit gegeben, zum globalen Gespräch beizutragen.

Blogs sind zu einer leistungsstarken Möglichkeit für persönlichen Ausdruck, Journalismus und Nischeninhalte geworden. Ein Reisebegeisterter kann beispielsweise seine Abenteuer dokumentieren und Tipps und Geschichten mit Lesern teilen, die seine Leidenschaft teilen. Ebenso können unabhängige Journalisten Blogs nutzen, um über Themen zu berichten, die von den Mainstream-Medien möglicherweise übersehen werden, und neue Perspektiven und Erkenntnisse zu bieten. Blogs haben auch Räume für Nischengemeinschaften geschaffen, in denen Menschen sich über gemeinsame Interessen vernetzen können, von Kochen und Fitness bis hin zu Technologie und Literatur. Diese Demokratisierung des Schreibens hat nicht nur die Vielfalt der Stimmen im öffentlichen Raum erweitert, sondern auch ein Gefühl der Verbundenheit und Gemeinschaft zwischen Lesern und Schriftstellern gefördert.

Die Wirkung von Blogs geht über den persönlichen Ausdruck hinaus. Sie sind zu einem Eckpfeiler des digitalen Marketings und der Bildung geworden. Unternehmen und Organisationen nutzen sie, um wertvolle Informationen auszutauschen, Vertrauen bei ihren Zielgruppen aufzubauen und sich als Vordenker in ihren Bereichen zu etablieren. Beispielsweise könnte ein Unternehmen einen Blog nutzen, um Tipps zur Verwendung seiner Produkte zu geben, während eine gemeinnützige Organisation Geschichten über die Auswirkungen ihrer Arbeit teilen könnte. Blogs haben sich als vielseitiges und einflussreiches Medium erwiesen und prägen die Art und Weise, wie wir im digitalen Zeitalter kommunizieren und Informationen konsumieren.

Eine weitere wichtige Entwicklung im digitalen Schreiben ist der Aufstieg von E-Books. E-Books oder elektronische Bücher sind digitale Versionen traditioneller Bücher, die auf Geräten wie E-Readern, Tablets und Smartphones gelesen werden können. Sie haben die Verlagsbranche revolutioniert, indem sie Bücher für Leser und Autoren gleichermaßen zugänglicher, erschwinglicher und bequemer gemacht haben. Für Leser bieten E-Books die Möglichkeit, eine ganze Bibliothek in der Tasche zu tragen, sofort auf Bücher zuzugreifen und Schriftgrößen und Beleuchtung an ihre Vorlieben anzupassen. Für Autoren haben E-Books neue

Möglichkeiten eröffnet, ihr Publikum zu erreichen, ohne dass sie traditionelle Verlage benötigen.

Self-Publishing-Plattformen wie Amazon Kindle Direct Publishing (KDP) und Smashwords haben es Autoren ermöglicht, traditionelle Gatekeeper zu umgehen und ihre Werke direkt für die Leser zu veröffentlichen. Dies hat sich insbesondere für unabhängige Autoren verändert, die nun ihre Geschichten mit der Welt teilen können, ohne auf die Genehmigung eines Verlags warten zu müssen. Durch die Selbstveröffentlichung behalten Autoren außerdem mehr Kontrolle über ihre Arbeit, von der Preisgestaltung und dem Vertrieb bis hin zu kreativen Entscheidungen wie dem Cover-Design. Infolgedessen haben viele Autoren Erfolg gehabt und sich mit E-Books ein treues Publikum aufgebaut, was beweist, dass das digitale Zeitalter gleiche Wettbewerbsbedingungen für angehende Autoren geschaffen hat.

Die Erschwinglichkeit von E-Books hat auch das Lesen für Menschen auf der ganzen Welt zugänglicher gemacht. In Regionen, in denen physische Bücher teuer oder schwer zu bekommen sein können, stellen E-Books eine kostengünstige Alternative dar. Online-Marktplätze und digitale Bibliotheken haben den Zugang zu Literatur, Bildung und Wissen weiter erweitert und Barrieren abgebaut, die einst die Lese- und Lernmöglichkeiten einschränkten. Dies hat zu einer globalen Kultur der Alphabetisierung und des Lernens beigetragen, in der jeder mit einer Internetverbindung neue Ideen und Perspektiven erkunden kann.

Über Blogs und E-Books hinaus hat das digitale Zeitalter neue und innovative Formen des Schreibens hervorgebracht. Interaktives Storytelling beispielsweise kombiniert traditionelle Erzählungen mit multimedialen Elementen wie Videos, Bildern und Hyperlinks und schafft so immersive Erlebnisse für den Leser. Plattformen wie Wattpad und Medium sind zu Anlaufstellen für kreative Autoren geworden, wo sie fortlaufende Geschichten teilen, Feedback von Lesern erhalten und mit anderen Autoren zusammenarbeiten können. Diese Plattformen haben neu definiert, was es bedeutet, Schriftsteller zu sein, und fördern Experimente und Zusammenarbeit auf eine Weise, die in der Vergangenheit nicht möglich war.

Die Multimedia-Integration hat auch die Art und Weise, wie Geschichten erzählt werden, verändert. Digitale Artikel enthalten oft eingebettete Videos, Infografiken und interaktive Elemente, die das Verständnis und Engagement des Lesers verbessern. Ein Nachrichtenartikel über den Klimawandel könnte beispielsweise eine interaktive Karte enthalten, die den Anstieg des Meeresspiegels zeigt, sodass die Leser die Daten selbst erkunden können. Diese Mischung aus Text und Multimedia hat das Schreiben dynamischer und ansprechender gemacht und spricht eine Generation von Lesern an, die es gewohnt sind, Informationen in verschiedenen Formaten zu konsumieren.

Der Einsatz künstlicher Intelligenz (KI) bei der Inhaltserstellung ist ein weiterer aufkommender Trend im digitalen Schreiben. KI-Fähigkeiten wie ChatGPT und Jasper können Autoren dabei unterstützen, Ideen zu generieren, Inhalte zu entwerfen und sogar Texte zu bearbeiten. Obwohl diese Fähigkeiten kein Ersatz für die menschliche Kreativität sind, sind sie zu wertvollen Hilfsmitteln für Autoren geworden, die ihre Arbeitsabläufe optimieren und mit neuen Ansätzen experimentieren möchten. Ein Blogger könnte beispielsweise KI nutzen, um Themenideen zu generieren oder einen Rohentwurf zu erstellen, den er dann verfeinern und personalisieren kann. Da sich die KI-Technologie weiterentwickelt, wird sie in der Zukunft des Schreibens wahrscheinlich eine immer wichtigere Rolle spielen.

Trotz dieser Fortschritte bringt das digitale Zeitalter auch Herausforderungen mit sich. Die schiere Menge an online verfügbaren Inhalten kann es für Autoren schwierig machen, sich von anderen abzuheben und für Leser, zuverlässige Informationen zu finden. Probleme wie Fehlinformationen, Plagiate und die Abwertung kreativer Arbeit haben wichtige Fragen zur Ethik und Nachhaltigkeit des digitalen Schreibens aufgeworfen. Allerdings bieten diese Herausforderungen auch Möglichkeiten für Autoren, innovativ zu sein, sich anzupassen und neue Wege zu finden, um mit ihrem Publikum in Kontakt zu treten.

Zusammenfassend lässt sich sagen, dass das Schreiben im digitalen Zeitalter die Art und Weise verändert hat, wie wir Geschichten erstellen, teilen und konsumieren. Von Blogs, die das Publizieren demokratisieren, bis hin zu E-Books, die Literatur für alle zugänglich machen – die digitale Revolution hat sowohl für Autoren als auch für Leser neue Möglichkeiten eröffnet. Aufkommende Trends wie interaktives Geschichtenerzählen, Multimedia-Integration und KI-gesteuerte Inhaltserstellung verschieben weiterhin die Grenzen dessen, was Schreiben sein kann. Während das digitale Zeitalter seine Herausforderungen mit sich bringt, hat es den Einzelnen auch dazu befähigt, seine Stimme zu teilen, sich mit anderen zu vernetzen und neue Grenzen der Kreativität zu erkunden. Schreiben bleibt in all seinen Formen eine kraftvolle Fähigkeit zur Kommunikation, zum Ausdruck und zur Verbindung in einer sich ständig verändernden Welt.

# Kapitel 4

## Die Druckmaschine und die Verbreitung von Ideen

### Gutenbergs Erfindung

Die Erfindung der Druckmaschine durch Johannes Gutenberg im 15. Jahrhundert war ein Wendepunkt in der Menschheitsgeschichte, der die Art und Weise veränderte, wie Wissen geteilt und Ideen verbreitet wurden. Vor Gutenbergs revolutionärer Erfindung wurden Bücher mühsam von Hand kopiert, ein Prozess, der langsam, teuer und auf eine kleine Anzahl von Menschen beschränkt war. Dies bedeutete, dass Bücher selten und nur der Elite zugänglich waren – wohlhabenden Einzelpersonen, religiösen Institutionen und königlichen Höfen. Das Wissen wurde streng kontrolliert und die Mehrheit der Bevölkerung hatte kaum oder gar keinen Zugang zu schriftlichen Informationen. Gutenbergs Druckerpresse veränderte all dies und leitete eine neue Ära der Massenkommunikation und des intellektuellen Wachstums ein, die den Lauf der Geschichte prägen sollte.

Um die Bedeutung von Gutenbergs Erfindung zu verstehen, ist es wichtig, den damaligen Kontext zu berücksichtigen. In den Jahrhunderten vor dem Buchdruck wurden Bücher von Schreibern hergestellt, die oft in Klöstern Texte von Hand abschrieben. Dieser Prozess kann für ein einzelnes Buch Monate oder sogar Jahre dauern, was Bücher unglaublich teuer und selten macht.

Beispielsweise könnte eine einzelne Bibel so viel kosten wie ein kleines Haus, sodass sie für normale Menschen unerschwinglich wäre. Infolgedessen waren die Alphabetisierungsraten niedrig und das Wissen konzentrierte sich in den Händen einiger weniger Privilegierter. Die langsame Produktion von Büchern führte auch dazu, dass sich Ideen rasend schnell verbreiteten, was den Wissensaustausch und die Innovation einschränkte.

In den 1440er Jahren entwickelte Johannes Gutenberg, ein deutscher Goldschmied und Erfinder, eine Lösung, die die Herstellung von Büchern revolutionieren sollte. Er schuf eine Druckmaschine mit beweglichen Lettern, eine Maschine, die einzelne Metallbuchstaben verwendete, die zu Wörtern und Sätzen angeordnet und neu angeordnet werden konnten. Diese Buchstaben wurden dann mit Tinte eingefärbt und auf Papier gepresst, was eine schnelle und gleichmäßige Wiedergabe des Textes ermöglichte. Im Gegensatz zu handgeschriebenen Manuskripten, die fehleranfällig waren, produzierte die Druckmaschine identische Kopien und sorgte so für Genauigkeit und Zuverlässigkeit. Gutenbergs Druckmaschine kombinierte mehrere bestehende Technologien wie Papier und ölbasierte Tinte mit seinen eigenen Innovationen im beweglichen Lettern- und mechanischen Druck. Das Ergebnis war eine Maschine, die Bücher schneller, billiger und in größeren Mengen als je zuvor produzieren konnte.

Das erste große Werk, das auf Gutenbergs Druckmaschine gedruckt wurde, war die Gutenberg-Bibel, die um 1455 fertiggestellt wurde. Dieses wunderschön gestaltete Buch demonstrierte das Potenzial der Druckmaschine, hochwertige Texte in großem Umfang zu produzieren. Noch wichtiger ist, dass es den Beginn einer neuen Ära markierte, in der Bücher nicht länger das ausschließliche Eigentum der Elite waren. Die

Druckmaschine senkte die Kosten für Bücher drastisch und machte sie erschwinglicher und einem breiteren Publikum zugänglich. Dies führte im Laufe der Zeit zu einem dramatischen Anstieg der Alphabetisierungsraten und der Verbreitung von Wissen in ganz Europa.

Gutenbergs Erfindung stellte einen Wendepunkt in der Geschichte dar, denn sie ermöglichte die Massenverbreitung von Wissen und beseitigte Barrieren, die zuvor den Zugang zu Informationen eingeschränkt hatten. Eine der bedeutendsten Auswirkungen des Buchdrucks war seine Rolle in der protestantischen Reformation. Im Jahr 1517 schrieb Martin Luther, ein deutscher Mönch und Theologe, sein Werk *95 Thesen*, ein Dokument, das die Praktiken der katholischen Kirche kritisierte und eine Reform forderte. Dank der Druckerpresse wurden Luthers Ideen schnell gedruckt und in ganz Europa verbreitet und erreichten innerhalb weniger Wochen ein breites Publikum. Diese schnelle Informationsverbreitung war beispiellos und spielte eine Schlüsselrolle für den Erfolg der Reformation. Die Druckerpresse ermöglichte es einfachen Menschen, religiöse Texte zu lesen und sich mit ihnen auseinanderzusetzen, stellte die Autorität der Kirche in Frage und löste eine Bewegung aus, die das Christentum umgestalten sollte.

Die Druckmaschine spielte auch eine zentrale Rolle in der Renaissance, einer Zeit des kulturellen und intellektuellen Aufschwungs, die im 14. Jahrhundert in Italien begann und sich über ganz Europa ausbreitete. Während der Renaissance gab es ein erneutes Interesse am klassischen Wissen des antiken Griechenlands und Roms. Die Druckmaschine ermöglichte die Vervielfältigung und Verbreitung klassischer Texte in großem Umfang und ermöglichte Wissenschaftlern, Künstlern und Denkern den Zugriff auf das Wissen der Vergangenheit und die

Weiterentwicklung dieses Wissens. Dieser Gedankenaustausch förderte Fortschritte in Kunst, Wissenschaft und Philosophie und führte zu einigen der bedeutendsten Errungenschaften in der Geschichte der Menschheit. Beispielsweise wurden die Werke von Renaissance-Persönlichkeiten wie Leonardo da Vinci und Michelangelo durch die Wiederentdeckung klassischer Texte beeinflusst, die durch die Druckerpresse allgemein zugänglich gemacht wurden.

Zusätzlich zu ihrem Einfluss auf Religion und Kultur legte die Druckerpresse den Grundstein für die wissenschaftliche Revolution. Wissenschaftler wie Nikolaus Kopernikus, Galileo Galilei und Isaac Newton nutzten die Druckerpresse, um ihre Entdeckungen einem breiteren Publikum zugänglich zu machen. Zum Beispiel Kopernikus *Über die Umdrehungen der himmlischen Sphären*, das ein heliozentrisches Modell des Sonnensystems vorschlug, wurde gedruckt und in ganz Europa verteilt und stellte lang gehegte Vorstellungen über das Universum in Frage. Die Druckmaschine ermöglichte die schnelle Verbreitung wissenschaftlicher Ideen und ermöglichte die Zusammenarbeit und Debatte unter Wissenschaftlern. Dieser Wissensaustausch war für die Entwicklung moderner Wissenschaft und Technologie von wesentlicher Bedeutung.

Die Druckmaschine trug auch zum Aufstieg der Alphabetisierung und Bildung bei. Da Bücher erschwinglicher und allgemeiner verfügbar wurden, hatten mehr Menschen die Möglichkeit, Lesen und Schreiben zu lernen. Dies war besonders wichtig für die Mittelschicht, deren Größe und Einfluss in dieser Zeit zunahmen. Der Zugang zu Büchern ermöglichte es dem Einzelnen, sich weiterzubilden, was neue Möglichkeiten für die persönliche und berufliche Weiterentwicklung eröffnete. Im Laufe der Zeit trug die

Verbreitung der Alphabetisierung dazu bei, eine besser informierte und engagiertere Bevölkerung zu schaffen und den Grundstein für demokratische Gesellschaften zu legen.

Die Wirkung von Gutenbergs Erfindung reichte weit über Europa hinaus. Die Druckmaschine verbreitete sich schließlich in anderen Teilen der Welt und veränderte die Art und Weise, wie Wissen auf globaler Ebene geteilt und bewahrt wurde. Es wurde zum Katalysator für kulturellen Austausch, wissenschaftlichen Fortschritt und sozialen Wandel und prägte die moderne Welt auf eine Weise, die noch heute spürbar ist.

## Die Druckerpresse und die Reformation

Die Erfindung der Druckmaschine durch Johannes Gutenberg im 15. Jahrhundert war ein revolutionärer Moment in der Geschichte der Menschheit, und ihr Einfluss auf die protestantische Reformation kann nicht genug betont werden. Die Druckerpresse veränderte die Art und Weise, wie Ideen geteilt wurden, und ermöglichte Reformern wie Martin Luther, die Autorität der katholischen Kirche herauszufordern und einen der bedeutendsten religiösen und politischen Umwälzungen in der europäischen Geschichte auszulösen. Indem die Druckerpresse die schnelle und flächendeckende Verbreitung reformistischer Schriften ermöglichte, veränderte sie nicht nur das religiöse Denken, sondern veränderte auch die politische Landschaft Europas, was zu Konflikten, neuen Bündnissen und dem Aufstieg von Nationalstaaten führte.

Vor dem Buchdruck hatte die katholische Kirche nahezu ein Monopol auf religiöses Wissen. Die Bibel wurde in Latein verfasst, einer Sprache, die nur von Geistlichen und der gebildeten Elite verstanden wurde, was bedeutete, dass sich die einfachen Menschen auf Priester verließen, die ihnen die Heiligen Schriften interpretierten. Bücher waren selten und teuer, da sie von Hand kopiert werden mussten, wodurch der Zugang zu religiösen Texten und theologischen Debatten auf eine kleine, privilegierte Gruppe beschränkt war. Diese Kontrolle über das Wissen ermöglichte es der Kirche, ihre Autorität und ihren Einfluss sowohl in spirituellen als auch in politischen Angelegenheiten aufrechtzuerhalten.

Die Druckerpresse hat alles verändert. Im Jahr 1517 schrieb Martin Luther, ein deutscher Mönch und Theologe, sein Werk *95 Thesen*, ein Dokument, das die Praktiken der katholischen Kirche kritisierte, insbesondere den Ablasshandel – Zahlungen an die Kirche als Gegenleistung für die Vergebung von Sünden. Luthers *95 Thesen* Ursprünglich sollten sie eine wissenschaftliche Debatte anstoßen, doch dank der Druckerpresse wurden sie schnell reproduziert und in ganz Europa verbreitet. Innerhalb weniger Wochen erreichten Luthers Ideen ein breites Publikum und lösten Diskussionen und Debatten weit über die Mauern der Universität hinaus aus, an der er seine Thesen aufgestellt hatte.

Die Druckerpresse ermöglichte es Reformatoren wie Luther, ihre Ideen direkt der Öffentlichkeit mitzuteilen und so die Kontrolle der Kirche über den religiösen Diskurs zu umgehen. Broschüren, Predigten und Bibelübersetzungen wurden in großen Mengen und in den Landessprachen gedruckt und machten sie so erstmals für den einfachen Menschen zugänglich. Luthers deutsche Übersetzung der Bibel beispielsweise ermöglichte es den Menschen, die Heilige Schrift selbst zu lesen und zu interpretieren, und stellte damit die Rolle der Kirche als alleinige Interpretin des Wortes Gottes in Frage. Diese Demokratisierung des Wissens befähigte den Einzelnen, religiöse Autoritäten in Frage zu stellen und seinen eigenen Glauben zu bilden, was zu einer Welle religiöser Reformbewegungen in ganz Europa führte.

Der Einfluss des Buchdrucks auf die Reformation war tiefgreifend. Es verbreitete nicht nur Luthers Ideen, sondern verstärkte auch die Stimmen anderer Reformatoren wie Johannes Calvin und Huldrych Zwingli, die Veränderungen in der kirchlichen Praxis und Theologie forderten. Die rasche Verbreitung dieser Ideen führte zur Zersplitterung der Christenheit in verschiedene protestantische Konfessionen wie Lutheranismus, Calvinismus und Anglikanismus. Diese religiöse Vielfalt stellte die Dominanz der katholischen Kirche in Frage und veränderte die Landschaft des Christentums für immer.

Die Reformation war nicht nur eine religiöse Bewegung; es hatte auch weitreichende politische Konsequenzen. Die Verbreitung reformistischer Ideen schürte die Spannungen zwischen Herrschern und der Kirche sowie zwischen verschiedenen Fraktionen innerhalb der Staaten. Viele Herrscher sahen in der Reformation eine Chance, ihre Unabhängigkeit vom Papst und der katholischen Kirche zu behaupten, die seit langem über bedeutende politische Macht verfügte. Indem sie sich protestantischen Bewegungen anschlossen, konnten diese Herrscher ihre Autorität festigen und den Einfluss der Kirche in ihren Territorien verringern.

Eine der bedeutendsten politischen Auswirkungen der Reformation war der Dreißigjährige Krieg (1618–1648), eine Reihe von Konflikten, die als religiöser Kampf zwischen Katholiken und Protestanten begannen, sich aber schließlich zu einem umfassenderen Machtkampf zwischen europäischen Staaten entwickelten. Der Krieg verwüstete weite Teile Mitteleuropas, insbesondere das Heilige Römische Reich, und forderte Millionen von Toten. Der Westfälische Frieden, der den Krieg beendete, markierte einen Wendepunkt in der europäischen Geschichte, da er das Prinzip der Staatssouveränität festlegte und die politische Macht der katholischen Kirche reduzierte. Diese Verschiebung der Machtdynamik legte den Grundstein für das moderne System der Nationalstaaten.

Auch bei der Gestaltung von Bündnissen und Rivalitäten während der Reformation spielte die Druckerpresse eine Rolle. Protestantische Herrscher und Gemeinden nutzten gedruckte Materialien, um für ihre Sache zu werben und Unterstützung zu gewinnen, während die katholische Kirche ihre eigenen Gegenreformationsbemühungen startete und die Druckerpresse nutzte, um ihre Lehren zu verteidigen und protestantische Ideen anzugreifen. Dieser Kampf der Ideen, der in Broschüren, Büchern und Predigten ausgetragen wurde, verdeutlichte die Macht des gedruckten Wortes, die öffentliche Meinung zu beeinflussen und Menschen für politische und religiöse Zwecke zu mobilisieren.

Zusätzlich zu ihrer Rolle bei der Verbreitung reformistischer Ideen trug die Druckerpresse zum Aufstieg von Alphabetisierung und Bildung bei. Je mehr Bücher und Broschüren verfügbar wurden, desto mehr Menschen lernten das Lesen, was zu einer besser informierten und engagierteren Bevölkerung führte. Diese Steigerung der Alphabetisierung befähigte den Einzelnen weiter, Autoritäten in Frage zu stellen und sich an religiösen und politischen Debatten zu beteiligen. Die Druckerpresse veränderte nicht nur die Art und Weise, wie Menschen auf Wissen zugreifen, sondern auch, wie sie über ihren Platz in der Gesellschaft und ihr Verhältnis zur Autorität dachten.

# Die Rolle gedruckter Bücher in der Aufklärung und der wissenschaftlichen Revolution

Die Erfindung der Druckerpresse und der Aufstieg gedruckter Bücher waren transformative Kräfte, die den intellektuellen und wissenschaftlichen Fortschritt der Aufklärung und der wissenschaftlichen Revolution vorantrieben. Indem sie Wissen zugänglicher und erschwinglicher machten, ermöglichten gedruckte Bücher die schnelle Verbreitung von Ideen in ganz Europa und darüber hinaus und ermöglichten Denkern, Wissenschaftlern und Philosophen, ihre Entdeckungen zu teilen, etablierte Normen in Frage zu stellen und über Grenzen hinweg zusammenzuarbeiten. Diese Wissensexplosion veränderte nicht nur das Verständnis der Menschheit über die natürliche Welt, sondern löste auch tiefgreifende Veränderungen in Gesellschaft, Politik und Kultur aus.

Vor der Druckerpresse beschränkte sich das Wissen auf handgeschriebene Manuskripte, die teuer und selten waren und oft in Klöstern oder den Privatsammlungen der Elite eingeschlossen waren. Die Mehrheit der Menschen hatte kaum oder gar keinen Zugang zu Büchern und die Verbreitung von Ideen verlief langsam und begrenzt. Die Erfindung des Buchdrucks durch Johannes Gutenberg Mitte des 15. Jahrhunderts änderte dies für immer. Zum ersten Mal könnten Bücher in Massenproduktion hergestellt werden, wodurch sie erschwinglicher und allgemeiner verfügbar würden. Diese Demokratisierung des Wissens schuf einen fruchtbaren Boden für intellektuellen und wissenschaftlichen Fortschritt, da Ideen nun ein viel größeres Publikum erreichen konnten.

Die wissenschaftliche Revolution, die im 16. Jahrhundert begann, war eine der ersten großen Bewegungen, die von der Druckerpresse profitierte. Wissenschaftler nutzten gedruckte Bücher, um ihre Ergebnisse zu veröffentlichen, ihre Theorien zu teilen und sich an Debatten zu beteiligen, die über nationale und sprachliche Grenzen hinausgingen. Eines der frühesten und einflussreichsten Werke der wissenschaftlichen Revolution war das von Nikolaus Kopernikus *Über die Umdrehungen der himmlischen Sphären*, veröffentlicht im Jahr 1543. In diesem bahnbrechenden Buch schlug Kopernikus ein heliozentrisches Modell des Universums vor und argumentierte, dass sich die Erde und andere Planeten um die Sonne drehten. Diese Idee stellte das seit langem von der katholischen Kirche vertretene geozentrische Modell in Frage, das die Erde in den Mittelpunkt des Universums stellte.

Die Druckmaschine spielte eine entscheidende Rolle bei der Verbreitung der Ideen von Kopernikus und ermöglichte es anderen Wissenschaftlern, seine Arbeit zu studieren, zu kritisieren und darauf aufzubauen. Beispielsweise nutzte Galileo Galilei, eine der berühmtesten Persönlichkeiten der wissenschaftlichen Revolution, die Druckerpresse, um seine Bücher zu veröffentlichen *Dialog über die beiden wichtigsten Weltsysteme* im Jahr 1632. In diesem Buch verteidigte Galileo das heliozentrische Modell und präsentierte Beweise aus seinen Himmelsbeobachtungen, die durch seine Verbesserungen am Teleskop ermöglicht wurden. Das Buch wurde auf Italienisch statt auf Latein verfasst, was es einem breiteren Publikum zugänglich machte und eine breite Debatte über den Platz der Menschheit im Kosmos auslöste.

Ein weiteres monumentales Werk der wissenschaftlichen Revolution war das von Isaac Newton *Mathematische Prinzipien*, veröffentlicht im Jahr 1687. In diesem Buch legte Newton die

Gesetze der Bewegung und der universellen Gravitation dar und lieferte einen mathematischen Rahmen, der die Bewegungen von Himmelskörpern und Objekten auf der Erde erklärte. Der *Es beginnt* Dank des Buchdrucks wurde es weit verbreitet und sein Einfluss reichte weit über die wissenschaftliche Gemeinschaft hinaus. Newtons Ideen wurden zu einem Eckpfeiler der modernen Wissenschaft und inspirierten Generationen von Denkern, die natürliche Welt durch Beobachtung, Experimente und Vernunft zu erkunden.

Die Druckmaschine ermöglichte nicht nur die Veröffentlichung bahnbrechender wissenschaftlicher Arbeiten, sondern förderte auch eine Kultur der Zusammenarbeit und Kommunikation zwischen Wissenschaftlern. Tagebücher, Broschüren und Briefe ermöglichten es Wissenschaftlern, ihre Erkenntnisse zu teilen, Theorien zu diskutieren und ihre Ideen zu verfeinern. Dieser Wissensaustausch war von entscheidender Bedeutung für die Entwicklung der wissenschaftlichen Methode, die den Schwerpunkt auf evidenzbasierter Untersuchung und dem Testen von Hypothesen legte. Durch die Druckerpresse entstand ein Netzwerk von Intellektuellen, die auf der Arbeit anderer aufbauen konnten und so das Tempo von Entdeckungen und Innovationen beschleunigten.

Während die wissenschaftliche Revolution den Grundstein für die moderne Wissenschaft legte, veränderte die Aufklärung im 18. Jahrhundert die Art und Weise, wie Menschen über Gesellschaft, Politik und Menschenrechte dachten. Die Aufklärung war eine intellektuelle Bewegung, die Vernunft, Freiheit und das Streben nach Wissen als Schlüssel zum menschlichen Fortschritt betonte. Gedruckte Bücher und Broschüren waren die wichtigsten Mittel zur Verbreitung der Ideen der Aufklärung und erreichten ein

Publikum weit über die Salons und Universitäten hinaus, in denen sie erstmals diskutiert wurden.

Philosophen wie Voltaire, Jean-Jacques Rousseau und Immanuel Kant nutzten die Macht des gedruckten Wortes, um traditionelle Autoritäten in Frage zu stellen und sich für soziale und politische Reformen einzusetzen. Voltaires scharfer Witz und seine Kritik an religiöser Intoleranz fanden in seinen Essays und Briefen viel Beachtung, während die von Rousseau *Der Gesellschaftsvertrag* plädierte für die Idee der Volkssouveränität und inspirierte Bewegungen für Demokratie und Gleichheit. Kants Aufsatz *Was ist Aufklärung?* ermutigte den Einzelnen, selbstständig zu denken und etablierte Normen in Frage zu stellen, und verkörperte so den Zeitgeist.

Durch die Zugänglichkeit gedruckter Bücher konnten die Ideen der Aufklärung ein vielfältiges Publikum erreichen, darunter auch die aufstrebende Mittelschicht, die sich gerne mit neuen Ideen zu Regierungsführung, Bildung und individuellen Rechten auseinandersetzen wollte. Diese Wissensverbreitung hatte tiefgreifende politische Konsequenzen und löste Revolutionen aus, die die Welt veränderten. Beispielsweise war die Amerikanische Revolution stark von den Prinzipien der Aufklärung beeinflusst, wie aus der Unabhängigkeitserklärung hervorgeht, die sich auf Ideen zu Naturrechten und dem Gesellschaftsvertrag stützte. In ähnlicher Weise wurde die Französische Revolution durch die Schriften von Denkern der Aufklärung vorangetrieben, die Freiheit, Gleichheit und den Sturz unterdrückerischer Regime forderten.

Die Druckmaschine spielte auch eine Schlüsselrolle bei der Schaffung eines öffentlichen Raums, in dem Ideen diskutiert und diskutiert werden konnten. Kaffeehäuser, Salons und Lesegesellschaften wurden zu Zentren intellektueller Aktivität, in denen sich Menschen trafen, um die neuesten Bücher, Broschüren und Zeitungen zu lesen und zu diskutieren. Diese Debatten- und Diskussionskultur trug zur Verbreitung der Ideale der Aufklärung bei und förderte das Gefühl eines gemeinsamen Ziels unter denen, die den Status quo in Frage stellen wollten.

## Wie das Drucken Bildung und Alphabetisierung prägte

Die Erfindung der Druckerpresse durch Johannes Gutenberg im 15. Jahrhundert war ein Wendepunkt in der Menschheitsgeschichte, und ihr Einfluss auf Bildung und Alphabetisierung kann nicht hoch genug eingeschätzt werden. Vor der Druckerpresse waren Bücher selten und teuer und nur der wohlhabenden Elite und religiösen Institutionen zugänglich. Das Wissen beschränkte sich auf handgeschriebene Manuskripte, die von Schreibern mühsam kopiert wurden, wobei es oft Monate oder sogar Jahre dauerte, bis ein einziges Buch entstand. Dieser Mangel an Büchern führte dazu, dass Bildung ein Privileg war, das einem kleinen Teil der Gesellschaft vorbehalten war, und die Alphabetisierungsrate extrem niedrig war. Die Druckerpresse hat all dies verändert, die Art und Weise der Wissensvermittlung revolutioniert und Bildung und Alphabetisierung einem viel breiteren Publikum zugänglich gemacht.

Die Druckmaschine ermöglichte die Massenproduktion von Büchern, wodurch ihre Kosten drastisch gesenkt und sie allgemein verfügbar gemacht wurden. Zum ersten Mal konnten sich normale Menschen den Besitz von Büchern leisten, und Schulen und

Universitäten konnten sich die Materialien beschaffen, die sie für einen effektiveren Unterricht benötigten. Diese Demokratisierung des Wissens markierte den Beginn einer neuen Ära in der Bildung, in der das Lernen nicht länger auf die Elite beschränkt war. Die Verfügbarkeit von Büchern ermutigte mehr Menschen, Lesen und Schreiben zu lernen, da sie nun Zugang zu den Fähigkeiten hatten, die sie zur Selbstbildung und zum intellektuellen Wachstum brauchten.

Einer der bedeutendsten Beiträge des Buchdrucks zur Bildung war die Standardisierung von Texten. Vor der Druckpresse enthielten handgeschriebene Manuskripte häufig Fehler oder Abweichungen, da Schreiber manchmal Fehler machten oder Texte unterschiedlich interpretierten. Dieser Mangel an Konsistenz erschwerte den Lehrkräften das Lehren und den Schülern das Lernen. Die Druckmaschine löste dieses Problem, indem sie identische Kopien von Büchern herstellte und so sicherstellte, dass jeder Zugriff auf die gleichen Informationen hatte. Diese Standardisierung war besonders wichtig für Lehrmaterialien wie Lehrbücher, die zu wesentlichen Fähigkeiten für das Lehren und Lernen wurden.

Gedruckte Bücher erleichterten auch die Erstellung und Verbreitung neuartiger Bildungsressourcen. Lehrbücher, Wörterbücher und Enzyklopädien wurden weithin verfügbar und boten Studenten und Wissenschaftlern die Fähigkeiten, die sie zur Erweiterung ihres Wissens benötigten. Wörterbücher trugen beispielsweise dazu bei, die Sprache zu standardisieren und die Kommunikation zu verbessern, während Enzyklopädien riesige Informationsmengen in einem organisierten und zugänglichen Format zusammenstellten. Diese Ressourcen unterstützten nicht nur die formale Bildung, sondern förderten auch das unabhängige

Lernen, da die Menschen nun Themen auf eigene Faust erkunden konnten.

Die Verbreitung gedruckter Materialien hatte tiefgreifende Auswirkungen auf die Alphabetisierungsrate, insbesondere während der Renaissance und der Reformation. Die Renaissance, eine Epoche des kulturellen und intellektuellen Aufschwungs, die im 14. Jahrhundert begann, wurde durch die Wiederentdeckung klassischer Texte und die Verbreitung neuer Ideen vorangetrieben. Die Druckmaschine ermöglichte die Vervielfältigung und Verbreitung dieser Texte in großem Umfang und ermöglichte es mehr Menschen, sich mit Literatur, Philosophie und Wissenschaft zu beschäftigen. Als Bücher immer zugänglicher wurden, begann die Alphabetisierungsrate zu steigen, da die Menschen versuchten, den Reichtum an Wissen, der ihnen jetzt zur Verfügung stand, zu lesen und zu verstehen.

Die Reformation, die im frühen 16. Jahrhundert begann, beschleunigte die Verbreitung der Alphabetisierung weiter. Religiöse Reformatoren wie Martin Luther betonten, wie wichtig es sei, die Bibel in der eigenen Sprache zu lesen, anstatt sich bei der Interpretation auf Geistliche zu verlassen. Die Druckmaschine ermöglichte die Herstellung von Bibeln und anderen religiösen Texten in Landessprachen und ermöglichte es den einfachen Menschen, sich auf persönlicher Ebene mit ihrem Glauben auseinanderzusetzen. Diese Betonung des individuellen Lesens und Dolmetschens ermutigte mehr Menschen, Lesen zu lernen, was zu einem deutlichen Anstieg der Alphabetisierungsraten in ganz Europa beitrug.

Der Aufstieg der Alphabetisierung hatte weitreichende Folgen für die Gesellschaft. Je mehr Menschen lesen und schreiben konnten, desto mehr Ideen und Perspektiven erhielten sie, was kritisches Denken und intellektuelle Neugier förderte. Diese Demokratisierung des Wissens befähigte den Einzelnen, Autoritäten in Frage zu stellen, traditionelle Überzeugungen in Frage zu stellen und nach neuen Lösungen für Probleme zu suchen. Es legte auch den Grundstein für die Entwicklung öffentlicher Bildungssysteme, da die Gesellschaften die Bedeutung von Alphabetisierung und Bildung für den wirtschaftlichen und sozialen Fortschritt erkannten.

Auch der Buchdruck spielte eine Schlüsselrolle bei der Gestaltung des modernen Bildungskonzepts. Durch die Verfügbarkeit standardisierter Lehrbücher und anderer Lehrmaterialien konnten Schulen und Universitäten strukturiertere Lehrpläne entwickeln und eine größere Zahl von Studierenden erreichen. Die Verbreitung gedruckter Bücher förderte auch die Gründung von Bibliotheken, die zu Zentren des Lernens und des intellektuellen Austauschs wurden. Diese Entwicklungen trugen dazu bei, eine Bildungskultur zu schaffen, die Wissen und lebenslanges Lernen wertschätzte, und bereiteten so den Grundstein für die modernen Bildungssysteme, die wir heute kennen.

# Kapitel 5

# *Das Postsystem*

---

## Die Ursprünge der Postsysteme

Die Ursprünge der Postsysteme lassen sich auf die Notwendigkeit zurückführen, dass Imperien über weite Entfernungen kommunizieren mussten. In der Antike, in der sich Gebiete über Tausende von Kilometern erstreckten, war effektive Kommunikation für die Regierungsführung, die militärische Koordination und die Aufrechterhaltung der Kontrolle über weit entfernte Regionen von entscheidender Bedeutung. Zwei der bemerkenswertesten frühen Postsysteme wurden im Persischen Reich und im Römischen Reich entwickelt. Diese Systeme revolutionierten nicht nur die Art und Weise der Übermittlung von Nachrichten, sondern spielten auch eine entscheidende Rolle bei der Vereinigung von Reichen, der Förderung des Handels und der Ermöglichung des kulturellen Austauschs.

Das Persische Reich errichtete unter der Herrschaft von Darius I. im 6. Jahrhundert v. Chr. eines der frühesten organisierten Postsysteme, bekannt als das *Wut*. Dieses System sollte die schnelle und zuverlässige Zustellung von Nachrichten im gesamten persischen Reich gewährleisten, das sich vom Indus-Tal im Osten bis zur Ägäis im Westen erstreckte. Der *Wut* stützte sich auf ein Netzwerk von Relaisstationen oder Posthäusern, die strategisch entlang der Royal Road platziert waren, einer Hauptstraße, die sich über mehr als 1.500 Meilen erstreckte. Kuriere, oft zu Pferd, transportierten Nachrichten von einer Station zur nächsten, wo frische Pferde und Reiter auf die Weiterreise warteten.

Dieses Relaissystem ermöglichte für die damalige Zeit eine bemerkenswerte Geschwindigkeit der Nachrichtenübermittlung. Herodot, der antike griechische Historiker, staunte über die Effizienz der persischen Kuriere und stellte fest, dass „weder Schnee, noch Regen, noch Hitze, noch düstere Nacht" ihren Fortschritt verzögern konnten. Der *Wut* war für die persischen Könige eine lebenswichtige Fähigkeit, die es ihnen ermöglichte, Befehle zu senden, Berichte zu empfangen und Militärkampagnen in ihrem riesigen Reich zu koordinieren. Es trug auch dazu bei, die Kontrolle über entfernte Gebiete zu behalten, indem sichergestellt wurde, dass die Zentralregierung selbst über Ereignisse in den entlegensten Regionen auf dem Laufenden bleiben konnte.

Das persische Postsystem war nicht nur eine praktische Innovation; es war ein Symbol der Macht und Organisation des Reiches. Durch die Schaffung eines zuverlässigen Kommunikationsnetzwerks stellten die Perser ihre Fähigkeit unter Beweis, ein vielfältiges und weitläufiges Reich zu regieren. Der *Wut* schufen einen Präzedenzfall für zukünftige Postsysteme und inspirierten andere Zivilisationen, ihre eigenen Methoden der Fernkommunikation zu entwickeln.

Jahrhunderte später baute das Römische Reich auf den Innovationen der Perser auf und schuf ein noch ausgefeilteres Postsystem, das als Postsystem bekannt ist *Öffentlicher Kurs*. Gegründet während der Herrschaft von Kaiser Augustus im 1. Jahrhundert v. Chr *Öffentlicher Kurs* wurde entwickelt, um die effiziente Zustellung offizieller Nachrichten und Dokumente im gesamten Römischen Reich zu erleichtern, das sich auf seinem

Höhepunkt über drei Kontinente erstreckte. Wie der Perser *Wut*Das römische System stützte sich auf ein Netz von Straßen, Relaisstationen und Kurieren.

Die Römer waren für ihre Ingenieurskunst bekannt und ihr ausgedehntes Straßennetz war ein Schlüsselfaktor für den Erfolg *Öffentlicher Kurs*. Diese mit bemerkenswerter Präzision und Haltbarkeit gebauten Straßen verbanden Städte, Ortschaften und militärische Außenposten im ganzen Reich. Relaisstationen, bekannt als *Änderungen*Entlang dieser Straßen wurden in regelmäßigen Abständen Pferde aufgestellt, die den Kurieren frische Pferde und Vorräte lieferten. Größere Stationen, genannt *Villen*, bot Unterkünfte für Reisende und Beamte. Diese Infrastruktur ermöglichte die schnelle und effiziente Zustellung von Nachrichten auch über große Entfernungen.

Der *Öffentlicher Kurs* wurde hauptsächlich für offizielle Zwecke verwendet, beispielsweise für die Übermittlung kaiserlicher Befehle, Militärdepeschen und Steuerunterlagen. Es erleichterte jedoch auch den Handel und den kulturellen Austausch, indem es das Reisen und die Kommunikation für Kaufleute, Gelehrte und Diplomaten erleichterte. Das System trug dazu bei, das Römische Reich zu vereinen, indem es ein Gefühl der Verbindung zwischen seinen verschiedenen Provinzen schuf und sicherstellte, dass die Zentralregierung die Kontrolle über seine riesigen Gebiete behalten konnte.

Die Effizienz der *Öffentlicher Kurs* war ein Beweis für die Organisationsfähigkeit der Römer. Kuriere konnten bis zu 50 Meilen pro Tag zurücklegen, was für die damalige Zeit eine bemerkenswerte Geschwindigkeit war, und Nachrichten konnten innerhalb weniger Wochen von einem Ende des Reiches zum anderen geschickt werden. Diese Fähigkeit, schnell und zuverlässig zu kommunizieren, war für die Verwaltung eines so großen und komplexen Reiches unerlässlich. Es ermöglichte den Römern, auf Krisen zu reagieren, militärische Kampagnen zu koordinieren und Gesetze in ihren gesamten Territorien durchzusetzen.

Das römische Postsystem hatte auch einen bedeutenden kulturellen Einfluss. Durch die Verbindung entfernter Regionen wird die *Öffentlicher Kurs* erleichterte den Austausch von Ideen, Technologien und Traditionen. Es trug dazu bei, die römische Kultur und ihren Einfluss zu verbreiten und die verschiedenen Völker des Reiches in ein gemeinsames politisches und wirtschaftliches System zu integrieren. Die Straßen und Relaisstationen der *Öffentlicher Kurs* wurden zu Kommunikations- und Handelsadern, die das Reich miteinander verbanden und seine Stabilität gewährleisteten.

# Die Rolle von Postnetzen in Handel und Governance

Im Laufe der Geschichte waren Postnetze das Rückgrat der Kommunikation und spielten eine entscheidende Rolle bei der Erleichterung des Handels und der Ermöglichung einer effektiven Verwaltung über weite Gebiete hinweg. Diese Netzwerke, die eine schnelle und zuverlässige Übermittlung von Nachrichten gewährleisten sollten, waren von wesentlicher Bedeutung für die Aufrechterhaltung der Kontrolle über Imperien, die Koordinierung von Verwaltungsfunktionen und die Förderung des Wirtschaftswachstums. Vom antiken persischen Angarium bis zum römischen Cursus Publicus und darüber hinaus waren Postsysteme ein Beweis für den Einfallsreichtum der Zivilisationen bei der Bewältigung der Herausforderungen von Entfernung und Zeit.

Die Ursprünge der Postnetze lassen sich bis zum Persischen Reich unter Darius I. im 6. Jahrhundert v. Chr. zurückverfolgen. Das persische Angarium war eines der frühesten organisierten Postsysteme, das geschaffen wurde, um sicherzustellen, dass Nachrichten schnell durch das Reich transportiert werden konnten, das sich vom Indus-Tal bis zum Mittelmeer erstreckte. Das Angarium stützte sich auf ein Netzwerk von Relaisstationen, in denen berittene Kuriere Nachrichten an neue Reiter weiterleiteten, sodass Informationen für die damalige Zeit mit bemerkenswerter Geschwindigkeit übermittelt werden konnten. Dieses System war für die Regierungsführung von entscheidender Bedeutung, da es den persischen Königen ermöglichte, Dekrete zu erlassen, Militärkampagnen zu koordinieren und die Kontrolle über entfernte Provinzen zu behalten. Das Angarium unterstützte auch den Handel, indem es den Kaufleuten eine zuverlässige Möglichkeit bot, über weite Entfernungen zu kommunizieren, Informationen über Märkte auszutauschen und den Warenverkehr entlang der Handelsrouten des Imperiums zu koordinieren.

Das Römische Reich baute auf den Innovationen der Perser auf und schuf ein noch ausgefeilteres Postsystem, das als Cursus Publicus bekannt ist. Der Cursus Publicus wurde während der Herrschaft von Kaiser Augustus im 1. Jahrhundert v. Chr. gegründet und sollte die effiziente Zustellung offizieller Nachrichten und Dokumente im gesamten riesigen Römischen Reich erleichtern. Das System stützte sich auf ein ausgedehntes Netzwerk aus Straßen, Relaisstationen und Kurieren, sodass Nachrichten schnell und zuverlässig übermittelt werden konnten. Diese Straßen, von denen einige noch heute genutzt werden, verbanden Städte und militärische Außenposten und stellten sicher, dass die Zentralregierung die Kontrolle über ihre Gebiete behalten konnte.

Der Cursus Publicus war nicht nur eine Fähigkeit zur Regierungsführung, sondern auch ein Katalysator für Wirtschaftswachstum. Indem es den Kaufleuten ermöglichte, miteinander zu kommunizieren und den Warenverkehr zu koordinieren, trug das Postnetz dazu bei, die römische Wirtschaft zu integrieren und Verbindungen zwischen Regionen zu fördern. Beispielsweise könnte ein Händler in Gallien das Postsystem nutzen, um eine Nachricht an einen Lieferanten in Ägypten zu senden und den Versand von Waren wie Getreide, Wein oder Textilien zu veranlassen. Diese Fähigkeit, Informationen auszutauschen und den Handel über weite Entfernungen zu koordinieren, war für das reibungslose Funktionieren der römischen Wirtschaft von entscheidender Bedeutung und trug zum Wohlstand des Reiches bei.

Als die Imperien expandierten und die Wirtschaft komplexer wurde, entwickelten sich die Postnetze, um den Bedürfnissen ihrer Gesellschaften gerecht zu werden. Eines der bemerkenswertesten Beispiele dieser Entwicklung war das Yam-System des Mongolenreiches im 13. und 14. Jahrhundert. Die Mongolen schufen unter der Führung von Dschingis Khan ein riesiges Postnetz, das ihr riesiges Reich umfasste, das sich von China bis Osteuropa erstreckte. Das Yam-System basierte auf einem Netzwerk von Relaisstationen, an denen sich Kuriere ausruhen, Pferde wechseln und ihre Reise fortsetzen konnten. Mit diesem System konnten Nachrichten bis zu 200 Meilen pro Tag zurückgelegt werden, was für die damalige Zeit eine unglaubliche Geschwindigkeit darstellte.

Das Yam-System war für die Regierungsführung von entscheidender Bedeutung, da es den mongolischen Herrschern ermöglichte, die Kontrolle über ihre riesigen Gebiete zu behalten, Befehle zu erteilen und rechtzeitig auf Krisen zu reagieren. Es unterstützte auch den Handel, indem es den Händlern eine zuverlässige Möglichkeit bot, ihre Aktivitäten entlang der Seidenstraße, dem Netzwerk von Handelsrouten, die Ost und West verbanden, zu kommunizieren und zu koordinieren. Das mongolische Postnetz trug zur Schaffung einer stärker vernetzten Welt bei und erleichterte den Austausch von Waren, Ideen und Technologien zwischen verschiedenen Kulturen.

Im frühneuzeitlichen Europa wurden die Postnetze erheblich reformiert, um den Bedürfnissen expandierender Staaten und Volkswirtschaften gerecht zu werden. Beispielsweise richteten viele europäische Länder im 16. und 17. Jahrhundert staatliche Postdienste ein, um die Kommunikation zu verbessern und die Regierungsführung zu unterstützen. Diese Postsysteme orientierten sich häufig an früheren Netzwerken wie dem römischen Cursus Publicus, enthielten jedoch neue Technologien und Innovationen. Die Einführung standardisierter Portotarife beispielsweise machte es für die Menschen einfacher und erschwinglicher, Briefe und Pakete zu versenden, was zu einer weiteren Integration von Wirtschaft und Gesellschaft führte.

Auch die Postnetze im frühneuzeitlichen Europa spielten eine entscheidende Rolle bei der Förderung des Handels und des Wirtschaftswachstums. Händler nutzten das Postsystem, um Informationen über Marktbedingungen auszutauschen, Verträge auszuhandeln und den Warenverkehr zu koordinieren. Diese Fähigkeit, schnell und zuverlässig zu kommunizieren, war für die Entwicklung globaler Handelsnetzwerke von entscheidender

Bedeutung, da sie es Händlern ermöglichte, auf Veränderungen bei Angebot und Nachfrage zu reagieren, Risiken zu bewältigen und neue Chancen zu nutzen. Das Postsystem unterstützte auch das Wachstum der Finanzmärkte, da es den schnellen Austausch von Informationen über Preise, Investitionen und Kredite ermöglichte.

Neben ihrem wirtschaftlichen Nutzen waren Postnetze für die Regierungsführung unverzichtbar. Herrscher und Administratoren verließen sich auf das Postsystem, um Dekrete zu erlassen, Steuern einzutreiben und die Ordnung aufrechtzuerhalten. Während der Herrschaft Ludwigs Die Fähigkeit zur schnellen und effizienten Kommunikation ermöglichte es der Zentralregierung, die Kontrolle über ihre Gebiete zu behalten und auf auftretende Herausforderungen zu reagieren.

## Die Demokratisierung der Kommunikation

Die Entwicklung der Postsysteme und die weitverbreitete Verwendung von Briefen markierten einen tiefgreifenden Wandel in der Art und Weise, wie Menschen kommunizierten und es Menschen verschiedener sozialer Schichten ermöglichten, über große Entfernungen miteinander in Kontakt zu treten. In früheren Zeiten war Kommunikation oft ein Privileg der Elite. Könige, Adlige und Gelehrte hatten Zugang zu Boten und Schriftgelehrten, während die Mehrheit der Menschen auf Mundpropaganda angewiesen war oder überhaupt keine Möglichkeit zur Fernkommunikation hatte. Als jedoch die Postnetze expandierten und das Schreiben von Briefen erschwinglicher wurde, wurde die Kommunikation demokratisiert und ermöglichte es den einfachen Menschen, ihre Gedanken, Gefühle und Erfahrungen auf zuvor unvorstellbare Weise auszutauschen.

Die Ausweitung der Postsysteme, wie z. B. des römischen *Öffentlicher Kurs*, das mongolische Yam-System und später die staatlichen Postdienste im frühneuzeitlichen Europa spielten eine entscheidende Rolle dabei, die Kommunikation zugänglicher zu machen. Diese Netzwerke, die ursprünglich für den offiziellen und staatlichen Gebrauch konzipiert waren, wurden nach und nach für die Öffentlichkeit zugänglich gemacht und ermöglichten es Händlern, Reisenden und schließlich auch normalen Bürgern, Briefe zu senden und zu empfangen. Im 18. und 19. Jahrhundert machten Postreformen in vielen Ländern, wie die Einführung standardisierter Portotarife und vorausbezahlter Briefmarken, das Schreiben von Briefen für Menschen aus allen Gesellschaftsschichten erschwinglich. Diese Zugänglichkeit veränderte die Kommunikation und ermöglichte es Familien, Freunden und sogar Fremden, über große Entfernungen hinweg Verbindungen aufrechtzuerhalten.

Briefe wurden zu einem wirkungsvollen Medium für den persönlichen Ausdruck. Im Gegensatz zu offiziellen Dokumenten oder öffentlichen Proklamationen waren Briefe vertraulich und persönlich und wurden von einer Person an eine andere geschrieben. Sie ermöglichten es den Menschen, ihre innersten Gedanken, Gefühle und Ideen auf eine private und bedeutungsvolle Weise mitzuteilen. Für Familien, die durch die Entfernung getrennt waren, waren Briefe eine Lebensader, die dazu beitrug, die Bindung aufrechtzuerhalten und Trost zu spenden. Ein Elternteil könnte einem Kind, das in einer anderen Stadt studiert, schreiben und ihm Rat und Ermutigung geben. Ein Soldat auf dem Schlachtfeld könnte einen Brief nach Hause schicken, in dem er seine Angehörigen über seine Sicherheit versichert und seine Hoffnungen und Ängste mitteilt. Dieser

Wortwechsel erzeugte ein Gefühl der Nähe, auch wenn die räumliche Distanz es unmöglich machte, zusammen zu sein.

In Kriegszeiten spielten Briefe eine besonders wichtige Rolle bei der Aufrechterhaltung der Moral. Soldaten und ihre Familien verließen sich auf die Korrespondenz, um in Verbindung zu bleiben und sich gegenseitig Kraft und Unterstützung angesichts von Unsicherheit und Not zu geben. Während des Ersten und Zweiten Weltkriegs wurden beispielsweise Millionen von Briefen zwischen Soldaten und ihren Angehörigen ausgetauscht. Diese Briefe waren oft voller Ausdruck von Liebe, Hoffnung und Sehnsucht und vermittelten ein Gefühl von Normalität und Menschlichkeit inmitten des Chaos des Krieges. Für viele war die Ankunft eines Briefes ein Moment der Freude und Erleichterung, eine Erinnerung daran, dass sie nicht allein waren.

Über persönliche Kontakte hinaus wurden Briefe auch zu einem Mittel zum Austausch von Wissen und Kultur. Im 18. Jahrhundert, während der Aufklärung, waren Briefe für Intellektuelle eine wichtige Fähigkeit, Ideen auszutauschen und sich an Debatten zu beteiligen. Philosophen wie Voltaire, Rousseau und Diderot nutzten die Korrespondenz, um Themen wie Vernunft, Freiheit und Menschenrechte zu diskutieren und prägten so die intellektuellen Bewegungen ihrer Zeit. Bei diesen Briefen handelte es sich nicht nur um einen privaten Austausch; Sie wurden oft geteilt, veröffentlicht und verbreitet, beeinflussten die öffentliche Meinung und inspirierten zu Veränderungen. Die Demokratisierung der Kommunikation durch Briefe ermöglichte eine größere Verbreitung von Ideen, baute Barrieren zwischen sozialen Klassen ab und förderte das Gefühl gemeinsamer Menschlichkeit.

Die Wirkung des Briefschreibens reichte über intellektuelle Kreise hinaus. Gewöhnliche Menschen nutzten Briefe, um Neuigkeiten auszutauschen, Geschichten zu erzählen und Traditionen zu bewahren. Ein Bauer könnte einem Verwandten in einer anderen Stadt schreiben und ihm die Ernte und die Ereignisse vor Ort schildern. Eine junge Frau könnte mit einer Freundin korrespondieren und ihre Träume und Sehnsüchte teilen. Diese oft in einfacher Sprache verfassten Briefe fingen den Alltag der Menschen ein und boten einen Einblick in ihre Welt. Sie trugen dazu bei, ein Gemeinschafts- und Verbundenheitsgefühl zu schaffen, selbst unter denen, die sich noch nie persönlich getroffen hatten.

Die Demokratisierung der Kommunikation durch Briefe hatte auch tiefgreifende Auswirkungen auf die Alphabetisierung. Je mehr Menschen begannen, Briefe zu schreiben und zu empfangen, desto wichtiger wurde die Fähigkeit zu lesen und zu schreiben. Diese Forderung nach Lese- und Schreibfähigkeit förderte die Verbreitung von Bildung, da Einzelpersonen die Fähigkeiten erlernen wollten, die sie für die Teilnahme an dieser neuen Kommunikationsform benötigen. Auf diese Weise verbanden Briefe nicht nur Menschen, sondern trugen auch zur breiteren Entwicklung der Gesellschaft bei und förderten eine Kultur des Lernens und der Selbstdarstellung.

## Postsysteme im Zeitalter der Industrialisierung

Das Zeitalter der Industrialisierung brachte weitreichende Veränderungen in fast allen Aspekten des menschlichen Lebens mit sich, und die Postsysteme bildeten da keine Ausnahme. Während der industriellen Revolution, die im späten 18.

Jahrhundert begann und bis ins 19. Jahrhundert andauerte, entwickelten und expandierten die Postnetze dramatisch, veränderten die Kommunikation und verbanden Menschen, Unternehmen und Regierungen in einem beispiellosen Ausmaß. Fortschritte in den Bereichen Transport, Technologie und Infrastruktur revolutionierten die Geschwindigkeit, Effizienz und Zugänglichkeit der Postdienste und machten sie zu einem wichtigen Bestandteil der modernen Gesellschaft.

Vor der Industrialisierung waren Postsysteme oft langsam und in ihrer Reichweite begrenzt. Nachrichten wurden mit Pferdekutschen oder zu Fuß transportiert, und die Zustellung von Briefen und Paketen konnte Wochen oder sogar Monate dauern, insbesondere über große Entfernungen. Die industrielle Revolution führte jedoch neue Transportmittel ein, die die Art und Weise der Postzustellung revolutionierten. Die Eisenbahn beispielsweise veränderte die Postdienste grundlegend. Züge könnten große Mengen Post mit hoher Geschwindigkeit befördern und Städte und Gemeinden effizienter als je zuvor verbinden. Ein Brief, dessen Weg zwischen zwei Orten früher Tage gedauert hat, kann jetzt innerhalb weniger Stunden eintreffen. Die Eisenbahn ermöglichte auch die Einrichtung regelmäßiger und zuverlässiger Postfahrpläne und stellte sicher, dass sich Menschen und Unternehmen auf eine rechtzeitige Kommunikation verlassen konnten.

Dampfschiffe erweiterten die Reichweite der Postsysteme weiter und ermöglichten es der Post, Ozeane zu überqueren und Kontinente zu verbinden. Vor dem Aufkommen der Dampfschiffe war die internationale Post auf Segelschiffe angewiesen, die Wind und Wetter ausgeliefert waren. Von Motoren angetriebene Dampfschiffe waren schneller und zuverlässiger und verkürzten die Zeit, die Briefe und Pakete für den Transport zwischen Europa,

Amerika und anderen Teilen der Welt brauchten. Dieser Fortschritt war besonders wichtig für den globalen Handel und die Diplomatie, da er es Unternehmen und Regierungen ermöglichte, über große Entfernungen effektiver zu kommunizieren.

Die Industrialisierung brachte auch Innovationen mit sich, die die Postdienste für die breite Öffentlichkeit zugänglicher machten. Eine der bedeutendsten Entwicklungen war die Einführung der Briefmarke. Im Jahr 1840 führte Großbritannien die Penny Black ein, die erste selbstklebende Briefmarke der Welt. Diese kleine, aber revolutionäre Erfindung vereinfachte den Prozess des Postversands. Vor der Einführung der Briefmarken wurden die Kosten für den Briefversand oft vom Empfänger getragen, und die Gebühren variierten je nach Entfernung und anderen Faktoren, was das System kompliziert und inkonsistent machte. Die Penny Black führte einen einheitlichen Tarif ein, der es jedem ermöglichte, für einen einzigen Penny einen Brief überall im Land zu verschicken. Diese Innovation demokratisierte die Kommunikation und machte es für normale Menschen erschwinglich und einfach, Post zu senden und zu empfangen.

Der Erfolg der Penny Black inspirierte andere Länder, ähnliche Systeme einzuführen. Bis zur Mitte des 19. Jahrhunderts hatten viele Länder in Europa und Nordamerika Briefmarken und standardisierte Tarife eingeführt und so ihre Postnetze in effiziente und zugängliche öffentliche Dienste umgewandelt. Diese Veränderungen ermöglichten es Einzelpersonen, Unternehmen und Regierungen, effektiver zu kommunizieren und so das Wirtschaftswachstum, den sozialen Zusammenhalt und globale Verbindungen zu fördern.

Der Ausbau der nationalen Postsysteme im Zeitalter der Industrialisierung war ein Beweis für die transformative Kraft des industriellen Fortschritts. In den Vereinigten Staaten beispielsweise entstand durch die Gründung des U.S. Postal Service und den Bau transkontinentaler Eisenbahnen im 19. Jahrhundert ein riesiges und vernetztes Postnetz. Dieses Netzwerk verband nicht nur Städte und Gemeinden, sondern erreichte auch abgelegene ländliche Gebiete und stellte sicher, dass selbst die abgelegensten Gemeinden am Austausch von Informationen und Gütern teilnehmen konnten. Auch in Europa investierten Länder wie Frankreich, Deutschland und Großbritannien stark in ihre Postinfrastruktur und bauten Netze aus Postämtern, Bahnlinien und Zustellrouten auf, die Menschen und Unternehmen einander näher brachten.

Die Auswirkungen dieser Postnetze auf den Handel waren tiefgreifend. Unternehmen verließen sich beim Versand von Rechnungen, Verträgen und Bestellungen auf das Postsystem, wodurch sie effizienter arbeiten und ihre Reichweite vergrößern konnten. Kataloge und Versandhandelsdienste erfreuten sich zunehmender Beliebtheit und ermöglichten es den Verbrauchern, Waren bei entfernten Lieferanten zu kaufen und diese an ihre Haustür liefern zu lassen. Diese neue Art der Geschäftsabwicklung kurbelte nicht nur die Wirtschaftstätigkeit an, sondern legte auch den Grundstein für den modernen E-Commerce.

Auch Postsysteme spielten eine entscheidende Rolle bei der Verbreitung von Ideen und Informationen. Zeitungen, Zeitschriften und Bücher konnten nun schnell und weit verbreitet werden und so ein Publikum erreichen, das zuvor unerreichbar war. Diese Wissensverbreitung befeuerte intellektuelle und kulturelle Bewegungen, von der Aufklärung bis zum Aufstieg der Massenbildung. Die Menschen könnten sich über aktuelle

Ereignisse informieren, mehr über neue Technologien erfahren und sich mit den Ideen von Denkern und Schriftstellern aus der ganzen Welt auseinandersetzen. Das Postsystem wurde zu einer Brücke zwischen den Kulturen und förderte das Gefühl globaler Verbundenheit.

Auf persönlicher Ebene hat der Ausbau der Postdienste die Beziehungen gestärkt und die Menschen einander näher gebracht. Durch die Entfernung getrennte Familien könnten durch Briefe in Kontakt bleiben und Neuigkeiten, Gefühle und Erfahrungen austauschen. Einwanderer, die in neue Länder gezogen waren, konnten die Verbindung zu ihren Lieben in der Heimat aufrechterhalten, den Trennungsschmerz lindern und ein Gefühl der Kontinuität in ihrem Leben schaffen. Die Fähigkeit, über Entfernungen hinweg zu kommunizieren, trug dazu bei, persönliche und berufliche Beziehungen aufzubauen und aufrechtzuerhalten, sodass sich die Welt kleiner und vernetzter anfühlte.

# Kapitel 6

## *Der Telegraph und das Telefon*

### Der Telegraph

Die Erfindung des Telegraphen im 19. Jahrhundert markierte einen revolutionären Moment in der Geschichte der Menschheit und veränderte die Kommunikation auf eine Weise, die zuvor unvorstellbar war. Zum ersten Mal konnten Nachrichten nahezu augenblicklich über große Entfernungen versendet werden und ersetzten so die langsameren Methoden von Briefen, Boten und Postsystemen. Der Telegraph war nicht nur ein technologischer Durchbruch; Es war die Grundlage moderner Kommunikationsnetzwerke und leitete eine neue Ära globaler Konnektivität und Echtzeit-Informationsaustausch ein.

Die Entwicklung des Telegraphen war das Ergebnis jahrelanger Experimente und Innovationen auf dem Gebiet der Elektrizität. Erste Versuche, ein System zur elektrischen Übertragung von Nachrichten zu schaffen, begannen im späten 18. Jahrhundert, aber erst in den 1830er und 1840er Jahren nahm der Telegraph, wie wir ihn kennen, Gestalt an. Samuel Morse, ein amerikanischer Erfinder und Künstler, spielte in diesem Prozess eine entscheidende Rolle. Gemeinsam mit Alfred Vail und Leonard Gale entwickelte Morse ein praktisches und zuverlässiges Telegrafensystem, das elektrische Signale zur drahtgebundenen Übertragung von Nachrichten nutzte. Damit dieses System funktioniert, erstellte Morse auch einen Code – später bekannt als Morsecode –, der

Buchstaben und Zahlen Punkte und Bindestriche zuordnete und so die schnelle und effiziente Kodierung und Dekodierung von Nachrichten ermöglichte.

Die erste erfolgreiche Demonstration des Morse-Telegraphensystems fand 1844 statt, als eine Nachricht von Washington, D.C., nach Baltimore, Maryland, gesendet wurde. Die Botschaft „Was hat Gott gewirkt" war ein biblischer Satz, der die Ehrfurcht und Bedeutung dieser bahnbrechenden Leistung zum Ausdruck brachte. Diese Demonstration bewies, dass der Telegraph Nachrichten nahezu augenblicklich über große Entfernungen übertragen konnte, und ebnete damit den Weg für seine weitverbreitete Verbreitung.

Der Telegraph revolutionierte die Kommunikation, indem er langsamere, arbeitsintensivere Methoden durch ein System ersetzte, das einen Echtzeit-Informationsaustausch ermöglichte. Vor dem Telegraphen mussten Nachrichten physisch von Boten, Schiffen oder Postdiensten befördert werden, was Tage, Wochen oder sogar Monate dauern konnte, bis sie ihr Ziel erreichten. Der Telegraph beseitigte diese Verzögerungen und ermöglichte es den Menschen, Nachrichten innerhalb von Minuten zu senden und zu empfangen. Diese neu entdeckte Geschwindigkeit hatte tiefgreifende Auswirkungen auf die Gesellschaft und veränderte Handel, Regierungsführung, Journalismus und das Alltagsleben.

In der Welt des Handels wurde der Telegraf zu einer unverzichtbaren Fähigkeit für Unternehmen. Kaufleute und Händler nutzten es, um den Warenverkehr zu koordinieren, Preise auszuhandeln und sich über die Marktbedingungen auf dem Laufenden zu halten. Beispielsweise verließen sich Börsen bei der Übermittlung von Finanzdaten auf den Telegraphen, sodass

Anleger ihre Entscheidungen auf der Grundlage aktueller Informationen treffen konnten. Der Telegraph spielte auch eine entscheidende Rolle bei der Entwicklung der Eisenbahnen, da er es den Eisenbahnunternehmen ermöglichte, Fahrpläne zu verwalten, Unfälle zu verhindern und mit Bahnhöfen entlang ihrer Strecken zu kommunizieren. Indem er Unternehmen ermöglichte, effizienter zu arbeiten und in Echtzeit auf Veränderungen zu reagieren, trug er zum schnellen Wachstum der Industrieländer bei.

Auch Regierungen erkannten schnell den Wert des Telegraphen für militärische und administrative Zwecke. In Kriegszeiten ermöglichte der Telegraph den Kommandeuren, Befehle zu erteilen, Informationen zu sammeln und Truppenbewegungen mit beispielloser Geschwindigkeit zu koordinieren. Während des Amerikanischen Bürgerkriegs beispielsweise nutzten sowohl die Armeen der Union als auch der Konföderierten den Telegraphen, um über riesige Schlachtfelder hinweg zu kommunizieren, was ihnen einen strategischen Vorteil verschaffte. In Friedenszeiten nutzten Regierungen den Telegraphen, um ihre Territorien zu verwalten, Steuern einzutreiben und auf Krisen zu reagieren. Die Möglichkeit, Informationen sofort zu übermitteln, trug dazu bei, die Autorität zu zentralisieren und die Effizienz der Regierungsführung zu verbessern.

Der Telegraph veränderte auch den Journalismus und läutete die Ära der Nachrichtenberichterstattung in Echtzeit ein. Vor dem Telegraphen verbreiteten sich Nachrichten oft langsam und trafen erst Tage oder Wochen nach dem Eintreten eines Ereignisses ein. Mit dem Telegrafen konnten Reporter fast sofort Aktualisierungen von vor Ort senden, was es den Zeitungen ermöglichte, aktuelle Nachrichten zu veröffentlichen. Diese Innovation veränderte die Art und Weise, wie Menschen Informationen konsumierten, und schuf eine besser informierte und vernetzte Öffentlichkeit. Ein bemerkenswertes Beispiel für den Einfluss des Telegraphen auf den Journalismus war seine Rolle bei der Berichterstattung über den Krimkrieg (1853–1856), bei der Korrespondenten den Telegraphen nutzten, um Aktualisierungen direkt vom Schlachtfeld zu senden und den Lesern ein Gefühl der Unmittelbarkeit und Dringlichkeit zu vermitteln.

Mit dem Bau des ersten transatlantischen Telegrafenkabels im Jahr 1858 wurde die weltweite Bedeutung des Telegraphen noch deutlicher. Dieses ehrgeizige Projekt verband Europa und Nordamerika und ermöglichte den Versand von Nachrichten über den Atlantik in wenigen Minuten. Obwohl das erste Kabel nach einigen Wochen ausfiel, waren die nachfolgenden Bemühungen erfolgreich, und 1866 war ein dauerhaftes Transatlantikkabel vorhanden. Diese Errungenschaft markierte den Beginn globaler Kommunikationsnetzwerke, die die Welt kleiner machten und den internationalen Handel, die Diplomatie und den kulturellen Austausch förderten.

Der Einfluss des Telegraphen auf die Gesellschaft war tiefgreifend. Es revolutionierte nicht nur die Art und Weise, wie Menschen kommunizierten, sondern veränderte auch ihre Einstellung zu Zeit und Entfernung. Zum ersten Mal in der Geschichte konnten sich Informationen schneller verbreiten als Menschen oder Güter und so ein Gefühl der Unmittelbarkeit und Verbundenheit schaffen, das die moderne Welt veränderte. Der Telegraf legte auch den Grundstein für zukünftige Kommunikationsinnovationen wie Telefon, Radio und schließlich das Internet. Indem er die Macht der sofortigen Kommunikation demonstrierte, bereitete der Telegraph die Bühne für das digitale Zeitalter, in dem wir heute leben.

# Wie der Telegraph Wirtschaft, Krieg und Journalismus revolutionierte

Die Erfindung des Telegraphen im 19. Jahrhundert revolutionierte die Art und Weise, wie Menschen kommunizierten, und veränderte nicht nur die persönliche Korrespondenz, sondern auch die kritischen Bereiche Wirtschaft, Krieg und Journalismus. Indem der Telegraph die fast sofortige Übertragung von Nachrichten über große Entfernungen ermöglichte, veränderte er die Art und Weise, wie Unternehmen arbeiteten, wie Kriege geführt wurden und wie Nachrichten berichtet wurden. Es war ein technologischer Durchbruch, der die Welt auf nie zuvor mögliche Weise verband und eine Grundlage für die moderne, vernetzte Gesellschaft schuf, in der wir heute leben.

In der Geschäftswelt war der Telegraf eine echte Revolution. Vor seiner Erfindung waren Unternehmen für die Kommunikation auf Briefe, Boten und Schiffe angewiesen, was je nach Entfernung Tage, Wochen oder sogar Monate dauern konnte. Der Telegraph beseitigte diese Verzögerungen und ermöglichte es Unternehmen, Informationen in Echtzeit zu senden und zu empfangen. Diese neue Geschwindigkeit veränderte Branchen wie Handel, Finanzen und Transport und ermöglichte es ihnen, effizienter zu arbeiten und ihre Reichweite zu vergrößern.

Einer der Branchen, die am stärksten vom Telegraphen betroffen waren, war die Eisenbahn. Eisenbahnen waren das Rückgrat der Industriewirtschaft und transportierten Güter und Menschen über große Entfernungen. Allerdings war die Verwaltung der Zugfahrpläne und die Vermeidung von Unfällen eine komplexe Herausforderung. Der Telegraph bot eine Lösung, indem er den

Eisenbahnbetreibern die sofortige Kommunikation mit Bahnhöfen und Zügen entlang ihrer Strecken ermöglichte. Fahrdienstleiter könnten Fahrpläne koordinieren, Züge umleiten und in Echtzeit auf Notfälle reagieren, wodurch Bahnreisen sicherer und zuverlässiger würden. Diese Effizienz ermöglichte es den Eisenbahnen, ihre Netze zu erweitern und eine noch größere Rolle beim Wirtschaftswachstum zu spielen.

Der Telegraph revolutionierte auch die Finanzmärkte. Börsen, die zuvor bei der Zustellung von Kursaktualisierungen auf Kuriere angewiesen waren, nutzten nun den Telegraphen, um Finanzdaten nahezu augenblicklich zu übermitteln. Anleger konnten nun Entscheidungen auf der Grundlage aktueller Informationen treffen, und die Märkte wurden dynamischer und vernetzter. Beispielsweise nutzte die New Yorker Börse den Telegraphen, um Aktienkurse mit anderen Städten auszutauschen und so ein nationales Finanznetzwerk zu schaffen. Diese Fähigkeit, Informationen schnell und genau auszutauschen, verhalf Unternehmen zum Wachstum und trug zum Aufschwung des Welthandels bei.

Der Telegraph veränderte nicht nur die Wirtschaft, sondern hatte auch tiefgreifende Auswirkungen auf die Kriegsführung. Vor dem Telegraphen waren Militärführer oft auf Boten oder schriftliche Depeschen angewiesen, um mit ihren Truppen zu kommunizieren, was zu erheblichen Verzögerungen führen konnte. Der Telegraph änderte dies, indem er es Kommandeuren ermöglichte, Aktualisierungen in Echtzeit zu senden und zu empfangen, Truppenbewegungen zu koordinieren und die Logistik effektiver zu verwalten. Diese Fähigkeit zur sofortigen Kommunikation verschaffte den Militärführern einen strategischen Vorteil und ermöglichte es ihnen, auf sich ändernde Bedingungen auf dem Schlachtfeld zu reagieren.

Eines der frühesten Beispiele für die Rolle des Telegraphen in der Kriegsführung war der Krimkrieg (1853–1856). Britische Kommandeure nutzten den Telegraphen, um mit Beamten in London zu kommunizieren, sie über die Kriegsanstrengungen zu informieren und Anweisungen von der Regierung zu erhalten. Dies war das erste Mal, dass ein Krieg in Echtzeit von einer entfernten Hauptstadt aus geführt wurde, was einen Präzedenzfall für eine moderne Militärstrategie darstellte.

Der Amerikanische Bürgerkrieg (1861–1865) verdeutlichte erneut die Bedeutung des Telegraphen in der Kriegsführung. Sowohl die Armeen der Union als auch der Konföderierten nutzten Telegrafenleitungen, um ihre Operationen zu koordinieren, Informationen zu sammeln und Befehle zu erteilen. Präsident Abraham Lincoln verbrachte bekanntermaßen Stunden im Telegraphenbüro und nutzte die Technologie, um über den Verlauf des Krieges auf dem Laufenden zu bleiben und direkt mit seinen Generälen zu kommunizieren. Der Telegraph ermöglichte es der Union, ihre Ressourcen effektiver zu mobilisieren und trug so zu ihrem letztendlichen Sieg bei. Es verdeutlichte auch die Verwundbarkeit von Telegrafenleitungen, da beide Seiten sie häufig anvisierten, um die feindliche Kommunikation zu stören.

Die Wirkung des Telegraphen ging über Wirtschaft und Krieg hinaus – er veränderte auch den Journalismus und leitete eine neue Ära der Echtzeit-Nachrichtenberichterstattung ein. Vor dem Telegraphen verbreiteten sich Nachrichten oft langsam und trafen erst Tage oder Wochen nach dem Eintreten eines Ereignisses ein. Der Telegraph änderte dies, indem er es Reportern ermöglichte, fast sofort Aktualisierungen von vor Ort zu senden, was es den Zeitungen ermöglichte, aktuelle Nachrichten zu veröffentlichen. Diese Innovation schuf eine besser informierte und besser vernetzte Öffentlichkeit, da die Menschen nun nahezu in Echtzeit über Ereignisse in entfernten Teilen der Welt erfahren konnten.

Der Aufstieg nachrichtendienstlicher Dienste wie Associated Press (AP) war eine direkte Folge der Möglichkeiten des Telegrafen. Die 1846 gegründete AP nutzte den Telegraphen, um Nachrichten zu sammeln und an Zeitungen in den gesamten Vereinigten Staaten zu verteilen. Dies ermöglichte es kleineren Publikationen, auf nationale und internationale Nachrichten zuzugreifen, was zu gleichen Wettbewerbsbedingungen führte und sicherstellte, dass mehr Menschen Zugang zu wichtigen Informationen hatten. Der Telegraph ermöglichte es den Zeitungen auch, über globale Ereignisse wie Kriege, politische Entwicklungen und Naturkatastrophen zu berichten und so ein Gefühl des globalen Bewusstseins und der Vernetzung zu fördern.

Ein bemerkenswertes Beispiel für den Einfluss des Telegraphen auf den Journalismus war seine Rolle bei der Berichterstattung über die Ermordung von Präsident Abraham Lincoln im Jahr 1865. Die Nachricht von der Ermordung wurde innerhalb weniger Stunden per Telegraph an Städte in den gesamten Vereinigten Staaten übermittelt, sodass Zeitungen die Öffentlichkeit fast sofort informieren konnten. Diese schnelle Verbreitung von Informationen markierte einen Wendepunkt in der Geschichte des Journalismus und demonstrierte die Macht des Telegraphen, die öffentliche Meinung zu formen und ein gemeinsames Erlebnisgefühl zu schaffen.

Die Fähigkeit des Telegraphen, Informationen schnell und genau zu übermitteln, hatte weitreichende Folgen für die Gesellschaft. Im Geschäftsleben ermöglichte es den Unternehmen, effizienter zu arbeiten, ihre Märkte zu erweitern und am globalen Handel teilzunehmen. In der Kriegsführung verschaffte es Militärführern einen strategischen Vorteil, da sie ihre Streitkräfte koordinieren und in Echtzeit auf sich ändernde Bedingungen reagieren konnten. Im Journalismus sorgte es für eine besser informierte und vernetzte Öffentlichkeit und veränderte die Art und Weise, wie Menschen Nachrichten konsumierten und die Welt um sie herum verstanden.

## Das Telefon

Die Erfindung des Telefons im späten 19. Jahrhundert revolutionierte die Kommunikation, indem es Stimmen über Entfernungen hinweg übermittelte und die Art und Weise veränderte, wie Menschen miteinander in Kontakt traten. Zum ersten Mal in der Geschichte konnten Menschen in Echtzeit miteinander sprechen, egal wie weit sie voneinander entfernt waren. Dieser Durchbruch verbesserte nicht nur frühere Kommunikationstechnologien wie den Telegraphen, sondern legte auch den Grundstein für die moderne, vernetzte Welt, in der wir heute leben. Das Telefon wurde zum Symbol für Fortschritt und Modernität und veränderte persönliche Beziehungen, Geschäftsabläufe und Regierungskommunikation für immer.

Der Weg zur Erfindung des Telefons war von jahrelangen Experimenten und Innovationen geprägt. Während der Telegraph bereits die Fähigkeit bewiesen hatte, Nachrichten mithilfe elektrischer Signale über große Entfernungen zu übertragen, beschränkte er sich auf das Versenden textbasierter Nachrichten in

Form von Morsecode. Die Idee, die menschliche Stimme elektrisch zu übertragen, war eine weitaus komplexere Herausforderung. Alexander Graham Bell, ein in Schottland geborener Erfinder und Gehörlosenlehrer, war einer der Pioniere, die sich dieser Herausforderung stellten. Gemeinsam mit seinem Assistenten Thomas Watson entwickelte Bell ein Gerät, das Schallwellen in elektrische Signale und dann wieder zurück in Schallwellen umwandeln konnte, sodass Stimmen über ein Kabel übertragen werden konnten.

Am 10. März 1876 testete Bell seine Erfindung erfolgreich und sprach dabei die mittlerweile berühmten Worte: „Mr. Watson, kommen Sie her, ich möchte Sie sehen." Watson, der sich in einem anderen Raum befand, hörte Bells Stimme deutlich durch das Gerät und markierte damit die Geburtsstunde des Telefons. Bells Erfindung war bahnbrechend, weil sie direkte, persönliche und unmittelbare Gespräche ermöglichte, was mit dem Telegraphen nicht möglich war. Während der Telegraph geschulte Bediener zum Kodieren und Dekodieren von Nachrichten erforderte, ermöglichte das Telefon jedem, zu sprechen und gehört zu werden, was die Kommunikation natürlicher und zugänglicher machte.

Das Telefon gewann schnell an Popularität und hatte tiefgreifende Auswirkungen auf die Gesellschaft. Eine der bedeutendsten Möglichkeiten, mit denen das Telefon die Kommunikation veränderte, war die Stärkung persönlicher Beziehungen. Bevor es das Telefon gab, war es für den Kontakt zu geliebten Menschen über große Entfernungen oft notwendig, Briefe zu schreiben, deren Ankunft Tage oder Wochen dauern konnte. Das Telefon änderte dies, indem es Familien und Freunden ermöglichte, die Stimmen des anderen in Echtzeit zu hören und so trotz physischer Trennung ein Gefühl der Nähe zu schaffen. Eine Mutter könnte mit ihrem

Kind sprechen, das in einer anderen Stadt studiert, oder ein Soldat, der weit weg von zu Hause stationiert ist, könnte die tröstende Stimme eines geliebten Menschen hören. Das Telefon brachte Menschen auf bisher unmögliche Weise zusammen und ließ die Welt kleiner und verbundener erscheinen.

Das Telefon veränderte nicht nur die persönlichen Beziehungen, sondern revolutionierte auch den Geschäftsbetrieb. Unternehmen erkannten schnell den Wert des Telefons für die Koordination ihrer Aktivitäten, die Verbesserung des Kundenservice und die Vergrößerung ihrer Reichweite. Unternehmen können jetzt sofort mit Lieferanten, Kunden und Mitarbeitern kommunizieren, Abläufe rationalisieren und die Effizienz steigern. Beispielsweise könnte ein Fabrikleiter per Telefon eine dringende Bestellung von Rohstoffen aufgeben und so sicherstellen, dass die Produktion ohne Verzögerungen weiterläuft. Einzelhändler konnten Bestellungen von Kunden telefonisch entgegennehmen, was einen noch nie dagewesenen Komfort bot. Das Telefon wurde zu einer wesentlichen Fähigkeit für den Handel und trieb Wirtschaftswachstum und Innovation voran.

Auch Regierungen nutzten das Telefon als leistungsstarke Verwaltungs- und Diplomatiefähigkeit. Die Fähigkeit zur sofortigen Kommunikation ermöglichte es Regierungsbeamten, schneller auf Krisen zu reagieren, Richtlinien zu koordinieren und ihre Gebiete effektiver zu verwalten. Beispielsweise ermöglichte das Telefon bei Notfällen wie Naturkatastrophen oder militärischen Konflikten eine schnelle Kommunikation zwischen verschiedenen Regierungszweigen und sorgte so für eine schnelle und koordinierte Reaktion. Diplomaten nutzten das Telefon, um Vereinbarungen auszuhandeln und den Kontakt mit ihren

Amtskollegen in anderen Ländern aufrechtzuerhalten, wodurch die internationalen Beziehungen effizienter und dynamischer wurden.

Der gesellschaftliche Einfluss des Telefons wurde durch den raschen Ausbau der Telefonnetze im späten 19. und frühen 20. Jahrhundert noch verstärkt. In den Vereinigten Staaten spielte die Bell Telephone Company (gegründet von Alexander Graham Bell) eine führende Rolle beim Aufbau der Infrastruktur, die für die Verbindung von Städten, Gemeinden und ländlichen Gebieten erforderlich ist. Zu Beginn des 20. Jahrhunderts hatten Millionen Menschen Zugang zu Telefonen, und die Zahl der Telefonleitungen wuchs weiterhin rasant. Ähnliche Entwicklungen fanden in Europa und anderen Teilen der Welt statt, als Regierungen und private Unternehmen in Telefonnetze investierten, um ihre Bevölkerung zu verbinden.

Einer der bemerkenswertesten Aspekte der Verbreitung des Telefons war seine Fähigkeit, soziale und wirtschaftliche Gräben zu überbrücken. Während Telefone ursprünglich ein Luxusartikel waren, der nur den Wohlhabenden vorbehalten war, wurden sie durch technologische Fortschritte und Skaleneffekte schließlich erschwinglicher und für die breite Öffentlichkeit zugänglich. Mitte des 20. Jahrhunderts waren Telefone zu einem alltäglichen Bestandteil von Haushalten und Unternehmen geworden und symbolisierten Fortschritt und Modernität.

Das Telefon ebnete auch den Weg für zukünftige Innovationen in der Kommunikationstechnologie. Es legte den Grundstein für die Entwicklung von Mobiltelefonen, dem Internet und anderen digitalen Kommunikationssystemen, die bis heute unsere Welt prägen. Die Prinzipien hinter Bells Erfindung – die Umwandlung von Schall in elektrische Signale und deren Übertragung über ein

Netzwerk – bleiben das Herzstück moderner Kommunikationstechnologien.

## Soziale und wirtschaftliche Auswirkungen der frühen Telekommunikation

Die Erfindung früher Telekommunikationstechnologien wie Telegraph und Telefon markierte einen Wendepunkt in der Geschichte der Menschheit und revolutionierte die Art und Weise, wie Menschen Informationen austauschten und miteinander interagierten. Diese Innovationen veränderten Gesellschaften und Volkswirtschaften, indem sie eine sofortige Kommunikation ermöglichten, was mit herkömmlichen Methoden wie Briefen oder Boten unmöglich war. Die Fähigkeit, Informationen schnell und zuverlässig über große Entfernungen zu übertragen, veränderte Industrien, stärkte persönliche Beziehungen und förderte ein Gefühl der globalen Vernetzung, das bis heute die moderne Welt prägt.

Vor dem Aufkommen der Telekommunikation war die Kommunikation über große Entfernungen langsam und unzuverlässig. Nachrichten mussten physisch von Boten, Schiffen oder Postdiensten befördert werden, und es konnte Tage, Wochen oder sogar Monate dauern, bis sie ihr Ziel erreichten. Der im frühen 19. Jahrhundert erfundene Telegraf änderte dies, indem er die nahezu sofortige Übertragung von Nachrichten mithilfe elektrischer Signale ermöglichte. Samuel Morse, einer der wichtigsten Pioniere des Telegraphen, entwickelte den Morsecode, ein System aus Punkten und Strichen, das Buchstaben und Zahlen darstellen konnte. Diese Innovation ermöglichte es, detaillierte Nachrichten schnell und präzise über große Entfernungen zu versenden und revolutionierte damit die Kommunikation. Das 1876 von Alexander Graham Bell erfundene Telefon knüpfte an den Erfolg des Telegrafen an, indem es den Menschen ermöglichte, ihre Stimmen in Echtzeit zu übermitteln. Im Gegensatz zum Telegraphen, der geschulte Bediener zum Kodieren und Dekodieren von Nachrichten erforderte, ermöglichte das Telefon direkte, persönliche Gespräche und machte die Kommunikation natürlicher und zugänglicher.

Die wirtschaftlichen Auswirkungen dieser Technologien waren tiefgreifend. Unternehmen erkannten schnell den Wert der Telekommunikation für die Verbesserung der Effizienz, die Erweiterung von Märkten und die Koordinierung von Abläufen. Insbesondere der Telegraph wurde zu einer wesentlichen Fähigkeit für Branchen wie Finanzen, Transport und Handel. In der Finanzwelt revolutionierte der Telegraph die Funktionsweise der Aktienmärkte. Vor dem Telegraphen wurden Aktienkurse und Finanzinformationen per Kurier übermittelt, was häufig zu Verzögerungen und Ineffizienzen führte. Der Telegraph ermöglichte es den Börsen, Echtzeitdaten auszutauschen, sodass Anleger schnellere und fundiertere Entscheidungen treffen konnten. Diese Innovation trug zur Schaffung eines dynamischeren und vernetzteren Finanzsystems bei und legte den Grundstein für moderne globale Märkte.

Auch die Transportbranche, insbesondere die Eisenbahn, profitierte stark von der Telekommunikation. Eisenbahnen waren das Rückgrat der Industriewirtschaft und transportierten Güter und Menschen über große Entfernungen. Allerdings war die Verwaltung der Zugfahrpläne und die Vermeidung von Unfällen eine komplexe Herausforderung. Der Telegraph bot eine Lösung, indem er den Eisenbahnbetreibern die sofortige Kommunikation mit Bahnhöfen und Zügen entlang ihrer Strecken ermöglichte. Fahrdienstleiter könnten Fahrpläne koordinieren, Züge umleiten und in Echtzeit auf Notfälle reagieren, wodurch Bahnreisen sicherer und effizienter würden. Diese Effizienz ermöglichte es den Eisenbahnen, ihre Netze zu erweitern und eine noch größere Rolle beim Wirtschaftswachstum zu spielen.

Auch Handel und Gewerbe wurden durch die Telekommunikation verändert. Kaufleute und Händler nutzten den Telegraphen, um Preise auszuhandeln, Bestellungen aufzugeben und den Warenverkehr zu koordinieren. Beispielsweise könnte ein Händler in London den Telegraphen nutzen, um mit Lieferanten in Indien zu kommunizieren und sicherzustellen, dass Lieferungen von Tee oder Gewürzen pünktlich ankommen. Das Telefon verbesserte diese Möglichkeiten noch weiter, indem es Unternehmen ermöglichte, direkte Gespräche zu führen, wodurch Verhandlungen schneller und persönlicher wurden. Diese Technologien rationalisierten nicht nur die Abläufe, sondern ermöglichten es den Unternehmen auch, ihre Reichweite zu erweitern und lokale Märkte mit globalen Handelsnetzwerken zu verbinden. Durch die Verbindung entfernter Regionen und die Ermöglichung einer schnelleren Entscheidungsfindung trugen Telegraph und Telefon zum Aufstieg des Welthandels bei, förderten das Wirtschaftswachstum und schufen neue Möglichkeiten für Handel und Investitionen.

Die sozialen Auswirkungen der frühen Telekommunikation waren ebenso transformativ wie die wirtschaftlichen. Durch die Möglichkeit der Kommunikation in Echtzeit über Entfernungen hinweg brachten Telegraf und Telefon die Menschen einander näher, gestalteten persönliche Beziehungen neu und schufen neue Möglichkeiten für soziale Interaktion. Eine der bedeutendsten sozialen Auswirkungen dieser Technologien war ihre Fähigkeit, familiäre Bindungen zu stärken. Vor dem Telefon waren Familien, die weit voneinander entfernt lebten, oft auf Briefe angewiesen, um in Kontakt zu bleiben, und es konnte Wochen dauern, bis sie ankamen. Das Telefon änderte dies, indem es den Menschen ermöglichte, die Stimmen des anderen in Echtzeit zu hören und so trotz physischer Trennung ein Gefühl der Nähe zu schaffen. Ein Elternteil könnte mit einem Kind sprechen, das in einer anderen Stadt studiert, oder ein Soldat, der weit weg von zu Hause stationiert ist, könnte die tröstende Stimme eines geliebten Menschen hören. Das Telefon wurde zu einer Lebensader für die Aufrechterhaltung persönlicher Verbindungen und sorgte dafür, dass sich die Welt kleiner und vernetzter anfühlte.

Auch die Telekommunikation spielte eine Rolle bei der öffentlichen Meinungsbildung und der Verbreitung von Informationen. Der Telegraph beispielsweise revolutionierte den Journalismus, indem er die schnelle Übertragung von Nachrichten aus entfernten Orten ermöglichte. Nachrichtendienste wie Associated Press nutzten den Telegrafen zum Sammeln und Verbreiten von Nachrichten, sodass Zeitungen nahezu in Echtzeit über globale Ereignisse berichten konnten. Diese Innovation führte zu einer besser informierten und besser vernetzten Öffentlichkeit, da die Menschen nun nahezu unmittelbar über Ereignisse in anderen Teilen der Welt erfahren konnten. Das Telefon verbesserte diese Fähigkeit noch weiter, indem es Journalisten ermöglichte, schneller und effizienter Interviews zu führen und Informationen zu sammeln. Das durch die Telekommunikation geförderte Gefühl der globalen Vernetzung hatte auch umfassendere soziale Auswirkungen. Durch die Verbindung von Menschen und Orten trugen diese Technologien dazu bei, Barrieren zwischen Kulturen abzubauen und ein Gefühl der gemeinsamen Menschlichkeit zu fördern. Beispielsweise ermöglichten Telegraf und Telefon in Krisenzeiten wie Naturkatastrophen oder Kriegen den Menschen, Hilfsmaßnahmen zu koordinieren und Bedürftigen Unterstützung anzubieten. Diese Fähigkeit zur sofortigen Kommunikation eröffnete neue Möglichkeiten für Zusammenarbeit und Solidarität, sowohl innerhalb als auch zwischen Gesellschaften.

Die sozialen und wirtschaftlichen Auswirkungen der frühen Telekommunikationstechnologien wie Telegraf und Telefon waren tiefgreifend und weitreichend. Durch den sofortigen Informationsaustausch revolutionierten diese Innovationen die Kommunikation und veränderten die Art und Weise, wie Unternehmen arbeiteten, wie Menschen miteinander in Kontakt traten und wie Gesellschaften funktionierten. Der Telegraph und das Telefon rationalisierten nicht nur wirtschaftliche Aktivitäten wie Handel, Finanzen und Transport, sondern stärkten auch persönliche Beziehungen, prägten die öffentliche Meinung und förderten das Gefühl globaler Vernetzung. Diese Technologien legten den Grundstein für die modernen Kommunikationsnetzwerke, die unsere Welt auch heute noch prägen, und demonstrierten die Kraft der Innovation, Menschen und Ideen einander näher zu bringen.

# Kapitel 7

## *Radio und Fernsehen*

## Die Geburt des Radios

Die Geburt des Radios war eine monumentale Errungenschaft in der Geschichte der Kommunikation und veränderte die Art und Weise, wie Menschen Informationen austauschten und miteinander in Kontakt kamen. Was als Fähigkeit zur Übertragung von Morsecode-Nachrichten über große Entfernungen begann, entwickelte sich zu einem leistungsstarken Medium für die Übertragung von Unterhaltung, Bildung und Nachrichten an ein Massenpublikum. Der Weg von der drahtlosen Telegrafie zur Rundfunkübertragung war geprägt von bahnbrechenden wissenschaftlichen Entdeckungen und technologischen Innovationen, die den Grundstein für die moderne drahtlose Kommunikation legten.

Die Ursprünge des Radios lassen sich bis ins späte 19. Jahrhundert zurückverfolgen, als Wissenschaftler begannen, die Möglichkeit der drahtgebundenen Übertragung von Nachrichten zu erforschen. Eine der Schlüsselfiguren dieser Entwicklung war Heinrich Hertz, ein deutscher Physiker, der in den 1880er Jahren die Existenz elektromagnetischer Wellen nachwies. Die Experimente von Hertz bewiesen, dass sich diese Wellen durch die Luft ausbreiten können, eine Entdeckung, die später zur Grundlage der drahtlosen Kommunikation werden sollte. Seine Arbeit inspirierte andere Erfinder und Wissenschaftler dazu, zu erforschen, wie elektromagnetische Wellen zur Informationsübertragung genutzt werden könnten.

Aufbauend auf den Entdeckungen von Hertz leisteten Nikola Tesla und Guglielmo Marconi bedeutende Beiträge zur Entwicklung der Funktechnologie. Tesla, ein brillanter Erfinder, entwickelte frühe Entwürfe für drahtlose Kommunikationssysteme und demonstrierte die Fähigkeit, Signale über kurze Distanzen zu übertragen. Marconi, der oft als Vater des Radios gilt, führte diese Ideen weiter, indem er ein praktisches System für die drahtlose Kommunikation über große Entfernungen entwickelte. Im Jahr 1895 gelang es Marconi, ein drahtloses Signal über eine Entfernung von mehr als einer Meile zu übertragen, und 1901 gelang ihm die erste transatlantische drahtlose Übertragung. Dieser Durchbruch bewies, dass es möglich war, Nachrichten über große Entfernungen zu senden, ohne dass physische Verbindungen wie Telegrafendrähte erforderlich waren.

In seinen Anfangsjahren wurde das Radio, ähnlich wie der Telegraph, hauptsächlich für die Punkt-zu-Punkt-Kommunikation genutzt. Besonders wertvoll war es im maritimen und militärischen Kontext, wo die Fähigkeit, Nachrichten über große Entfernungen zu senden und zu empfangen, von entscheidender Bedeutung war. Schiffe auf See könnten Funk nutzen, um untereinander und mit Küstenstationen zu kommunizieren und so die Sicherheit und Koordination zu verbessern. Während des Untergangs der Titanic im Jahr 1912 beispielsweise sendeten die Funkbetreiber des Schiffes Notsignale, die von in der Nähe befindlichen Schiffen empfangen wurden, und retteten so Hunderten von Menschenleben. Bei militärischen Operationen ermöglichte der Funk den Kommandeuren, Truppenbewegungen zu koordinieren und Informationen in Echtzeit auszutauschen, was ihnen einen strategischen Vorteil verschaffte.

Während sich das frühe Radio auf die Übertragung von Morsecode-Nachrichten beschränkte, entwickelte sich die Technologie bald weiter und umfasste auch die Übertragung von Sprache und Musik. Dieser Übergang markierte den Beginn des Radios als Rundfunkmedium, das gleichzeitig ein großes Publikum erreichen kann. Einer der ersten großen Meilensteine dieser Entwicklung wurde vom kanadischen Erfinder Reginald Fessenden erreicht, der 1906 die erste erfolgreiche Übertragung von Stimme und Musik durchführte. Am Heiligabend desselben Jahres sendete Fessenden ein Programm, das eine Lesung aus der Bibel und einen Geigenauftritt beinhaltete, den die Bediener auf Schiffen auf See hörten. Diese Veranstaltung zeigte das Potenzial des Radios, über die Punkt-zu-Punkt-Kommunikation hinauszugehen und ein Medium für die Massenkommunikation zu werden.

Die eigentliche Geburtsstunde des Rundfunks erfolgte jedoch in den 1920er Jahren, als die ersten kommerziellen Radiosender ihren Betrieb aufnahmen. Im Jahr 1920 war KDKA in Pittsburgh, Pennsylvania, der erste lizenzierte Radiosender, der regelmäßige Programme ausstrahlte. Die erste Sendung berichtete über die Ergebnisse der US-Präsidentschaftswahlen und markierte damit den Beginn des Radios als Nachrichten- und Informationsquelle für die Öffentlichkeit. Bald folgten weitere Sender und das Radio entwickelte sich schnell zu einem beliebten Medium für Unterhaltung, Bildung und Nachrichtenverbreitung.

Die sozialen und kulturellen Auswirkungen der Entstehung des Radios waren tiefgreifend. Zum ersten Mal konnten die Menschen Live-Musik, Reden und Nachrichten bequem von zu Hause aus hören. Das Radio brachte Unterhaltung und Information in ländliche Gebiete, die zuvor vom kulturellen und politischen Geschehen abgeschnitten waren. Familien versammelten sich um ihre Radios, um Sendungen zu hören und so ein gemeinsames Erlebnis zu schaffen, das die Menschen einander näher brachte. Auch das Radio spielte eine wichtige Rolle bei der Gestaltung der öffentlichen Meinung, da es es Führungskräften und Rundfunkveranstaltern ermöglichte, ein großes Publikum direkt zu erreichen. Beispielsweise nutzte Präsident Franklin D. Roosevelt in den 1930er Jahren seine „Kamingespräche", um mit dem amerikanischen Volk zu kommunizieren und ihm während der Weltwirtschaftskrise Trost und Orientierung zu geben.

Das Radio wurde auch zu einer wichtigen Möglichkeit für Bildung und kulturellen Austausch. Bildungsprogramme vermittelten Hörern jeden Alters Wissen, während Musik- und Theatersendungen das Publikum mit neuen Kunstformen und Ideen bekannt machten. Das Radio trug dazu bei, kulturelle Barrieren abzubauen, indem es die Menschen mit unterschiedlichen Perspektiven und Traditionen bekannt machte und so ein Gefühl globaler Verbundenheit förderte.

Der Aufstieg des Rundfunks hatte auch erhebliche Auswirkungen auf die Unterhaltungsindustrie. Musiker, Schauspieler und Komiker fanden neue Möglichkeiten, ihr Publikum zu erreichen, und das Radio wurde zum Ausgangspunkt für viele Karrieren. Beliebte Programme wie Varietés, Seifenopern und Seriendramen faszinierten die Zuhörer und wurden zu einem zentralen Bestandteil des täglichen Lebens. Die Fähigkeit des Radios, allein durch Ton lebendige mentale Bilder zu erzeugen, brachte ihm den Spitznamen „Theater des Geistes" ein, da es den Zuhörern ermöglichte, sich die beschriebenen Szenen und Charaktere vorzustellen.

## Radio als Fähigkeit für Propaganda, Unterhaltung und Bildung

Das Radio entwickelte sich zu einer der einflussreichsten Technologien des 20. Jahrhunderts und veränderte die Art und Weise, wie Menschen Informationen erhielten, Unterhaltung genossen und Zugang zu Bildung erhielten. Seine Fähigkeit, ein Massenpublikum in Echtzeit zu erreichen, machte es zu einem leistungsstarken Medium für die öffentliche Meinungsbildung, die Schaffung gemeinsamer kultureller Erlebnisse und die Verbreitung von Wissen. Regierungen, Entertainer und Pädagogen erkannten gleichermaßen das Potenzial des Radios, Menschen in beispiellosem Ausmaß zu erreichen, und nutzten es, um Einfluss zu nehmen, zu inspirieren und zu informieren.

Eine der bedeutendsten Einsatzmöglichkeiten des Radios war seine Propagandafunktion, insbesondere in Zeiten von Krieg und politischen Unruhen. Regierungen und politische Führer erkannten, dass das Radio Millionen von Menschen direkt erreichen und traditionelle Kommunikationsbarrieren umgehen konnte. Im nationalsozialistischen Deutschland nutzte Propagandaminister Joseph Goebbels das Radio, um die Ideologie des Regimes zu verbreiten und die öffentliche Meinung zu kontrollieren. Damit möglichst viele Deutsche die staatlich anerkannten Sendungen hören konnten, stellten die Nazis preiswerte Radios her, sogenannte „Volksempfänger". Diese Programme wurden sorgfältig ausgearbeitet, um die Ideale der Nazis zu fördern, Adolf Hitler zu verherrlichen und die Feinde des Regimes zu dämonisieren. Indem sie den Äther mit Propaganda überfluteten, nutzten die Nazis das Radio, um die öffentliche Wahrnehmung zu manipulieren und die Kontrolle über die Bevölkerung zu behalten.

Im Gegensatz dazu nutzte Franklin D. Roosevelt in den Vereinigten Staaten das Radio als Mittel, um das amerikanische Volk in schwierigen Zeiten zu beruhigen und zu vereinen. Seine „Fireside Chats", eine Reihe informeller Radioansprachen, sollten die Regierungspolitik erklären und während der Weltwirtschaftskrise und des Zweiten Weltkriegs Trost spenden. Roosevelts ruhiger und gesprächiger Ton gab den Zuhörern das Gefühl, als würde er direkt zu ihnen sprechen, was ein Gefühl von Vertrauen und Verbundenheit förderte. Diese Sendungen trugen dazu bei, die öffentliche Unterstützung für New-Deal-Programme und Kriegsbemühungen zu gewinnen, und demonstrierten die Macht des Radios, Vertrauen und Solidarität zu schaffen.

Während des Zweiten Weltkriegs spielte das Radio eine entscheidende Rolle bei der Gewinnung von Unterstützung und der Verbreitung von Informationen. Alliierte Regierungen nutzten das Radio, um Hoffnungs- und Widerstandsbotschaften in die besetzten Gebiete zu verbreiten und so der feindlichen Propaganda entgegenzuwirken. Beispielsweise lieferten die Sendungen der BBC nach Europa Nachrichten und Ermutigung für die unter Nazi-Herrschaft lebenden Menschen, während Sendungen wie „Voice of America" die Ideale von Demokratie und Freiheit verbreiteten. Das Radio hielt die Bürger auch über den Verlauf des Krieges auf dem Laufenden und erzeugte so ein Gefühl der gemeinsamen Zielstrebigkeit und Entschlossenheit.

Über seine Verwendung als politisches Instrument hinaus wurde das Radio zu einer beliebten Unterhaltungsquelle, die Musik,

Drama und Comedy in die Häuser der Menschen brachte. Zu Beginn des 20. Jahrhunderts revolutionierte das Radio die Unterhaltungsindustrie, indem es Aufführungen einem Publikum zugänglich machte, das weit über die Reichweite von Theatern und Konzertsälen hinausging. Familien versammelten sich um ihre Radios, um Live-Musikübertragungen, Seriendramen und Varietés zu hören und so ein gemeinsames kulturelles Erlebnis zu schaffen, das geografische Grenzen überschritt.

Besonders populär wurden Seriendramen, die oft als „Hörspiele" oder „Seifenopern" bezeichnet werden. Programme wie *Der Schatten* Und *Der einsame Ranger* fesselten die Zuhörer mit ihren spannenden Geschichten und unvergesslichen Charakteren. Diese Shows ermöglichten es den Menschen, den Herausforderungen des Alltags zu entfliehen und in fantasievolle Welten einzutauchen. Comedy-Programme, wie z *Das Jack-Benny-Programm* Und *Amos und Andy*, brachte Lachen in die Häuser, während Live-Musikdarbietungen dem Publikum neue Genres und Künstler vorstellten. Das Radio spielte auch eine Schlüsselrolle bei der Popularisierung von Jazz, Swing und anderen Musikstilen und prägte die Kulturlandschaft der Zeit.

Der gemeinschaftliche Charakter der Radiounterhaltung erzeugte bei den Zuhörern ein Gefühl der Verbundenheit. Menschen mit unterschiedlichem Hintergrund und aus unterschiedlichen Regionen könnten sich auf dieselben Programme einstellen und so eine gemeinsame kulturelle Identität fördern. Radiostars wurden zu bekannten Namen und beliebte Schlagworte aus Sendungen fanden Eingang in die Alltagsgespräche. Diese Fähigkeit, Menschen zusammenzubringen, machte das Radio zu einer einigenden Kraft in der Gesellschaft, die Gräben überbrückt und ein Zugehörigkeitsgefühl schafft.

Zusätzlich zu seiner Rolle in der Propaganda und Unterhaltung entwickelte sich das Radio zu einer wichtigen Bildungseinrichtung, indem es Menschen in abgelegenen oder unterversorgten Gebieten Zugang zu Informationen und Lernmöglichkeiten verschaffte. Es wurden Bildungsradioprogramme entwickelt, um Alphabetisierung zu vermitteln, landwirtschaftliche Ratschläge auszutauschen und Vorträge zu einem breiten Themenspektrum zu übertragen. In den Vereinigten Staaten beispielsweise versorgten Programme wie die „National Farm and Home Hour" Landwirte mit praktischen Tipps und aktuellen Informationen zur Agrarpolitik und trugen so zur Verbesserung der Produktivität und des Lebensunterhalts bei.

In Ländern mit eingeschränktem Zugang zu formaler Bildung wurde das Radio zur Lebensader des Lernens. Regierungen und Organisationen nutzten das Radio, um Kindern und Erwachsenen in ländlichen Gebieten, in denen es kaum oder keine Schulen gab, Unterricht zu geben. Diese Programme umfassten Themen wie Lesen, Schreiben, Mathematik und Gesundheitserziehung und vermittelten den Einzelnen Wissen und Fähigkeiten. In einigen Fällen wurde das Radio sogar zum Unterrichten von Fremdsprachen genutzt, um den Hörern die Möglichkeit zu geben, mit der Welt in Kontakt zu treten.

Auch das Radio spielte bei der Verbreitung wissenschaftlicher und kultureller Erkenntnisse eine Rolle. Programme mit Interviews mit Experten, Diskussionen über aktuelle Ereignisse und Erkundungen von Geschichte und Kunst boten einem Publikum jeden Alters eine intellektuelle Bereicherung. Indem es Bildung einer breiteren Bevölkerung zugänglich machte, trug das Radio zur sozialen und intellektuellen Entwicklung bei und trug dazu bei, Wissens- und Chancenlücken zu schließen.

Die sozialen und kulturellen Auswirkungen des Radios waren tiefgreifend. Es wurde zu einem Medium, das gleichzeitig unterhalten, aufklären und beeinflussen konnte und Menschen auf eine Weise erreichte, wie es zuvor keine andere Technologie konnte. Das Radio brachte die Welt in die Häuser der Menschen und verband sie mit Ereignissen, Ideen und Kulturen außerhalb ihrer unmittelbaren Umgebung. Es prägte die öffentliche Meinung, schuf gemeinsame Erfahrungen und bot Möglichkeiten zum Lernen und zur Weiterentwicklung.

## Das goldene Zeitalter des Fernsehens

Das Goldene Zeitalter des Fernsehens, das die Mitte des 20. Jahrhunderts umfasste, markierte eine transformative Periode in der Geschichte der Kommunikation und Kultur. In dieser Zeit entwickelte sich das Fernsehen zum dominierenden Medium und revolutionierte die Art und Weise, wie Menschen Informationen und Unterhaltung konsumierten. Es wurde zu einem zentralen Bestandteil des täglichen Lebens, prägte kulturelle Normen, beeinflusste die öffentliche Meinung und schuf gemeinsame Erfahrungen, die über geografische und soziale Grenzen hinausgingen. Mit seiner Fähigkeit, visuelles Geschichtenerzählen und Echtzeitübertragungen zu kombinieren, hat das Fernsehen die Art und Weise neu definiert, wie Gesellschaften mit der Welt um sie herum verbunden sind.

Der Aufstieg des Fernsehens begann in den Jahren nach dem Zweiten Weltkrieg, als der technologische Fortschritt es erschwinglicher und für Haushalte zugänglicher machte. In den 1950er Jahren waren Fernsehgeräte in Wohnzimmern in den Vereinigten Staaten und anderen Teilen der Welt nicht mehr wegzudenken. Im Gegensatz zum Radio, das ausschließlich auf Ton beruhte, brachte das Fernsehen Bilder in die Häuser der Menschen und ermöglichte ihnen, Ereignisse, Geschichten und Persönlichkeiten vor ihren Augen zu sehen. Dieses visuelle Element machte das Fernsehen zu einem einzigartig leistungsstarken Medium, das das Publikum auf eine Weise fesseln konnte, wie es keine andere Technologie konnte.

Das Fernsehen entwickelte sich schnell zu einer verbindenden Kraft und schuf ein gemeinsames kulturelles Erlebnis für die Zuschauer. Familien versammelten sich um ihre Fernsehgeräte, um ihre Lieblingssendungen anzusehen, von Sitcoms und Dramen bis hin zu Varietés und Live-Events. Diese gemeinsamen Momente brachten Menschen zusammen und förderten ein Gefühl der Verbundenheit und Gemeinschaft. Das Fernsehen baute auch Barrieren zwischen verschiedenen Regionen und sozialen Gruppen ab, da Menschen mit unterschiedlichem Hintergrund dieselben Programme einschalteten und dieselben Ereignisse miterlebten. Diese Fähigkeit, ein Massenpublikum zu erreichen, machte das Fernsehen zu einem bestimmenden Merkmal des modernen Lebens.

Eine der bedeutendsten Formen, mit denen das Fernsehen die Gesellschaft in ihrem goldenen Zeitalter prägte, war die Beeinflussung der öffentlichen Meinung. Die Fähigkeit des Mediums, Nachrichten, politische Debatten und Großereignisse in Echtzeit zu übertragen, verlieh ihm eine beispiellose Macht, Wahrnehmungen zu informieren und zu formen. Ein wegweisendes Beispiel hierfür waren die Fernsehdebatten zwischen John F. Kennedy und Richard Nixon während der US-Präsidentschaftswahl 1960. Diese Debatten waren die ersten in der Geschichte, die im Fernsehen übertragen wurden, und sie zeigten die Fähigkeit des Mediums, politische Entscheidungen zu beeinflussen. Zuschauer, die die Debatten im Fernsehen verfolgten, waren beeindruckt von Kennedys selbstbewusstem und charismatischem Auftreten, während Nixon, der müde und weniger geschliffen wirkte, Mühe hatte, den gleichen Eindruck zu hinterlassen. Die Debatten verdeutlichten die Bedeutung von Image und Präsentation in der modernen Politik und veränderten die Art und Weise, wie Kampagnen durchgeführt wurden, nachhaltig.

Das Fernsehen spielte auch eine entscheidende Rolle dabei, soziale Themen in den Vordergrund des öffentlichen Bewusstseins zu rücken. Während der Bürgerrechtsbewegung der 1950er und 1960er Jahre brachte die Fernsehberichterstattung über Proteste, Märsche und Gewalttaten gegen Afroamerikaner einem landesweiten Publikum die harte Realität der Rassenungerechtigkeit näher. Bilder von friedlichen Demonstranten, die von Polizeihunden angegriffen oder mit Feuerwehrschläuchen besprüht wurden, schockierten die Zuschauer und weckten die Unterstützung der Bewegung. Durch die Übertragung dieser Ereignisse in Millionen von Haushalten trug das Fernsehen dazu bei, Bewusstsein und Empathie zu schaffen, was es zu einer wirkungsvollen Fähigkeit für gesellschaftliche Veränderungen machte.

Über seinen Einfluss auf Nachrichten und Politik hinaus wurde das Fernsehen durch seine Unterhaltungsprogramme zu einer kulturellen Kraft. Kultige Sendungen aus dem goldenen Zeitalter des Fernsehens spiegelten und beeinflussten gesellschaftliche Werte und Trends und prägten die Art und Weise, wie Menschen über Familie, Beziehungen und die Welt um sie herum dachten. Sitcoms mögen *Ich liebe Lucy* hat den Humor und die

Herausforderungen des Alltags eingefangen, während Dramen wie *Die Dämmerungszone* erforschte tiefere Themen der Moral und der menschlichen Natur. Diese Programme unterhielten nicht nur das Publikum, sondern waren auch ein Spiegel für die Gesellschaft und boten Einblicke in die Hoffnungen, Ängste und Sehnsüchte der Zeit.

Varieté-Shows, wie z *Die Ed Sullivan Show*, stellte den Zuschauern ein breites Spektrum an Talenten vor, von Komikern und Musikern bis hin zu Tänzern und Zauberern. Diese Programme wurden zu kulturellen Prüfsteinen, starteten die Karrieren unzähliger Künstler und brachten neue Formen der Unterhaltung in die Häuser der Menschen. Einer der denkwürdigsten Momente in der Fernsehgeschichte ereignete sich im Jahr 1964, als die Beatles ihr Amerika-Debüt gaben *Die Ed Sullivan Show*. Ihr Auftritt faszinierte Millionen von Zuschauern und markierte den Beginn der britischen Invasion, eines kulturellen Phänomens, das Musik und Populärkultur veränderte.

Auch das Fernsehen brachte historische Ereignisse in die Wohnzimmer der Menschen und schuf Momente der kollektiven Erinnerung, die eine Epoche prägten. Eine der ikonischsten Übertragungen des goldenen Zeitalters war die Live-Berichterstattung über die Mondlandung von Apollo 11 im Jahr 1969. Schätzungsweise 600 Millionen Menschen auf der ganzen Welt sahen zu, wie Neil Armstrong seine ersten Schritte auf der Mondoberfläche machte und dabei die berühmten Worte aussprach: „Das ist ein kleiner Schritt für den Menschen, ein riesiger Sprung für die Menschheit." Dieses Ereignis demonstrierte die Macht des Fernsehens, Menschen auf der ganzen Welt zu vereinen, während die Zuschauer das Staunen und die Aufregung einer monumentalen Leistung teilten.

Neben Unterhaltung und Nachrichten diente das Fernsehen als Plattform für Bildung und kulturelle Bereicherung. Bildungsprogramme, wie z *Sesamstraße*, das 1969 auf den Markt kam, nutzte das Medium, um Kindern grundlegende Lese-, Schreib- und Rechenfähigkeiten beizubringen und gleichzeitig soziale Werte wie Freundlichkeit und Zusammenarbeit zu fördern. Dokumentationen und öffentlich-rechtliche Fernsehprogramme machten Geschichte, Wissenschaft und Kunst einem breiteren Publikum zugänglich, machten Wissen leichter zugänglich und förderten die Liebe zum Lernen.

Das goldene Zeitalter des Fernsehens war eine Zeit der Innovation und des Einflusses, in der das Medium zu einem integralen Bestandteil des täglichen Lebens und zu einer starken Fähigkeit zur Gestaltung von Kultur und öffentlicher Meinung wurde. Indem das Fernsehen visuelles Geschichtenerzählen in die Häuser brachte, schuf es gemeinsame Erlebnisse, die Grenzen überschritten und Menschen auf neue Weise verbanden. Es informierte und inspirierte, unterhielt und bildete und hinterließ einen unauslöschlichen Eindruck in der Gesellschaft. Das Erbe dieser Ära wirkt noch immer nach, da das Fernsehen nach wie vor ein zentraler Bestandteil unseres Verständnisses der Welt um uns herum und unseres Umgangs mit ihr ist.

## Die Rolle der Rundfunkmedien in politischen und sozialen Bewegungen

Rundfunkmedien, zu denen Radio und Fernsehen gehören, waren im Laufe der Geschichte eine der mächtigsten Möglichkeiten zur Gestaltung und Verstärkung politischer und sozialer Bewegungen. Durch die Bereitstellung von Plattformen für Führungskräfte und

Aktivisten, um ein Massenpublikum zu erreichen, haben Rundfunkmedien eine entscheidende Rolle bei der Verbreitung von Botschaften, der Gewinnung von Unterstützung und der Inspiration kollektiven Handelns gespielt. Seine Fähigkeit, Informationen in Echtzeit bereitzustellen, emotionale Reaktionen hervorzurufen und Menschen über geografische und kulturelle Grenzen hinweg zu verbinden, hat es zu einer transformativen Kraft im Kampf für Gerechtigkeit, Gleichheit und Wandel gemacht.

Die Macht der Rundfunkmedien zur Mobilisierung der Bürger zeigte sich bereits im Zweiten Weltkrieg, als das Radio für Regierungen und Widerstandsbewegungen gleichermaßen zu einer entscheidenden Fähigkeit wurde. Führer wie Winston Churchill nutzten das Radio, um in den dunkelsten Tagen des Krieges Reden zu halten, die Hoffnung und Widerstandskraft weckten. Churchills Sendungen voller Entschlossenheit und Entschlossenheit vereinten das britische Volk und bestärkten es in seiner Entschlossenheit, durchzuhalten. Gleichzeitig wurde das Radio von Widerstandsgruppen im besetzten Europa genutzt, um ihre Bemühungen gegen die Nazi-Truppen zu koordinieren und Botschaften des Trotzes und der Solidarität zu verbreiten. Die Unmittelbarkeit des Radios ermöglichte es, dass diese Botschaften die Menschen selbst in den entlegensten oder unterdrücktesten Gebieten schnell erreichten, was es zu einer unverzichtbaren Mobilisierungsmöglichkeit machte.

In den folgenden Jahrzehnten entwickelte sich das Fernsehen zum dominierenden Medium und brachte politische und soziale Kämpfe in die Haushalte von Millionen Menschen. Eines der eindrucksvollsten Beispiele hierfür war die Rolle des Fernsehens während der Bürgerrechtsbewegung in den Vereinigten Staaten. Führungspersönlichkeiten wie Martin Luther King Jr. erkannten die Bedeutung der Rundfunkmedien, um die Realität der Rassenungerechtigkeit aufzudecken und Unterstützung für die Sache zu gewinnen. Kings Reden, wie zum Beispiel seine ikonische „I Have a Dream"-Ansprache während des Marsches in Washington 1963, wurden an Zuschauer im ganzen Land übertragen und weckten Hoffnung und Entschlossenheit. Noch wichtiger ist, dass die Fernsehberichterstattung über Ereignisse wie die Märsche von Selma nach Montgomery und die brutale Behandlung friedlicher Demonstranten in Birmingham, Alabama, die Zuschauer schockierte und die öffentliche Meinung aufrüttelte. Bilder von Polizisten, die Feuerwehrschläuche und Kampfhunde gegen unbewaffnete Demonstranten einsetzten, zeigten die harte Realität von Rassentrennung und Diskriminierung und zwangen die Nation, sich mit ihren moralischen Verfehlungen auseinanderzusetzen.

Rundfunkmedien sind auch ein wirkungsvolles Mittel, um Ungerechtigkeiten aufzudecken und Autoritäten in Frage zu stellen. Während des Vietnamkrieges spielte das Fernsehen eine entscheidende Rolle bei der öffentlichen Meinungsbildung und der Befeuerung von Antikriegsprotesten. Zum ersten Mal konnten die Amerikaner die Realität des Krieges auf ihren Bildschirmen sehen. Anschauliche Aufnahmen von Kämpfen, zivilen Opfern und dem Leid der Soldaten brachten die Schrecken des Konflikts in die Wohnzimmer im ganzen Land. Diese ungefilterte Berichterstattung löste weit verbreitete Empörung aus und führte zu einer wachsenden Antikriegsbewegung, da die Menschen ein Ende der Gewalt forderten. Die Unmittelbarkeit und die emotionale Wirkung des Fernsehens machten es unmöglich, die menschlichen Kosten des Krieges zu ignorieren, was letztendlich die Regierungspolitik beeinflusste und den Abzug der US-Streitkräfte beschleunigte.

Auch das Radio war für soziale und politische Bewegungen von entscheidender Bedeutung, insbesondere in Regionen, in denen der Zugang zu anderen Medienformen begrenzt war. In Afrika und Asien spielte das Radio eine Schlüsselrolle in antikolonialen Bewegungen und trug dazu bei, die Menschen in ihren Unabhängigkeitskämpfen zu vereinen. Führungskräfte und Aktivisten nutzten das Radio, um Widerstandsbotschaften zu verbreiten, die Öffentlichkeit über ihre Rechte aufzuklären und kollektives Handeln anzuregen. Während des algerischen Unabhängigkeitskrieges beispielsweise nutzte die Nationale Befreiungsfront (FLN) geheime Radiosendungen, um mit Anhängern zu kommunizieren und französischer Propaganda entgegenzuwirken. Auch in Indien wurde das Radio genutzt, um Unterstützung für die Unabhängigkeitsbewegung zu mobilisieren und die Botschaften von Führern wie Mahatma Gandhi an das ländliche und städtische Publikum gleichermaßen zu verbreiten.

Die emotionale Kraft der Rundfunkmedien liegt in ihrer Fähigkeit, Menschen auf zutiefst persönliche Weise mit Ereignissen und Geschichten zu verbinden. Im Gegensatz zu Printmedien, die sich ausschließlich auf Worte verlassen, kombinieren Radio und Fernsehen Ton, Bilder und Emotionen, um ein noch intensiveres Erlebnis zu schaffen. Diese Unmittelbarkeit gibt dem Publikum das Gefühl, Zeuge der Geschichte zu sein, während sie sich abspielt, und fördert so Empathie und ein Gefühl der gemeinsamen Absicht. Während des Falles der Berliner Mauer im Jahr 1989 zum Beispiel spiegelte die Live-Übertragung im Fernsehen die Freude und Hoffnung der Ost- und Westdeutschen wider, als sie nach Jahrzehnten der Teilung wieder vereint waren. Diese Sendungen dokumentierten nicht nur einen historischen Moment, sondern inspirierten auch Bewegungen für Freiheit und Demokratie auf der ganzen Welt.

Rundfunkmedien haben auch maßgeblich dazu beigetragen, die Stimmen marginalisierter Gemeinschaften zu verstärken und ihnen eine Plattform zu bieten, auf der sie ihre Geschichten teilen können. In den 1960er und 1970er Jahren nutzten feministische und LGBTQ+-Bewegungen Radio und Fernsehen, um gesellschaftliche Normen in Frage zu stellen und sich für Gleichberechtigung einzusetzen. Programme und Interviews mit Aktivisten machten ihre Kämpfe und Forderungen einem breiteren Publikum zugänglich und trugen dazu bei, Bewusstsein und Unterstützung zu schaffen. In ähnlicher Weise haben indigene Gemeinschaften das Radio genutzt, um ihre Sprachen und Kulturen zu bewahren und sicherzustellen, dass ihre Stimmen in einer sich schnell verändernden Welt gehört werden.

# Kapitel 8

## Die Internetrevolution

### Die Ursprünge des Internets

Die ersten Erfindungen der Menschheitsgeschichte lassen sich bis in die späten 1960er Jahre mit der Gründung des ARPANET zurückverfolgen. Was als sicheres Kommunikationsnetzwerk für Forscher und Militärorganisationen begann, entwickelte sich zu einer globalen Plattform, die heute Milliarden von Menschen verbindet. Die Reise vom ARPANET zum World Wide Web ist eine Geschichte von Innovation, Zusammenarbeit und technologischen Durchbrüchen, die die Art und Weise, wie wir kommunizieren, Informationen austauschen und mit der Welt interagieren, für immer verändert hat.

ARPANET, der Vorläufer des modernen Internets, wurde von der Advanced Research Projects Agency (ARPA) des US-Verteidigungsministeriums entwickelt. Während des Kalten Krieges bestand ein dringender Bedarf an einem Kommunikationssystem, das potenziellen Störungen wie einem Atomangriff standhalten konnte. Herkömmliche Kommunikationsnetzwerke stützten sich auf zentralisierte Systeme, die bei Beschädigung eines einzelnen Punkts anfällig für Ausfälle waren. ARPA wollte ein dezentrales Netzwerk schaffen, das auch dann weiter funktionieren könnte, wenn Teile davon zerstört würden. Diese Vision führte zur Entwicklung von ARPANET, das 1969 in Betrieb genommen wurde.

Der wichtigste technologische Durchbruch, der ARPANET ermöglichte, war die Paketvermittlung. Im Gegensatz zu herkömmlichen Kommunikationsmethoden, die für die Datenübertragung auf dedizierten Leitungen beruhten, teilte die Paketvermittlung Informationen in kleinere Pakete auf. Diese Pakete könnten unabhängig voneinander durch das Netzwerk reisen und am Zielort wieder zusammengesetzt werden. Diese Methode war nicht nur effizienter, sondern auch widerstandsfähiger, da Pakete alternative Routen nehmen konnten, wenn ein Teil des Netzwerks gefährdet war. Das Konzept der Paketvermittlung wurde von Forschern wie Paul Baran und Donald Davies entwickelt und wurde zur Grundlage moderner Netzwerke.

Eine weitere entscheidende Entwicklung war die Erstellung von Protokollen, die es Computern ermöglichten, miteinander zu kommunizieren. In den frühen 1970er Jahren entwickelten die Forscher Vinton Cerf und Robert Kahn das Transmission Control Protocol/Internet Protocol (TCP/IP). Diese Protokolle standardisierten die Art und Weise, wie Daten über Netzwerke übertragen und empfangen wurden, und ermöglichten es verschiedenen Computertypen, sich nahtlos zu verbinden und Informationen auszutauschen. TCP/IP wurde zum Rückgrat des ARPANET und später des Internets.

Ursprünglich wurde ARPANET verwendet, um eine kleine Anzahl von Forschungseinrichtungen und militärischen Organisationen zu verbinden. Die erste über ARPANET gesendete Nachricht fand am 29. Oktober 1969 zwischen einem Computer an der UCLA und einem am Stanford Research Institute statt. Eigentlich sollte die Nachricht das Wort „LOGIN" enthalten, aber das System stürzte nach den ersten beiden Buchstaben ab und sendete nur „LO". Trotz dieses bescheidenen Anfangs expandierte ARPANET schnell und verband mehr Universitäten und Forschungszentren. In den 1970er Jahren war es zu einer wichtigen Funktion für die akademische Zusammenarbeit geworden, da es Forschern ermöglichte, Daten auszutauschen, auf entfernte Computer zuzugreifen und per E-Mail zu kommunizieren, was 1971 eingeführt wurde.

Als ARPANET wuchs, begann es sich mit anderen Netzwerken zu verbinden und schuf so die Grundlage für ein globales System. In den 1980er Jahren wurde der Begriff „Internet" verwendet, um dieses miteinander verbundene Netzwerk von Netzwerken zu beschreiben. Die Einführung von TCP/IP als Standardprotokoll im Jahr 1983 vereinheitlichte diese Netzwerke weiter und erleichterte ihnen die Kommunikation untereinander. Das Internet war nicht mehr nur eine militärische oder akademische Fähigkeit; Es entwickelte sich zu einer Plattform mit dem Potenzial, die Welt zu verbinden.

Der nächste große Sprung in der Entwicklung des Internets erfolgte 1989, als Tim Berners-Lee, ein britischer Informatiker am CERN, die Schaffung des World Wide Web vorschlug. Während das Internet die Infrastruktur für die Verbindung von Computern bereitstellte, machte das World Wide Web sie für die breite Öffentlichkeit zugänglich und benutzerfreundlich. Berners-Lee führte drei Schlüsselinnovationen ein, die das Internet veränderten: Hypertext, Webbrowser und URLs (Uniform Resource Locators).

Mithilfe von Hypertext konnten Benutzer auf Links klicken und zwischen verschiedenen Dokumenten und Ressourcen navigieren und so nahtlos und intuitiv auf Informationen zugreifen. Webbrowser, wie der erste von Berners-Lee entwickelte namens WorldWideWeb (später umbenannt in Nexus), stellten Benutzern eine grafische Oberfläche für die Interaktion mit dem Web zur

Verfügung. URLs standardisierten die Identifizierung von Webadressen und erleichterten das Auffinden und Zugreifen auf bestimmte Ressourcen. Zusammengenommen machten diese Innovationen das Internet zu einer Plattform für Kommunikation, Handel und Informationsaustausch auf globaler Ebene.

Das World Wide Web wurde 1991 offiziell ins Leben gerufen und hatte unmittelbare Auswirkungen. Zum ersten Mal konnten Menschen mit nur wenigen Klicks von überall auf der Welt auf Informationen zugreifen. Das Internet demokratisierte das Wissen und baute Barrieren für Bildung und Information ab. Es eröffnete auch neue Möglichkeiten für Unternehmen und ermöglichte E-Commerce und digitales Marketing. Websites wurden zu virtuellen Schaufenstern, und Unternehmen konnten Kunden auf bisher unvorstellbare Weise erreichen.

Die sozialen und kulturellen Auswirkungen des World Wide Web waren ebenso tiefgreifend. Es revolutionierte die Art und Weise, wie Menschen kommunizierten, indem es ihnen ermöglichte, E-Mails zu versenden, an Online-Foren teilzunehmen und sich über Social-Media-Plattformen zu vernetzen, die in den folgenden Jahrzehnten entstanden. Das Internet wurde auch zu einer Plattform für Kreativität und Selbstdarstellung und gab Einzelpersonen die Möglichkeit, ihre Ideen, Kunst und Geschichten mit einem globalen Publikum zu teilen.

## Wie das Internet Kommunikation, Wirtschaft und Gesellschaft veränderte

Das Internet hat die Welt auf eine Weise verändert, die noch vor wenigen Jahrzehnten unvorstellbar war. Es hat die Art und Weise, wie Menschen kommunizieren, revolutioniert, die Art und Weise verändert, wie Unternehmen arbeiten, und das Gefüge der Gesellschaft grundlegend verändert. Durch die Ermöglichung sofortiger globaler Konnektivität, die Schaffung neuer wirtschaftlicher Möglichkeiten und die Förderung des kulturellen Austauschs ist das Internet zu einem integralen Bestandteil des täglichen Lebens geworden und prägt die Art und Weise, wie wir lernen, arbeiten und miteinander interagieren.

Einer der tiefgreifendsten Auswirkungen des Internets war die Kommunikation. Vor ihrer Einführung war die Fernkommunikation oft langsam und teuer und beruhte auf Briefen, Telefonanrufen oder Faxgeräten. Das Internet hat dies geändert, indem es eine sofortige globale Konnektivität ermöglicht hat. E-Mail, eine der frühesten und am weitesten verbreiteten Internetanwendungen, ermöglichte es Menschen, innerhalb von Sekunden Nachrichten in die ganze Welt zu versenden, und revolutionierte so die persönliche und berufliche Kommunikation. Messaging-Apps wie WhatsApp, Telegram und Facebook Messenger haben diese Fähigkeit weiter verbessert, indem sie Text-, Sprach- und Videokommunikation in Echtzeit ermöglichen und es einfacher denn je machen, mit Freunden, Familie und Kollegen in Verbindung zu bleiben, egal wo sie sich befinden.

Der Aufstieg der Social-Media-Plattformen hat die internetbasierte Kommunikation auf ein völlig neues Niveau gehoben. Plattformen wie Facebook, Twitter, Instagram und TikTok haben es Einzelpersonen ermöglicht, Ideen auszutauschen, Communities aufzubauen und sich auf globaler Ebene an Echtzeitinteraktionen zu beteiligen. Soziale Medien haben den Menschen eine Stimme gegeben und es ihnen ermöglicht, sich auszudrücken, mit Gleichgesinnten in Kontakt zu treten und an Gesprächen teilzunehmen, die geografische und kulturelle Grenzen überschreiten. Es hat sich auch zu einer starken Fähigkeit für Aktivismus entwickelt, die es sozialen Bewegungen ermöglicht, an Dynamik zu gewinnen und ein breiteres Publikum zu erreichen. Beispielsweise haben Bewegungen wie #BlackLivesMatter und #MeToo soziale Medien genutzt, um das Bewusstsein zu schärfen, Unterstützer zu mobilisieren und den sozialen Wandel voranzutreiben.

Das Internet hat nicht nur die Kommunikation verändert, sondern auch die Geschäftswelt verändert. Es hat neue Möglichkeiten für E-Commerce, digitales Marketing und Remote-Arbeit geschaffen und die Art und Weise, wie Unternehmen mit ihren Kunden agieren und interagieren, grundlegend verändert. Online-Einzelhandelsriesen wie Amazon und eBay haben das Einkaufen revolutioniert, indem sie es Verbrauchern ermöglichen, Produkte bequem von zu Hause aus zu kaufen und sie an ihre Haustür liefern zu lassen. Diese Plattformen haben auch kleinen Unternehmen und Unternehmern Zugang zu globalen Märkten verschafft und es ihnen ermöglicht, Kunden weit über ihre lokalen Gemeinschaften hinaus zu erreichen.

Das Internet hat auch die Art und Weise verändert, wie Unternehmen ihre Produkte und Dienstleistungen vermarkten. Digitales Marketing, das Strategien wie Suchmaschinenoptimierung (SEO), Werbung in sozialen Medien und E-Mail-Kampagnen umfasst, hat es Unternehmen ermöglicht, bestimmte Zielgruppen präzise anzusprechen und die Wirksamkeit ihrer Bemühungen in Echtzeit zu messen. Plattformen wie Google Ads und Facebook Ads haben es Unternehmen jeder Größe ermöglicht, unter gleichen Wettbewerbsbedingungen zu konkurrieren und potenzielle Kunden überall dort zu erreichen, wo sie online sind.

Ein weiterer bedeutender Einfluss des Internets auf Unternehmen war die Zunahme von Remote-Arbeit und Cloud Computing. Das Internet hat es Mitarbeitern ermöglicht, von überall aus zu arbeiten und Funktionen wie Zoom, Microsoft Teams und Slack zu nutzen, um in Echtzeit mit Kollegen zusammenzuarbeiten. Cloud-Computing-Dienste wie Google Drive, Dropbox und Amazon Web Services (AWS) haben es Unternehmen ermöglicht, Daten von jedem Ort aus sicher zu speichern und darauf zuzugreifen, wodurch Abläufe optimiert und Kosten gesenkt werden. Digitale Zahlungssysteme wie PayPal, Stripe und mobile Zahlungs-Apps haben Online-Transaktionen weiter erleichtert und es Unternehmen und Verbrauchern erleichtert, schnell und sicher Geld auszutauschen.

Die gesellschaftlichen Auswirkungen des Internets sind ebenso tiefgreifend. Einer ihrer bedeutendsten Beiträge war die Demokratisierung des Zugangs zu Informationen. Vor dem Internet war Wissen oft auf Bibliotheken, Universitäten und andere Institutionen beschränkt, was den Zugang für viele Menschen erschwerte. Das Internet hat dies geändert, indem es jedem mit einer Internetverbindung riesige Mengen an Informationen zugänglich macht. Suchmaschinen wie Google und Online-Enzyklopädien wie Wikipedia haben es Menschen ermöglicht, sich mit nur wenigen Klicks über praktisch jedes Thema zu informieren. Online-Kurse und Bildungsplattformen wie Coursera, Khan Academy und Duolingo haben den Zugang zum Lernen weiter erweitert und ermöglichen es Einzelpersonen, neue Fähigkeiten und Kenntnisse in ihrem eigenen Tempo zu erwerben.

Das Internet hat auch den kulturellen Austausch gefördert und ermöglicht es Menschen aus verschiedenen Teilen der Welt, ihre Traditionen, Kunst und Ideen auszutauschen. Social-Media-Plattformen, Video-Sharing-Seiten wie YouTube und Streaming-Dienste wie Netflix haben dem Publikum vielfältige Perspektiven und Erfahrungen eröffnet, kulturelle Barrieren abgebaut und das Verständnis gefördert. Gleichzeitig hat das Internet marginalisierte Gemeinschaften gestärkt, indem es ihnen eine Plattform bietet, auf der sie ihre Geschichten teilen und sich für ihre Rechte einsetzen können.

Die transformative Kraft des Internets ist jedoch nicht ohne Herausforderungen. Digitale Ungleichheit bleibt ein großes Problem, da Millionen Menschen auf der ganzen Welt immer noch keinen Zugang zu zuverlässigen Internetverbindungen haben. Diese digitale Kluft hat insbesondere in Entwicklungsländern zu Ungleichheiten bei Bildung, wirtschaftlichen Möglichkeiten und Zugang zu Informationen geführt. Das Internet hat auch neue Probleme mit sich gebracht, etwa die Verbreitung von Fehlinformationen und die Erosion der Privatsphäre. Social-Media-Plattformen stehen in der Kritik, weil sie die schnelle Verbreitung falscher Informationen ermöglichen, die die öffentliche Meinung beeinflussen und das Vertrauen in Institutionen untergraben können. Darüber hinaus haben die Erhebung und Nutzung personenbezogener Daten durch Unternehmen und Regierungen Bedenken hinsichtlich der Überwachung und des Verlusts der Privatsphäre des Einzelnen geweckt.

Trotz dieser Herausforderungen war der Einfluss des Internets auf Kommunikation, Wirtschaft und Gesellschaft überwältigend transformativ. Es hat Menschen auf der ganzen Welt miteinander verbunden, neue wirtschaftliche Möglichkeiten geschaffen und Einzelpersonen in die Lage versetzt, zu lernen, sich auszutauschen und Innovationen zu entwickeln. Das Internet ist zu einem Eckpfeiler des modernen Lebens geworden und prägt die Art und Weise, wie wir miteinander und mit der Welt um uns herum interagieren. Während wir uns weiterhin mit seinen Komplexitäten auseinandersetzen, bleibt das Potenzial des Internets, den Fortschritt voranzutreiben und Menschen zusammenzubringen, eine seiner bemerkenswertesten Errungenschaften.

## Der Aufstieg der sozialen Medien

Der Aufstieg der sozialen Medien hat die Art und Weise, wie Menschen miteinander in Kontakt treten, kommunizieren und Informationen austauschen, verändert und eine neue digitale Landschaft geschaffen, die das moderne Leben neu gestaltet hat. Plattformen wie Facebook, Twitter, Instagram und TikTok haben die Kommunikation revolutioniert, indem sie sofortige, globale Interaktionen ermöglichen. Sie haben es Einzelpersonen ermöglicht, ihre Stimme zu teilen, Gemeinschaften aufzubauen und sich in einem beispiellosen Ausmaß mit anderen auszutauschen. Doch während soziale Medien die Menschen einander näher gebracht und soziale Bewegungen gestärkt haben, haben sie auch erhebliche Herausforderungen mit sich gebracht, darunter gesellschaftliche Spaltungen, die Verbreitung von Fehlinformationen und ethische Bedenken.

Ursprünglich waren soziale Medien eine Möglichkeit für Menschen, online mit Freunden und Familie in Kontakt zu treten, aber sie entwickelten sich schnell zu etwas viel Größerem. Facebook wurde 2004 ins Leben gerufen und war eine der ersten

Plattformen, die soziale Netzwerke in den Mainstream brachte und es Benutzern ermöglichte, Profile zu erstellen, Updates zu teilen und mit anderen zu interagieren. Twitter, 2006 eingeführt, revolutionierte die Kommunikation, indem es Beiträge auf 140 Zeichen beschränkte (später auf 280 erweiterte) und so prägnante Aktualisierungen in Echtzeit förderte. Das 2010 gestartete Instagram konzentrierte sich auf das visuelle Geschichtenerzählen durch Fotos und Videos, während TikTok, das Ende der 2010er Jahre weltweit an Popularität gewann, kurze Videoinhalte einführte, die Kreativität und Unterhaltung förderten. Diese Plattformen haben zusammen mit anderen ein digitales Ökosystem geschaffen, in dem Milliarden von Menschen täglich interagieren.

Eine der bedeutendsten Auswirkungen der sozialen Medien ist ihre Fähigkeit, Verbindungen zu fördern und Gemeinschaften aufzubauen. Soziale Medien haben es den Menschen ermöglicht, mit ihren Lieben in Kontakt zu bleiben, alte Freunde wieder zu treffen und neue Leute kennenzulernen, die ähnliche Interessen teilen. Darüber hinaus bietet es Einzelpersonen eine Plattform, um ihre Ideen, Talente und Geschichten mit einem globalen Publikum zu teilen. Beispielsweise können Künstler, Schriftsteller und Musiker ihre Werke Millionen von Menschen präsentieren, während kleine Unternehmen Kunden weit über ihre lokalen Gemeinschaften hinaus erreichen können. Soziale Medien haben geografische Barrieren abgebaut und die Welt kleiner und vernetzter erscheinen lassen.

Über persönliche Verbindungen hinaus haben soziale Medien eine wichtige Rolle bei der Stärkung sozialer und politischer Bewegungen gespielt. Es hat marginalisierten Stimmen eine Plattform gegeben, auf der sie gehört werden können, und hat die Forderungen nach Gerechtigkeit und Gleichheit verstärkt. Eines der bemerkenswertesten Beispiele ist der Arabische Frühling, eine Reihe demokratiefreundlicher Aufstände, die im Jahr 2010 begannen. Social-Media-Plattformen wie Facebook und Twitter wurden genutzt, um Proteste zu organisieren, Informationen auszutauschen und Ereignisse in Echtzeit zu dokumentieren, was dazu beitrug, Millionen von Menschen im Nahen Osten und Nordafrika zu mobilisieren. In ähnlicher Weise nutzte die #MeToo-Bewegung, die 2017 an Dynamik gewann, soziale Medien, um auf sexuelle Belästigung und Übergriffe aufmerksam zu machen, indem sie Überlebende ermutigte, ihre Geschichten zu teilen und die Täter zur Verantwortung zu ziehen. Die Black Lives Matter-Bewegung hat sich auch stark auf soziale Medien verlassen, um rassistische Ungerechtigkeiten hervorzuheben, Proteste zu organisieren und systemische Veränderungen zu fordern. Diese Beispiele zeigen, wie soziale Medien ein Katalysator für soziale und politische Veränderungen sein können und Einzelpersonen dazu befähigen, kollektive Maßnahmen zu ergreifen und den Status quo in Frage zu stellen.

Der Aufstieg der sozialen Medien verlief jedoch nicht ohne Herausforderungen. Es hat zwar Menschen zusammengebracht, aber auch zu gesellschaftlichen Spaltungen beigetragen. Eines der wichtigsten Probleme ist die Schaffung von Echokammern, in denen Benutzer hauptsächlich Inhalten ausgesetzt sind, die mit ihren bestehenden Überzeugungen übereinstimmen. Social-Media-Algorithmen, die darauf ausgelegt sind, das Engagement zu maximieren, priorisieren häufig Inhalte, die starke emotionale Reaktionen wie Empörung oder Angst hervorrufen. Dies kann zur Verstärkung spaltender Inhalte und zur Verbreitung von Fehlinformationen führen, was zu einer weiteren Polarisierung der Gesellschaften führt. Beispielsweise können sich bei Wahlen falsche oder irreführende Informationen in den sozialen Medien schnell verbreiten, die öffentliche Meinung beeinflussen und das Vertrauen in demokratische Institutionen untergraben.

Die Verbreitung von Fehlinformationen ist ein besonders dringendes Anliegen. Social-Media-Plattformen stehen in der Kritik, dass sie Fake News und Verschwörungstheorien gedeihen lassen, die oft Konsequenzen für die reale Welt haben. Während der COVID-19-Pandemie beispielsweise kursierten in den sozialen Medien weit verbreitet falsche Informationen über das Virus, Impfstoffe und Behandlungen, was die Bemühungen zur Bekämpfung der Krise erschwerte. Die schnelle Verbreitung von Fehlinformationen verdeutlicht die Notwendigkeit einer stärkeren Rechenschaftspflicht und Regulierung im digitalen Raum.

Soziale Medien haben auch ethische und regulatorische Herausforderungen mit sich gebracht, insbesondere in Bezug auf Datenschutz und Online-Belästigung. Viele Plattformen sammeln große Mengen personenbezogener Daten von ihren Nutzern, was Bedenken darüber aufkommen lässt, wie diese Informationen verwendet werden und wer Zugriff darauf hat. Aufsehenerregende Datenverstöße und Skandale wie der Vorfall bei Cambridge Analytica haben die Risiken verdeutlicht, die mit dem Missbrauch personenbezogener Daten verbunden sind. Darüber hinaus sind soziale Medien zu einem Nährboden für Belästigung, Mobbing und Hassreden im Internet geworden und haben für viele Nutzer ein toxisches Umfeld geschaffen. Diese Probleme haben bei Social-Media-Unternehmen zu Forderungen nach strengeren Vorschriften und mehr Transparenz geführt.

Trotz dieser Herausforderungen bleiben soziale Medien eine leistungsstarke Möglichkeit zur Verbindung und Veränderung. Es hat den Zugang zu Informationen demokratisiert und den

Menschen die Möglichkeit gegeben, ihre Geschichten zu teilen und mit anderen auf globaler Ebene in Kontakt zu treten. Es hat auch den kulturellen Austausch gefördert und es Menschen mit unterschiedlichem Hintergrund ermöglicht, voneinander zu lernen und ihre Vielfalt zu feiern. Im besten Fall haben soziale Medien das Potenzial, Menschen zu vereinen, Kreativität anzuregen und den Fortschritt voranzutreiben.

## Herausforderungen des digitalen Zeitalters

Das digitale Zeitalter hat unglaubliche Fortschritte mit sich gebracht und die Art und Weise, wie wir leben, arbeiten und miteinander in Kontakt treten, verändert. Neben diesen Vorteilen hat es jedoch auch erhebliche Herausforderungen mit sich gebracht, die Einzelpersonen, Unternehmen und Regierungen gleichermaßen betreffen. Zu den dringendsten Problemen des digitalen Zeitalters gehören Bedenken hinsichtlich der Privatsphäre, der Verbreitung von Fehlinformationen und der wachsenden Bedeutung der Cybersicherheit. Diese Herausforderungen machen deutlich, wie komplex es ist, sich in einer Welt zurechtzufinden, die zunehmend von digitalen Technologien und dem Internet geprägt ist.

Eine der größten Herausforderungen des digitalen Zeitalters ist das Thema Datenschutz. Der Aufstieg digitaler Technologien hat die Art und Weise, wie personenbezogene Daten erfasst, gespeichert und genutzt werden, revolutioniert. Jedes Mal, wenn wir im Internet surfen, soziale Medien nutzen oder online einkaufen, hinterlassen wir eine Spur von Daten – unseren Suchverlauf, Standort, Vorlieben und sogar persönliche Daten wie unsere Namen und Adressen. Diese Daten werden häufig von

Unternehmen gesammelt, um ihre Dienstleistungen zu verbessern, gezielte Werbung zu schalten oder an Dritte zu verkaufen. Dies kann zwar unsere Online-Erlebnisse komfortabler machen, wirft aber auch ernsthafte Bedenken hinsichtlich der Verwendung unserer persönlichen Daten und der Frage auf, wer Zugriff darauf hat.

Datenschutzverletzungen gehören zu den sichtbarsten Bedrohungen der Privatsphäre im digitalen Zeitalter. Wenn Unternehmen oder Organisationen die von ihnen gesammelten Daten nicht schützen, können sie in die Hände von Hackern oder böswilligen Akteuren geraten. Aufsehenerregende Verstöße wie der Equifax-Verstoß im Jahr 2017, bei dem die persönlichen Daten von über 140 Millionen Menschen preisgegeben wurden, verdeutlichen die Risiken der Online-Speicherung sensibler Daten. Diese Verstöße können zu Identitätsdiebstahl, finanziellen Verlusten und einem Vertrauensverlust in digitale Systeme führen.

Ein weiteres großes Problem ist die Überwachung. Regierungen und Unternehmen haben die Möglichkeit, Online-Aktivitäten in einem beispiellosen Ausmaß zu überwachen. Während Überwachung zur Verbesserung der Sicherheit und zur Verhinderung von Kriminalität eingesetzt werden kann, wirft sie auch Fragen nach dem Gleichgewicht zwischen Sicherheit und individuellen Freiheiten auf. Beispielsweise enthüllte der Whistleblower Edward Snowden im Jahr 2013, dass die US-amerikanische National Security Agency (NSA) Massenüberwachungsprogramme durchführte und dabei ohne deren Wissen Daten über Millionen von Menschen sammelte. Diese Enthüllungen lösten eine weltweite Debatte über Privatsphäre und die ethischen Grenzen der Überwachung im digitalen Zeitalter aus.

Ein weiteres Problem ist der Missbrauch personenbezogener Daten durch Unternehmen. Beispielsweise sammeln Social-Media-Plattformen große Mengen an Daten über ihre Nutzer, die zur Verhaltensbeeinflussung genutzt werden können. Der Cambridge-Analytica-Skandal im Jahr 2018 enthüllte, wie Daten von Millionen von Facebook-Nutzern ohne deren Zustimmung gesammelt und für gezielte politische Werbung bei Wahlen verwendet wurden. Dieser Vorfall verdeutlichte die Notwendigkeit einer größeren Transparenz und Rechenschaftspflicht im Umgang von Unternehmen mit personenbezogenen Daten.

Neben Datenschutzbedenken hat das digitale Zeitalter auch die Herausforderung von Fehlinformationen mit sich gebracht. Das Internet und die sozialen Medien haben den Informationsaustausch einfacher denn je gemacht, aber sie haben auch die schnelle Verbreitung falscher oder irreführender Inhalte ermöglicht. Fehlinformationen können viele Formen annehmen, von gefälschten Nachrichtenartikeln und manipulierten Bildern bis hin zu Verschwörungstheorien und Propaganda. Aufgrund der Geschwindigkeit und Reichweite des Internets können sich Fehlinformationen schnell verbreiten und oft schneller als die Bemühungen, sie zu korrigieren.

Die Auswirkungen von Fehlinformationen auf die Gesellschaft sind tiefgreifend. Sie kann die öffentliche Meinung prägen, Wahlen beeinflussen und das Vertrauen in Institutionen untergraben. Beispielsweise verbreiteten sich während der US-Präsidentschaftswahl 2016 in den sozialen Medien zahlreiche Fake-News-Geschichten, und einige Studien deuten darauf hin, dass sie das Wählerverhalten beeinflusst haben könnten. Ebenso verbreiteten sich während der COVID-19-Pandemie schnell

Fehlinformationen über das Virus, Impfstoffe und Behandlungen im Internet, was die Bemühungen zur Bekämpfung der Krise erschwerte und Leben gefährdete.

Einer der Gründe dafür, dass Fehlinformationen so schwer zu bekämpfen sind, ist die Rolle von Algorithmen bei der Gestaltung dessen, was Menschen online sehen. Social-Media-Plattformen verwenden Algorithmen, um Inhalte zu priorisieren, die die Nutzer ansprechen könnten, und bevorzugen oft aufsehenerregende oder emotional aufgeladene Beiträge. Dadurch können Echokammern entstehen, in denen Benutzer nur mit Informationen konfrontiert werden, die ihre bestehenden Überzeugungen bekräftigen, wodurch es schwieriger wird, Fakten von Fiktionen zu unterscheiden. Die Herausforderung, Fehlinformationen zu bekämpfen, erfordert eine Kombination aus Medienkompetenz, Faktenprüfung und größerer Verantwortung von Technologieunternehmen.

Die dritte große Herausforderung des digitalen Zeitalters ist die Cybersicherheit. Da sich immer mehr Teile unseres Lebens online bewegen, wird die Notwendigkeit, digitale Systeme vor Bedrohungen zu schützen, immer wichtiger. Cyberangriffe wie Hacking, Ransomware und Phishing sind häufiger und raffinierter geworden und stellen Risiken für Einzelpersonen, Unternehmen und Regierungen dar.

Bei Hacking handelt es sich um den unbefugten Zugriff auf Computersysteme, oft um sensible Informationen zu stehlen oder den Betrieb zu stören. Beispielsweise zielte der Cyberangriff von SolarWinds im Jahr 2020 auf mehrere US-Regierungsbehörden und Privatunternehmen, wobei sensible Daten kompromittiert wurden und die Verwundbarkeit selbst der sichersten Systeme deutlich wurde. Auch Ransomware-Angriffe, bei denen Hacker die Daten eines Opfers verschlüsseln und für die Wiederherstellung des Zugriffs eine Zahlung verlangen, sind zu einer wachsenden Bedrohung geworden. Diese Angriffe können kritische Infrastrukturen wie Krankenhäuser und Energienetze stören und verheerende Folgen haben.

Phishing, eine weitere häufige Cyber-Bedrohung, besteht darin, Einzelpersonen dazu zu verleiten, vertrauliche Informationen wie Passwörter oder Kreditkartennummern preiszugeben, indem sie sich als vertrauenswürdige Person ausgeben. Diese Angriffe erfolgen häufig in Form gefälschter E-Mails oder Websites und können zu finanziellen Verlusten und Identitätsdiebstahl führen.

Die Folgen von Cyberangriffen gehen über den finanziellen Schaden hinaus. Sie können das Vertrauen in digitale Systeme untergraben, die Wirtschaft stören und sogar ein Risiko für die nationale Sicherheit darstellen. Da sich das digitale Zeitalter immer weiter weiterentwickelt, wird der Bedarf an stärkeren Cybersicherheitsmaßnahmen immer dringlicher. Dazu gehört die Investition in fortschrittliche Technologien zur Erkennung und Abwehr von Cyber-Bedrohungen, die Aufklärung von Einzelpersonen über Online-Sicherheit und die Förderung der internationalen Zusammenarbeit zur Bekämpfung von Cyber-Kriminalität.

# Kapitel 9

## Information als Fähigkeit zur Macht und Kontrolle

### Historische Beispiele der Informationskontrolle

Im Laufe der Geschichte haben Herrscher, Imperien und religiöse Führer die immense Macht der Kontrolle von Informationen verstanden. Durch die Gestaltung dessen, was die Menschen wissen, glauben und teilen, konnten sie ihre Autorität bewahren, Einfluss auf Gesellschaften nehmen und die öffentliche Meinung formen. Von alten Königen bis hin zu mächtigen Imperien und religiösen Institutionen war die Kontrolle von Informationen eine Schlüsselstrategie zur Festigung der Macht und zur Gewährleistung von Stabilität. Diese oft subtile Praxis hat tiefgreifende Spuren in der Entwicklung von Zivilisationen und der Funktionsweise von Gesellschaften hinterlassen.

In der Antike nutzten Könige und Kaiser die Informationskontrolle, um ihre Herrschaft zu legitimieren und ihre Macht zu projizieren. In Mesopotamien, einer der frühesten Zivilisationen, nutzten Herrscher wie Hammurabi von Babylon Inschriften, um ihre Autorität und Gesetze zu kommunizieren. Der berühmte Kodex von Hammurabi, in eine große Steinstele gemeißelt, war nicht nur ein Rechtsdokument, sondern auch ein Propagandamittel. Indem Hammurabi die Gesetze in Stein gemeißelt und die Stele im öffentlichen Raum aufgestellt hatte, untermauerte er sein Image als gerechter und von Gott auserwählter Herrscher. Die Inschrift stellte auch sicher, dass sich seine Autorität über das gesamte Königreich erstreckte, da die Gesetze als unveränderlich und heilig dargestellt wurden.

Im alten Ägypten kontrollierten die Pharaonen Informationen durch monumentale Architektur und Inschriften. Tempel, Statuen und Obelisken waren mit Hieroglyphen geschmückt, die den göttlichen Status und die militärischen Siege des Pharaos feierten. Diese Botschaften wurden sorgfältig ausgearbeitet, um den Herrscher als Gottkönig darzustellen, der von den Göttern ausgewählt wurde, um Ordnung und Wohlstand aufrechtzuerhalten. Durch die Kontrolle der Erzählung ihrer Herrschaft sicherten die Pharaonen die Loyalität und den Gehorsam ihrer Untertanen. Beispielsweise war die Große Pyramide von Gizeh nicht nur ein Grab, sondern auch ein Symbol der Macht des Pharaos und seiner Verbindung zum Göttlichen, sichtbar für alle, die in ihrem Schatten lebten.

In ähnlicher Weise nutzten Kaiser im alten China die Informationskontrolle, um ihre Autorität zu stärken. Das „Mandat des Himmels" war ein Konzept, das die Herrschaft des Kaisers als göttlich verordnet rechtfertigte. Um diesen Auftrag aufrechtzuerhalten, gaben chinesische Kaiser offizielle Aufzeichnungen und Geschichten in Auftrag, die ihre Herrschaft in einem günstigen Licht darstellten. Die Kontrolle schriftlicher Aufzeichnungen stellte sicher, dass zukünftige Generationen die Herrschaft des Kaisers als legitim und gerecht betrachten würden. Darüber hinaus kontrollierte der chinesische Kaiserhof die Verbreitung von Wissen, indem er den Zugang zu wichtigen Texten regulierte und die Verbreitung von Ideen einschränkte, die die Autorität des Kaisers in Frage stellen könnten.

Als Zivilisationen zu riesigen Imperien heranwuchsen, wurde die Notwendigkeit der Kontrolle von Informationen noch wichtiger. Das Römische Reich beispielsweise stützte sich auf ein ausgeklügeltes System des Informationsmanagements, um die Ordnung in seinen riesigen Territorien aufrechtzuerhalten. Öffentliche Ankündigungen, bekannt als *ausgegeben*, wurden verwendet, um der Bevölkerung kaiserliche Erlasse, Gesetze und Richtlinien mitzuteilen. Diese Ankündigungen wurden oft auf Steintafeln eingraviert oder an öffentlichen Orten angebracht, um sicherzustellen, dass die Autorität des Kaisers im ganzen Reich sichtbar war und respektiert wurde.

Die Römer nutzten Volkszählungen auch, um Informationen über ihre Untertanen zu sammeln, darunter Bevölkerungszahlen, Eigentumsverhältnisse und Steuerpflichten. Diese Informationen ermöglichten es dem Imperium, die Kontrolle über seine Ressourcen zu behalten und seine Politik effektiv durchzusetzen. Gleichzeitig nutzten römische Kaiser Propaganda, um die öffentliche Meinung zu beeinflussen. Beispielsweise wurden Münzen mit Bildern und Inschriften geprägt, die die Errungenschaften und Tugenden des Kaisers feierten und so auf subtile Weise die Loyalität und Einheit des Volkes stärkten.

Auch religiöse Führer und Institutionen haben eine wichtige Rolle bei der Kontrolle von Informationen gespielt, um ihren Einfluss zu bewahren. Im Mittelalter übte die katholische Kirche immense Macht über die europäische Gesellschaft aus, unter anderem weil sie den Zugang zu heiligen Texten und Wissen kontrollierte. Die lateinische Bibel war für die meisten Menschen unzugänglich, da nur Geistliche und Gelehrte in der Sprache ausgebildet waren. Dies ermöglichte es der Kirche, die Botschaften der Bibel so zu interpretieren und zu lehren, wie sie es für richtig hielt, und stellte so sicher, dass ihre Autorität unangefochten blieb.

Die Kirche unterdrückte auch Ideen und Schriften, die sie für ketzerisch oder gefährlich hielt. Beispielsweise wurden während der Inquisition häufig Personen verfolgt, die die Lehren der Kirche in Frage stellten oder alternative Glaubensvorstellungen vertraten. Bücher und Schriften, die den Lehren der Kirche widersprachen, wurden verboten oder vernichtet. Diese Kontrolle über das Wissen stellte sicher, dass die Kirche sowohl in spirituellen als auch in politischen Angelegenheiten die zentrale Autorität blieb.

Eine der größten Herausforderungen für die Informationskontrolle der Kirche kam während der Reformation im 16. Jahrhundert. Die Erfindung des Buchdrucks ermöglichte die Massenproduktion von Büchern, einschließlich Übersetzungen der Bibel in Landessprachen. Persönlichkeiten wie Martin Luther nutzten diese Technologie, um ihre Ideen zu verbreiten und die Autorität der Kirche in Frage zu stellen. Die Reformation zeigte, dass die Kontrolle von Informationen sowohl eine Machtquelle als auch eine Verwundbarkeit sein kann, da die Verbreitung neuer Ideen letztendlich die Dominanz der Kirche schwächte.

Bei der Kontrolle von Informationen durch Könige, Imperien und religiöse Führer ging es nicht immer um Unterdrückung; Es ging auch darum, eine gemeinsame Identität und Ordnung zu schaffen. Durch die Gestaltung der Narrative ihrer Herrschaft konnten diese Führer ihre Gesellschaften vereinen und Stabilität bewahren. Allerdings ging diese Kontrolle oft auf Kosten der Freiheit und Gedankenvielfalt, da alternative Perspektiven zum Schweigen gebracht oder an den Rand gedrängt wurden.

# Propaganda und Zensur in der Neuzeit

Propaganda und Zensur sind in der Neuzeit mächtige Fähigkeiten, die von Regierungen, Organisationen und Einzelpersonen genutzt werden, um die öffentliche Meinung zu formen, Informationen zu kontrollieren und die Macht aufrechtzuerhalten. Von den Weltkriegen des 20. Jahrhunderts bis zum digitalen Zeitalter des 21. Jahrhunderts haben sich diese Praktiken parallel zur Technologie weiterentwickelt und sind immer ausgefeilter und weitreichender geworden. Während Propaganda versucht, Einfluss zu nehmen und zu überzeugen, oft durch die Manipulation von Emotionen und die Präsentation voreingenommener oder irreführender Informationen, zielt die Zensur darauf ab, abweichende Meinungen zu unterdrücken, den Zugang zu Informationen einzuschränken und Narrative zu kontrollieren. Gemeinsam haben sie eine zentrale Rolle bei der Gestaltung von Gesellschaften und politischen Landschaften auf der ganzen Welt gespielt.

Der Aufstieg der Propaganda als systematische Fähigkeit lässt sich auf große historische Ereignisse wie den Ersten und Zweiten Weltkrieg zurückführen. Während des Ersten Weltkriegs erkannten die Regierungen, wie wichtig es ist, die öffentliche Meinung zu kontrollieren, um die Unterstützung für die Kriegsanstrengungen aufrechtzuerhalten. Propaganda wurde eingesetzt, um Bürger zu sammeln, zur Rekrutierung zu ermutigen und den Feind zu dämonisieren. Überall in den Städten hingen Plakate mit Slogans wie „Dein Land braucht dich" und Bildern von heldenhaften Soldaten oder bösartigen Feinden, die an Patriotismus und Angst appellierten. Propagandafilme und -reden verstärkten diese

Botschaften weiter und schufen eine einheitliche Erzählung, die die Öffentlichkeit engagierte und unterstützte.

Im Zweiten Weltkrieg kam es zu einem noch umfangreicheren Einsatz von Propaganda, und sowohl die Achsenmächte als auch die Alliierten nutzten sie, um ihre Ziele zu erreichen. Im nationalsozialistischen Deutschland wurde Propaganda zu einem Eckpfeiler des Regimes von Adolf Hitler. Unter der Leitung von Propagandaminister Joseph Goebbels nutzte die NS-Regierung Filme, Radiosendungen, Zeitungen und Plakate zur Verbreitung ihrer Ideologie. Es wurden Botschaften verbreitet, die Hitler verherrlichten, die Vorherrschaft der Arier förderten und Juden und andere Minderheitengruppen verunglimpften, um die öffentliche Meinung zu manipulieren und das Vorgehen des Regimes zu rechtfertigen. Die Nazis nutzten auch Propaganda, um die Moral während des Krieges aufrechtzuerhalten, indem sie Deutschland als eine starke und gerechte Nation darstellten, die zum Sieg bestimmt war.

Auf alliierter Seite wurde Propaganda eingesetzt, um die Moral zu stärken, die Einheit zu fördern und die Unterstützung für die Kriegsanstrengungen zu fördern. In den Vereinigten Staaten ermutigten Plakate wie „Rosie the Riveter" Frauen, sich dem Arbeitsmarkt anzuschließen, während Filme und Wochenschauen den Mut der Soldaten und die Bedeutung des Siegs über den Faschismus hervorhoben. Die britische Regierung nutzte Radiosendungen wie die von Winston Churchill, um bei ihren Bürgern Widerstandskraft und Entschlossenheit zu wecken. Bei der Propaganda im Zweiten Weltkrieg ging es nicht nur darum, Schlachten an der Front zu gewinnen, sondern auch darum, Herzen und Köpfe zu Hause zu gewinnen.

Zensur ging oft mit Propaganda einher, da Regierungen versuchten, den Informationsfluss zu kontrollieren und abweichende Stimmen zu unterdrücken. Insbesondere autoritäre Regime haben sich in hohem Maße auf Zensur verlassen, um ihre Macht aufrechtzuerhalten. In der Sowjetunion kontrollierte die Regierung alle Medien und stellte sicher, dass nur staatlich genehmigte Narrative veröffentlicht wurden. Unabhängigen Journalismus gab es nicht, und jede Kritik an der Regierung wurde hart bestraft. Das Sowjetregime schrieb auch die Geschichte um und löschte Personen, die in Ungnade gefallen waren, aus offiziellen Aufzeichnungen und Fotos, eine Praxis, die als „Geschichtsrevisionismus" bekannt ist.

Im modernen China hat die Zensur mit dem Aufkommen des Internets eine neue Form angenommen. Die „Great Firewall of China" ist ein hochentwickeltes System, das den Zugriff auf ausländische Websites blockiert, Online-Inhalte zensiert und Internetaktivitäten überwacht. Social-Media-Plattformen sind in China stark reguliert. Beiträge, die die Regierung kritisieren oder sensible Themen diskutieren, werden schnell entfernt. Dieses Maß an Kontrolle ermöglicht es der chinesischen Regierung, den öffentlichen Diskurs zu gestalten und die Verbreitung von Ideen zu verhindern, die ihre Autorität in Frage stellen könnten.

Sogar demokratische Regierungen haben in Krisenzeiten, insbesondere während des Krieges, Zensur eingesetzt. Während des Zweiten Weltkriegs schränkte die US-Regierung beispielsweise die Medienberichterstattung über bestimmte Ereignisse ein, um die Moral aufrechtzuerhalten und zu verhindern, dass sensible Informationen den Feind erreichen. Während solche Maßnahmen oft als notwendig für die nationale Sicherheit gerechtfertigt werden, werfen sie wichtige Fragen zum

Gleichgewicht zwischen Meinungsfreiheit und der Notwendigkeit der Kontrolle unter außergewöhnlichen Umständen auf.

Im digitalen Zeitalter haben sich Propaganda und Zensur auf eine Weise entwickelt, die in der Vergangenheit unvorstellbar war. Das Internet und die sozialen Medien haben neue Möglichkeiten zur Verbreitung von Informationen geschaffen, aber auch die Manipulation und Kontrolle von Narrativen erleichtert. Beispielsweise sind staatlich geförderte Desinformationskampagnen zu einer gängigen Taktik in der modernen Geopolitik geworden. Regierungen und Organisationen nutzen Fake-Accounts, Bots und algorithmische Manipulationen, um Propaganda zu verbreiten und die öffentliche Meinung zu beeinflussen. Diese Kampagnen zielen häufig auf Wahlen, soziale Bewegungen und internationale Beziehungen ab und sorgen für Verwirrung und Spaltung.

Einer der besorgniserregendsten Aspekte moderner Propaganda ist ihre Fähigkeit, Algorithmen auf Social-Media-Plattformen auszunutzen. Algorithmen sind darauf ausgelegt, Inhalte zu priorisieren, die Engagement erzeugen, wie etwa Likes, Shares und Kommentare. Dies bedeutet oft, dass sensationelle, emotional aufgeladene oder polarisierende Inhalte verstärkt werden, unabhängig von ihrer Genauigkeit. Infolgedessen können sich Propaganda und Fehlinformationen schnell verbreiten und Millionen von Menschen erreichen, bevor Faktenprüfer oder Behörden eingreifen können. Dies hatte tiefgreifende Auswirkungen auf die Demokratie, da falsche Informationen die öffentliche Meinung beeinflussen, das Vertrauen in Institutionen untergraben und Wahlergebnisse beeinflussen können.

Auch die Zensur im digitalen Zeitalter ist komplexer geworden. Während traditionelle Formen der Zensur die Kontrolle von Zeitungen, Radio und Fernsehen beinhalteten, umfasst die moderne Zensur häufig die Kontrolle von Online-Plattformen. Regierungen können Websites blockieren, den Internetzugang sperren oder Technologieunternehmen unter Druck setzen, Inhalte zu entfernen. Beispielsweise haben einige Regierungen bei politischen Protesten oder Aufständen auf Internetsperren zurückgegriffen, um Aktivisten daran zu hindern, sich zu organisieren oder Informationen weiterzugeben. Gleichzeitig sind Technologieunternehmen selbst zu Informationswächtern geworden und entscheiden, welche Inhalte auf ihren Plattformen erlaubt sind. Dies wirft ethische Fragen zur Rolle privater Unternehmen bei der Regulierung der Meinungsäußerung und zum Potenzial für Machtmissbrauch auf.

Die Herausforderungen, die Propaganda und Zensur in der Neuzeit mit sich bringen, sind erheblich. Sie bedrohen die Grundsätze der Demokratie, der Meinungsfreiheit und des öffentlichen Vertrauens. Die Bekämpfung dieser Probleme erfordert einen vielschichtigen Ansatz, der die Bildung von Medienkompetenz, mehr Transparenz seitens Technologieunternehmen und internationale Zusammenarbeit zur Bekämpfung von Desinformationskampagnen umfasst. Es erfordert auch, dass Einzelpersonen die von ihnen konsumierten und weitergegebenen Informationen kritisch bewerten und das Manipulationspotenzial im digitalen Zeitalter erkennen.

# Die Rolle von Unternehmen bei der Gestaltung der öffentlichen Meinung

*„In einer Welt der Werbung kauft der Kunde nicht nur ein Produkt, er kauft sich eine Geschichte ein."* – Seth Godin

Unternehmen spielen seit langem eine wichtige Rolle bei der Gestaltung der öffentlichen Meinung, indem sie ihre Ressourcen und ihren Einfluss nutzen, um Narrative zu formulieren, ihre Interessen zu fördern und gesellschaftliche Werte mit ihren Zielen in Einklang zu bringen. Vom Aufkommen der Massenwerbung im 20. Jahrhundert bis hin zu den gezielten Kampagnen des digitalen Zeitalters sind Unternehmen zu mächtigen Architekten der öffentlichen Wahrnehmung geworden. Durch Werbung, Medienbesitz und strategische Kommunikation haben sie beeinflusst, wie Menschen denken, was sie kaufen und sogar wie sie kritische soziale, politische und ökologische Themen sehen.

Der Aufstieg des Unternehmenseinflusses begann im frühen 20. Jahrhundert, als Unternehmen die Macht der Werbung zur Gestaltung des Verbraucherverhaltens erkannten. Mit dem Aufkommen der Massenmedien wie Zeitungen, Radio und später Fernsehen erlangten Unternehmen Zugang zu einem großen Publikum und konnten ihre Produkte und Dienstleistungen in einem beispiellosen Ausmaß bewerben. Bei Werbekampagnen ging es nicht nur um den Verkauf von Waren – es ging darum, Wünsche zu wecken, Lebensstile zu gestalten und Markentreue aufzubauen. Die ikonische Werbung von Coca-Cola in der Mitte des 20. Jahrhunderts verkaufte beispielsweise nicht nur ein Getränk; Sie verkauften ein Bild von Glück, Zusammengehörigkeit und Feiern. In ähnlicher Weise nutzten Automobilunternehmen wie Ford und

General Motors Werbung, um ihre Autos mit Freiheit, Status und Modernität zu assoziieren und so die Art und Weise zu beeinflussen, wie Menschen Transport und Mobilität wahrnahmen.

Unternehmen nutzten auch die Massenmedien, um Narrative zu entwickeln, die ihren Werten und Interessen entsprachen. Durch das Sponsoring von Fernsehprogrammen, Radiosendungen und Printpublikationen stellten Unternehmen sicher, dass ihre Botschaften das Publikum auf subtile, aber effektive Weise erreichten. In den 1950er und 1960er Jahren beispielsweise machten Tabakkonzerne intensiv Werbung für Zigaretten als Symbol für Kultiviertheit und Unabhängigkeit, obwohl sich immer mehr Hinweise auf deren Gesundheitsrisiken abzeichneten. Diese Kampagnen prägten jahrzehntelang die öffentliche Wahrnehmung des Rauchens und zeigten, wie Unternehmen die Medien nutzen können, um gesellschaftliche Einstellungen zu beeinflussen.

Mit dem Aufkommen des digitalen Zeitalters weiteten Unternehmen ihren Einfluss noch weiter aus und nutzten neue Technologien und Plattformen, um den öffentlichen Diskurs zu prägen. Social-Media-Plattformen wie Facebook, Instagram und Twitter wurden für Unternehmen zu leistungsstarken Möglichkeiten, direkt mit Verbrauchern in Kontakt zu treten, Communities rund um ihre Marken aufzubauen und ihre Werte zu fördern. Durch gezielte Werbung, die durch Algorithmen und Datenanalysen ermöglicht wird, können Unternehmen personalisierte Nachrichten an bestimmte Zielgruppen übermitteln und so ihre Kampagnen effektiver als je zuvor machen. Beispielsweise haben Unternehmen wie Nike soziale Medien genutzt, um ihre Marken auf soziale und politische Anliegen wie Rassengleichheit und Geschlechterförderung auszurichten und so jüngere, sozialbewusste Verbraucher anzusprechen.

Auch PR-Kampagnen (PR) sind für Unternehmen zu einer Schlüsselstrategie geworden, um die öffentliche Meinung zu umfassenderen Themen zu beeinflussen. Viele Unternehmen haben Kampagnen zur Förderung von Nachhaltigkeit, Vielfalt und sozialer Verantwortung von Unternehmen gestartet und sich damit als Vorreiter bei der Bewältigung globaler Herausforderungen positioniert. Beispielsweise haben Technologieunternehmen wie Apple und Google ihr Engagement für erneuerbare Energien und die Reduzierung von Kohlenstoffemissionen betont und diese Initiativen genutzt, um ihren Ruf zu verbessern und Vertrauen bei Verbrauchern aufzubauen. In ähnlicher Weise haben Fast-Food-Ketten wie McDonald's Kampagnen eingeführt, die gesündere Menüoptionen und nachhaltige Beschaffungspraktiken hervorheben und damit auf die wachsende öffentliche Sorge um Gesundheit und Umwelt reagieren.

Der Einfluss von Unternehmen beschränkt sich jedoch nicht nur auf das Verbraucherverhalten, sondern erstreckt sich auch auf soziale, politische und ökologische Themen. Unternehmen nutzen ihre Macht häufig, um die öffentliche Meinung zu beeinflussen und die Gesetzgebung durch Lobbyarbeit, Partnerschaften mit Denkfabriken und Forschungsfinanzierung zu beeinflussen. Beispielsweise haben Öl- und Gasunternehmen in der Vergangenheit Kampagnen finanziert, die die Risiken des Klimawandels herunterspielen, öffentliche Debatten prägen und regulatorische Maßnahmen verzögern. Andererseits haben einige Unternehmen ihren Einfluss genutzt, um sich für positive Veränderungen einzusetzen, etwa durch die Unterstützung von LGBTQ+-Rechten oder die Förderung von Bildungsinitiativen in unterversorgten Gemeinden.

Die ethischen Implikationen unternehmerischen Einflusses sind komplex und vielschichtig. Einerseits verfügen Unternehmen über die Ressourcen und die Reichweite, um positive Veränderungen voranzutreiben, das Bewusstsein für wichtige Themen zu schärfen und zum gesellschaftlichen Fortschritt beizutragen. Beispielsweise können Kampagnen zur Förderung von Nachhaltigkeit oder Vielfalt Einzelpersonen und andere Organisationen zum Handeln inspirieren und so eine positive Wirkung erzielen. Andererseits gibt die Machtkonzentration der Konzerne Anlass zur Besorgnis über Manipulation, Fehlinformationen und die Erosion demokratischer Werte.

Ein großes Problem ist die Verbreitung von Fehlinformationen. In ihren Bemühungen, ihre Interessen zu schützen, wurde einigen Unternehmen vorgeworfen, die Öffentlichkeit in die Irre zu führen oder die Wahrheit zu verschleiern. Beispielsweise finanzierte die Tabakindustrie im 20. Jahrhundert Forschungsarbeiten, die die gesundheitlichen Risiken des Rauchens herunterspielten, wodurch das öffentliche Bewusstsein und regulatorische Maßnahmen verzögert wurden. Ebenso wurden im digitalen Zeitalter Technologiegiganten wie Facebook und Google kritisiert, weil sie die Verbreitung gefälschter Nachrichten und Desinformationen auf ihren Plattformen zuließen, was Fragen zu ihrer Verantwortung bei der Moderation von Inhalten und dem Schutz des öffentlichen Vertrauens aufwirft.

Ein weiteres Problem ist die Konzentration des Medieneigentums. Wenn Unternehmen Medienunternehmen erwerben, erlangen sie eine größere Kontrolle über die der Öffentlichkeit präsentierten Narrative. Dies kann zu voreingenommener Berichterstattung, eingeschränkter Perspektivenvielfalt und der Priorisierung von Unternehmensinteressen gegenüber journalistischer Integrität führen. Beispielsweise wurden Medienkonglomerate wie Rupert Murdochs News Corp dafür kritisiert, dass sie ihre Plattformen nutzen, um bestimmte politische Ziele zu fördern und so die öffentliche Meinung zu einer Vielzahl von Themen zu beeinflussen.

Auch die Rolle unternehmensfinanzierter Think Tanks und Forschungsorganisationen wirft ethische Fragen auf. Während diese Institutionen häufig wertvolle Erkenntnisse liefern, können ihre Finanzierungsquellen die Schlussfolgerungen, zu denen sie gelangen, und die von ihnen befürworteten Richtlinien beeinflussen. Beispielsweise wird Denkfabriken, die von Unternehmen für fossile Brennstoffe finanziert werden, vorgeworfen, die Dringlichkeit des Klimawandels herunterzuspielen und öffentliche Debatten so zu gestalten, dass sie mit den Unternehmensinteressen in Einklang stehen.

Trotz dieser Herausforderungen ist es wichtig zu erkennen, dass der Einfluss von Unternehmen nicht grundsätzlich negativ ist. Bei verantwortungsvollem Umgang kann es Innovationen vorantreiben, das Bewusstsein schärfen und zum gesellschaftlichen Fortschritt beitragen. Beispielsweise hatten Kampagnen zur Förderung erneuerbarer Energien, der Gleichstellung der Geschlechter und des Bewusstseins für psychische Gesundheit positive Auswirkungen und inspirierten Einzelpersonen und Organisationen zum Handeln. Der Schlüssel liegt in der Gewährleistung von Transparenz, Rechenschaftspflicht und ethischen Praktiken bei der Art und Weise, wie Unternehmen ihren Einfluss nutzen.

# Informationsnetzwerke als Fähigkeiten des Widerstands und der Revolution

Im Laufe der Geschichte waren Informationsnetzwerke mächtige Kräfte für Widerstand und Revolution, die es Einzelpersonen und Gruppen ermöglichten, Autoritäten herauszufordern, Bewegungen zu organisieren und Veränderungen anzuregen. Ob über Untergrunddruckereien, geheime Korrespondenz oder moderne digitale Plattformen – diese Netzwerke haben es den Menschen ermöglicht, Ideen auszutauschen, Aktionen zu koordinieren und Unterstützung angesichts der Unterdrückung zu mobilisieren. Sie haben in einigen der bedeutendsten Revolutionen und Widerstandsbewegungen eine zentrale Rolle gespielt und die transformative Kraft der Kommunikation im Kampf für Freiheit und Gerechtigkeit demonstriert.

In der Vergangenheit waren Informationsnetzwerke auf physische Kommunikationsmethoden angewiesen, um revolutionäre Ideen zu verbreiten und Widerstand zu organisieren. Während der Amerikanischen Revolution beispielsweise waren geheime Korrespondenz und Untergrunddruckmaschinen für die Kolonisten wesentliche Fähigkeiten. Broschüren wie die von Thomas Paine *Gesunder Menschenverstand* weit verbreitet, inspirierte die Menschen, die britische Herrschaft in Frage zu stellen und sammelte Unterstützung für die Unabhängigkeit. Diese gedruckten Materialien wurden oft im Geheimen verbreitet, um die britische Zensur zu umgehen und ein breites Publikum zu erreichen. Ebenso wurden Korrespondenzausschüsse eingerichtet, um Informationen zwischen den Kolonien auszutauschen und sicherzustellen, dass Revolutionäre ihre Bemühungen koordinieren und über britische Aktionen auf dem Laufenden bleiben konnten.

Auch die Französische Revolution stützte sich stark auf Informationsnetzwerke, um revolutionäre Ideen zu verbreiten und die Bevölkerung zu mobilisieren. Revolutionäre Führer nutzten Broschüren, Zeitungen und öffentliche Reden, um die Monarchie herauszufordern und die Ideale von Freiheit, Gleichheit und Brüderlichkeit zu fördern. Diese Materialien wurden oft von Untergrundnetzwerken produziert und verbreitet, wobei sie die Kontrolle der Monarchie umgingen und Menschen in ganz Frankreich erreichten. Die Fähigkeit, Informationen schnell und effektiv auszutauschen, trug dazu bei, die Revolutionäre zu vereinen und Impulse für Veränderungen zu geben.

Auch antikoloniale Bewegungen im 19. und 20. Jahrhundert nutzten Informationsnetzwerke, um sich der imperialen Herrschaft zu widersetzen. In Indien beispielsweise nutzten Führer wie Mahatma Gandhi Zeitungen und Broschüren, um die Botschaft des gewaltlosen Widerstands zu verbreiten und Unterstützung für die Unabhängigkeit von der britischen Herrschaft zu mobilisieren. Diese Materialien wurden oft in den Landessprachen gedruckt, um sicherzustellen, dass sie ein breites Publikum erreichen und zu kollektivem Handeln anregen konnten. In ähnlicher Weise nutzten Untergrundnetzwerke von Aktivisten in Afrika und Südostasien geheime Korrespondenz und verschlüsselte Nachrichten, um den Widerstand gegen die Kolonialmächte zu organisieren und so die anhaltende Macht der Information im Kampf für die Freiheit zu demonstrieren.

In der Neuzeit sind digitale Informationsnetzwerke zu noch mächtigeren Fähigkeiten für Widerstand und Revolution geworden. Der Aufstieg des Internets, von Social-Media-Plattformen und verschlüsselten Messaging-Apps hat die Art und Weise, wie Menschen kommunizieren und organisieren, verändert und es Bewegungen ermöglicht, ein globales Publikum zu erreichen und in Echtzeit zu agieren. Eines der bemerkenswertesten Beispiele hierfür ist der Arabische Frühling, eine Reihe demokratiefreundlicher Aufstände, die Anfang der 2010er Jahre den Nahen Osten und Nordafrika erfassten. Social-Media-Plattformen wie Facebook und Twitter spielten bei diesen Bewegungen eine zentrale Rolle und ermöglichten es Aktivisten, Informationen auszutauschen, Proteste zu organisieren und Missbräuche durch die Regierung zu dokumentieren.

In Tunesien beispielsweise löste die Selbstverbrennung von Mohamed Bouazizi, einem Straßenverkäufer, der gegen die Korruption der Regierung protestierte, große Empörung aus. Aktivisten nutzten soziale Medien, um seine Geschichte zu teilen und mobilisierten Proteste, die letztendlich zum Sturz der Regierung führten. In ähnlicher Weise wurden in Ägypten soziale Medien genutzt, um massive Demonstrationen auf dem Tahrir-Platz zu organisieren, der zum Symbol der Revolution wurde. Online geteilte Videos und Fotos machten weltweit auf die Proteste aufmerksam und weckten Solidarität und Unterstützung bei Menschen auf der ganzen Welt.

Auch verschlüsselte Messaging-Apps wie WhatsApp, Signal und Telegram sind zu unverzichtbaren Fähigkeiten moderner Widerstandsbewegungen geworden. Diese Plattformen ermöglichen Aktivisten eine sichere Kommunikation und schützen ihre Nachrichten vor staatlicher Überwachung und Zensur. Während der Proteste in Hongkong im Jahr 2019 verwendeten Aktivisten beispielsweise verschlüsselte Messaging-Apps, um ihre Aktionen zu koordinieren und Aktualisierungen in Echtzeit auszutauschen, um sicherzustellen, dass ihre Bemühungen organisiert und effektiv blieben. Diese Fähigkeiten haben Einzelpersonen und Gruppen in die Lage versetzt, repressive Regime herauszufordern, selbst angesichts erheblicher Risiken.

Informationsnetzwerke wurden auch genutzt, um Ungerechtigkeiten aufzudecken und weltweite Unterstützung für soziale und politische Anliegen zu gewinnen. Whistleblower, Journalisten und Aktivisten haben digitale Plattformen genutzt, um Beweise für Korruption, Menschenrechtsverletzungen und Umweltzerstörung auszutauschen, oft unter großem persönlichem Risiko. Beispielsweise hat die Veröffentlichung geheimer Dokumente durch Whistleblower wie Edward Snowden und Chelsea Manning die weltweite Aufmerksamkeit auf Fragen der staatlichen Überwachung und des Fehlverhaltens des Militärs gelenkt und Debatten über Privatsphäre, Rechenschaftspflicht und Transparenz ausgelöst.

Allerdings ist die Nutzung von Informationsnetzwerken für Widerstand und Revolution nicht ohne Herausforderungen und Risiken. Regierungen haben ausgefeilte Überwachungs- und Zensurmethoden entwickelt, um abweichende Meinungen zu überwachen und zu unterdrücken. In Ländern wie China blockiert die „Große Firewall" den Zugriff auf ausländische Websites und zensiert Online-Inhalte, was es Aktivisten erschwert, Informationen auszutauschen oder Proteste zu organisieren. In ähnlicher Weise nutzen autoritäre Regime häufig Spyware und Hacking, um Aktivistennetzwerke zu infiltrieren, wodurch Einzelpersonen verhaftet und verfolgt werden.

Die Verbreitung von Fehlinformationen ist eine weitere große Herausforderung. Während Informationsnetzwerke dazu genutzt werden können, genaue und zuverlässige Informationen auszutauschen, können sie auch dazu missbraucht werden, Unwahrheiten zu verbreiten und Verwirrung zu säen. In einigen Fällen haben Regierungen und andere Akteure Desinformationskampagnen eingesetzt, um Widerstandsbewegungen zu untergraben, Aktivisten zu diskreditieren und die öffentliche Meinung zu manipulieren. Dies unterstreicht die Notwendigkeit kritischen Denkens und Medienkompetenz im digitalen Zeitalter, da sich Einzelpersonen in einer komplexen und oft unzuverlässigen Informationslandschaft zurechtfinden müssen.

Trotz dieser Herausforderungen bleiben Informationsnetzwerke eine starke Kraft für Widerstand und Revolution. Sie haben Einzelpersonen und Gruppen dazu befähigt, repressive Regime herauszufordern, Ungerechtigkeiten aufzudecken und weltweite Unterstützung für Veränderungen zu gewinnen. Von den unterirdischen Druckmaschinen der Vergangenheit bis zu den verschlüsselten Messaging-Apps von heute haben diese Netzwerke die dauerhafte Kraft der Kommunikation im Kampf für Freiheit und Gerechtigkeit unter Beweis gestellt.

# Kapitel 10

## Algorithmen und der Informationsfluss

### Was sind Algorithmen?

Algorithmen sind im modernen Leben allgegenwärtig und arbeiten still und leise hinter den Kulissen, um Entscheidungen zu treffen, Probleme zu lösen und die riesigen Informationsmengen zu organisieren, mit denen wir täglich interagieren. Auch wenn der Begriff technisch oder einschüchternd klingen mag, ist das Konzept eines Algorithmus eigentlich recht einfach. Im Kern handelt es sich bei einem Algorithmus um eine Reihe von Schritt-für-Schritt-Anweisungen oder Regeln, die dazu dienen, eine Aufgabe auszuführen oder ein Problem zu lösen. Betrachten Sie es als ein Rezept in einem Kochbuch: Das Rezept enthält klare Schritte, die Sie befolgen müssen, um einen Kuchen zu backen. In ähnlicher Weise geben Algorithmen Computern Anweisungen, Daten zu verarbeiten und Aufgaben auszuführen.

Stellen Sie sich zum Beispiel vor, Sie geben jemandem den Weg zu Ihrem Haus. Sie könnten sagen: „Biegen Sie an der ersten Ampel links ab, fahren Sie zwei Blocks geradeaus und biegen Sie dann an der Tankstelle rechts ab." Dabei handelt es sich um einen Algorithmus – eine Abfolge von Schritten, die zu einem bestimmten Ergebnis führt. In der digitalen Welt funktionieren Algorithmen weitgehend auf die gleiche Weise, aber anstatt jemanden zu einem Ziel zu führen, leiten sie Computer an,

Informationen zu verarbeiten, Entscheidungen zu treffen oder Ergebnisse zu liefern.

In modernen Informationsnetzwerken spielen Algorithmen eine entscheidende Rolle bei der Organisation und Verarbeitung der enormen Datenmengen, die jede Sekunde anfallen. Sie sind die unsichtbaren Motoren, die Suchmaschinen, Social-Media-Plattformen, Empfehlungssysteme und unzählige andere Technologien antreiben. Wenn Sie beispielsweise eine Frage in Google eingeben, analysiert der Suchalgorithmus in Sekundenbruchteilen Milliarden von Webseiten, um die relevantesten Ergebnisse zu liefern. Dieser Algorithmus folgt einer Reihe von Regeln, um zu bestimmen, welche Seiten Ihre Frage am wahrscheinlichsten beantworten, und berücksichtigt dabei Faktoren wie Schlüsselwörter, Seitenqualität und Benutzerverhalten.

Auch Social-Media-Plattformen wie Facebook, Instagram und Twitter verlassen sich stark auf Algorithmen, um zu entscheiden, welche Inhalte in Ihrem Feed erscheinen. Diese Algorithmen analysieren Ihre vergangenen Interaktionen – etwa die Beiträge, die Ihnen gefallen haben, die Konten, denen Sie folgen, und die Zeit, die Sie mit bestimmten Arten von Inhalten verbringen –, um vorherzusagen, womit Sie am wahrscheinlichsten interagieren werden. Der Newsfeed-Algorithmus von Facebook priorisiert beispielsweise Beiträge von Freunden, Gruppen oder Seiten, mit denen Sie am häufigsten interagieren, und stellt so sicher, dass sich Ihr Feed für Sie personalisiert und relevant anfühlt.

Empfehlungssysteme, wie sie von Netflix, Spotify und Amazon verwendet werden, sind ein weiteres Beispiel für Algorithmen in Aktion. Diese Systeme analysieren Ihren Seh-, Hör- oder Einkaufsverlauf, um Ihnen Filme, Lieder oder Produkte vorzuschlagen, die Ihnen gefallen könnten. Wenn Sie schon einmal den Abschnitt „Weil Sie zugeschaut haben …" auf Netflix oder den Vorschlag „Kunden, die dies gekauft haben, kauften auch …" auf Amazon gesehen haben, haben Sie die Arbeit eines Empfehlungsalgorithmus kennengelernt. Diese Systeme erleichtern das Entdecken neuer Inhalte oder Produkte, die Ihren Vorlieben entsprechen, und sparen so Zeit und Mühe.

Die Vorteile von Algorithmen sind unbestreitbar. Sie machen komplexe Aufgaben effizienter und ermöglichen es Systemen, riesige Datenmengen mit unglaublicher Geschwindigkeit zu verarbeiten und zu analysieren. Sie ermöglichen Skalierbarkeit, was bedeutet, dass sie Millionen – oder sogar Milliarden – von Benutzern gleichzeitig bedienen können. Und sie bieten personalisierte Erlebnisse, indem sie Inhalte, Empfehlungen und Dienste an individuelle Vorlieben anpassen. Ohne Algorithmen wäre die Navigation im Internet oder die Nutzung moderner digitaler Dienste überfordernd und chaotisch.

Allerdings bringt der weit verbreitete Einsatz von Algorithmen auch Herausforderungen und Kontroversen mit sich. Ein großes Problem ist die Voreingenommenheit. Algorithmen werden von Menschen erstellt und die Daten, auf die sie sich stützen, spiegeln oft menschliche Vorurteile wider. Wenn beispielsweise ein Einstellungsalgorithmus auf historischen Daten trainiert wird, die bestimmte Bevölkerungsgruppen bevorzugen, kann es sein, dass er andere unbeabsichtigt diskriminiert. Dies hat wichtige Fragen zu Fairness und Verantwortlichkeit bei der algorithmischen Entscheidungsfindung aufgeworfen.

Ein weiteres Problem ist die mangelnde Transparenz. Viele Algorithmen, insbesondere solche, die von großen

Technologieunternehmen verwendet werden, funktionieren als „Black Boxes", was bedeutet, dass ihr Innenleben für die Öffentlichkeit nicht sichtbar ist. Nutzer haben oft keine Möglichkeit zu erfahren, wie Entscheidungen getroffen werden oder warum bestimmte Inhalte priorisiert werden. Dieser Mangel an Transparenz kann zu Misstrauen führen und es schwierig machen, Unternehmen für die Auswirkungen ihrer Algorithmen zur Verantwortung zu ziehen.

Algorithmen wurden auch wegen ihrer Rolle bei der Schaffung von Echokammern und der Verstärkung von Fehlinformationen kritisiert. Auf Social-Media-Plattformen priorisieren Algorithmen Inhalte, die Engagement erzeugen, wie etwa Likes, Shares und Kommentare. Leider führt dies häufig dazu, dass sensationelle, emotional aufgeladene oder polarisierende Inhalte verstärkt werden, da sie tendenziell mehr Aufmerksamkeit erregen. Dies kann zur Verbreitung von Fehlinformationen und zur Bildung von Echokammern führen, in denen Benutzer nur Informationen ausgesetzt sind, die ihre bestehenden Überzeugungen bekräftigen. Diese Dynamik kann zur gesellschaftlichen Polarisierung beitragen und das Vertrauen in Informationsnetzwerke untergraben.

Trotz dieser Herausforderungen bleiben Algorithmen ein wesentlicher Bestandteil moderner Netzwerke, und ihr Potenzial für positive Auswirkungen ist immens. Sie haben die Art und Weise revolutioniert, wie wir auf Informationen zugreifen, uns mit anderen vernetzen und neue Inhalte entdecken. Gleichzeitig ist die Auseinandersetzung mit den ethischen und gesellschaftlichen Implikationen von Algorithmen von entscheidender Bedeutung, um sicherzustellen, dass sie dem Allgemeinwohl dienen. Dazu gehört die Entwicklung transparenterer und verantwortungsvollerer Systeme, der Abbau von Vorurteilen und die Suche nach

Möglichkeiten, die Personalisierung mit der Notwendigkeit vielfältiger Perspektiven in Einklang zu bringen.

# Die Vorteile von Algorithmen

Algorithmen sind die unsichtbaren Motoren, die einen Großteil der modernen Welt antreiben und die Art und Weise verändern, wie wir leben, arbeiten und mit Technologie interagieren. Diese Schritt-für-Schritt-Anleitungen zur Lösung von Problemen und zur Ausführung von Aufgaben haben der Gesellschaft bemerkenswerte Vorteile gebracht. Durch die Verbesserung der Effizienz, die Ermöglichung von Personalisierung und die Förderung von Innovationen sind Algorithmen in unzähligen Bereichen unverzichtbar geworden, vom Gesundheitswesen und der Unterhaltung bis hin zum Transportwesen und der wissenschaftlichen Forschung. Ihre Fähigkeit, riesige Datenmengen zu verarbeiten, komplexe Aufgaben zu automatisieren und sich an individuelle Bedürfnisse anzupassen, hat das moderne Leben revolutioniert und es schneller, intelligenter und vernetzter gemacht.

Einer der bedeutendsten Vorteile von Algorithmen ist ihre Fähigkeit, die Effizienz zu verbessern. In einer Welt, in der jede Sekunde riesige Datenmengen generiert werden, helfen uns Algorithmen dabei, alles zu verstehen und Aufgaben zu automatisieren, für deren Erledigung Menschen sonst Stunden, Tage oder sogar Jahre brauchen würden. In der Logistik werden beispielsweise Algorithmen eingesetzt, um Lieferketten zu optimieren und sicherzustellen, dass Waren möglichst schnell und kostengünstig vom Hersteller zum Verbraucher transportiert werden. Unternehmen wie Amazon verlassen sich auf Algorithmen, um ihre riesigen Lagerbestände zu verwalten, die Nachfrage vorherzusagen und die schnellsten Lieferrouten zu ermitteln. Diese Systeme sparen Zeit, senken Kosten und sorgen dafür, dass Kunden ihre Bestellungen zeitnah erhalten.

Im Finanzsektor haben Algorithmen die Art und Weise, wie Transaktionen verarbeitet und Investitionen verwaltet werden, revolutioniert. Hochfrequenzhandelsalgorithmen können beispielsweise Markttrends analysieren und Geschäfte in Millisekunden ausführen, viel schneller, als es ein Mensch könnte. Diese Geschwindigkeit und Präzision ermöglichen es Finanzinstituten, Gewinne zu maximieren und Risiken zu minimieren. Ebenso werden Algorithmen bei der Betrugserkennung eingesetzt, indem sie Muster in Transaktionsdaten analysieren, um verdächtige Aktivitäten zu identifizieren und Verbraucher vor Finanzkriminalität zu schützen.

Das Gesundheitswesen ist ein weiterer Bereich, in dem Algorithmen die Effizienz erheblich verbessert haben. Medizinische Algorithmen unterstützen Ärzte bei der Diagnose von Krankheiten, der Analyse medizinischer Bilder und der Empfehlung von Behandlungen. Beispielsweise können auf künstlicher Intelligenz (KI) basierende Algorithmen Röntgenbilder oder MRTs untersuchen, um Erkrankungen wie Krebs oder Brüche mit bemerkenswerter Genauigkeit zu erkennen. Diese Fähigkeiten sparen nicht nur Zeit, sondern verbessern auch die Patientenergebnisse, indem sie Probleme identifizieren, die dem menschlichen Auge möglicherweise entgehen. Im öffentlichen Gesundheitswesen werden Algorithmen eingesetzt, um die Ausbreitung von Krankheiten zu verfolgen, Ausbrüche vorherzusagen und Ressourcen effektiv zu verteilen, wie es während der COVID-19-Pandemie der Fall war.

Über die Effizienz hinaus haben Algorithmen die Art und Weise verändert, wie wir mit Technologie interagieren, indem sie Personalisierung ermöglichen. In der heutigen digitalen Welt erwarten Menschen Erlebnisse, die auf ihre individuellen Vorlieben zugeschnitten sind, und Algorithmen machen dies möglich. Plattformen wie Netflix, Spotify und Amazon verwenden Empfehlungsalgorithmen, um Filme, Musik oder Produkte basierend auf dem bisherigen Verhalten eines Benutzers vorzuschlagen. Wenn Sie beispielsweise viele Actionfilme auf Netflix ansehen, schlägt der Algorithmus der Plattform ähnliche Filme vor, die Ihnen gefallen könnten. Diese Personalisierung sorgt für ein ansprechenderes und zufriedenstellenderes Erlebnis und hilft Benutzern dabei, Inhalte zu entdecken, die ihrem Geschmack entsprechen.

Personalisierung geht über Unterhaltung und Shopping hinaus. Social-Media-Plattformen wie Facebook, Instagram und Twitter verwenden Algorithmen, um die Feeds der Benutzer zu kuratieren und Beiträge und Updates anzuzeigen, die für sie am relevantesten sind. Während dies soziale Medien angenehmer machen kann, unterstreicht es auch die Macht von Algorithmen, das zu gestalten, was wir online sehen und mit was wir interagieren. Im Bildungsbereich nutzen personalisierte Lernplattformen Algorithmen, um den Unterricht an die Bedürfnisse jedes einzelnen Schülers anzupassen und ihm so zu helfen, in seinem eigenen Tempo zu lernen und sich auf die Bereiche zu konzentrieren, in denen er die meisten Verbesserungen benötigt.

Der vielleicht aufregendste Vorteil von Algorithmen ist ihre Rolle bei der Förderung von Innovationen. Indem sie Fortschritte in der künstlichen Intelligenz, der Robotik und der wissenschaftlichen Forschung vorantreiben, eröffnen Algorithmen neue Möglichkeiten und lösen Probleme, die einst als unüberwindbar galten. Selbstfahrende Autos beispielsweise sind auf komplexe Algorithmen angewiesen, um Daten von Sensoren, Kameras und GPS-Systemen zu verarbeiten, sodass sie in Echtzeit auf Straßen navigieren, Hindernissen ausweichen und Entscheidungen treffen können. Diese Fahrzeuge haben das Potenzial, Verkehrsunfälle zu reduzieren, die Kraftstoffeffizienz zu verbessern und den Transport, wie wir ihn kennen, zu verändern.

Im Bereich der Verarbeitung natürlicher Sprache ermöglichen Algorithmen Technologien wie virtuellen Assistenten (z. B. Siri, Alexa und Google Assistant), menschliche Sprache zu verstehen und darauf zu reagieren. Diese Systeme verwenden Algorithmen, um Sprache zu analysieren, Muster zu erkennen und entsprechende Antworten zu generieren, wodurch es für Menschen einfacher wird, auf natürliche und intuitive Weise mit Technologie zu interagieren. Ebenso unterstützen Algorithmen Übersetzungsfunktionen wie Google Translate, indem sie Sprachbarrieren abbauen und die globale Kommunikation erleichtern.

Auch die wissenschaftliche Forschung wurde durch Algorithmen revolutioniert. In der Klimawissenschaft werden Algorithmen verwendet, um komplexe Systeme zu modellieren, Wettermuster vorherzusagen und die Auswirkungen des Klimawandels zu untersuchen. Diese Modelle helfen Wissenschaftlern zu verstehen, wie sich der Planet verändert, und Strategien zu entwickeln, um seine Auswirkungen abzuschwächen. In der Medizin beschleunigen Algorithmen die Entdeckung von Medikamenten, indem sie umfangreiche Datensätze analysieren, um potenzielle Behandlungsmöglichkeiten für Krankheiten zu identifizieren. Während der COVID-19-Pandemie wurden beispielsweise

Algorithmen eingesetzt, um die genetische Struktur des Virus zu analysieren und potenzielle Impfstoffkandidaten zu identifizieren, was den Entwicklungsprozess beschleunigte und Leben rettete.

Obwohl die Vorteile von Algorithmen unbestreitbar sind, ist es wichtig zu erkennen, dass ihre Wirkung davon abhängt, wie sie entworfen und verwendet werden. Bei verantwortungsvoller Umsetzung können Algorithmen die Effizienz verbessern, die Personalisierung verbessern und Innovationen vorantreiben, die der Gesellschaft als Ganzes zugute kommen. Da Algorithmen jedoch immer stärker in unser Leben integriert werden, ist es wichtig, Herausforderungen wie Voreingenommenheit, Transparenz und ethische Überlegungen anzugehen, um sicherzustellen, dass ihre Vorteile gerecht und gerecht verteilt werden.

## Die Risiken von Algorithmen

Algorithmen sind zu einer mächtigen Kraft im modernen Leben geworden und prägen Entscheidungen, die sich auf alles auswirken, von den Anzeigen, die wir online sehen, über die Kredite, für die wir uns qualifizieren, bis hin zu den Jobs, die uns angeboten werden. Während sie viele Vorteile wie Effizienz und Innovation mit sich bringen, bergen Algorithmen auch erhebliche Risiken. Probleme wie Voreingenommenheit, mangelnde Transparenz und Rechenschaftspflicht haben zu ernsthaften Bedenken hinsichtlich der Art und Weise geführt, wie Algorithmen entworfen, implementiert und verwendet werden. Diese Risiken verdeutlichen die Notwendigkeit einer sorgfältigen Aufsicht und ethischer Überlegungen, um sicherzustellen, dass Algorithmen der Gesellschaft fair und verantwortungsvoll dienen.

Eines der dringendsten Risiken von Algorithmen ist die Voreingenommenheit. Algorithmen sind nicht grundsätzlich neutral; Sie werden von Menschen erstellt und sind auf Daten angewiesen, um zu funktionieren. Wenn die zum Trainieren eines Algorithmus verwendeten Daten Verzerrungen enthalten – ob beabsichtigt oder unbeabsichtigt – kann der Algorithmus diese Verzerrungen reproduzieren und sogar verstärken. Es wurde beispielsweise festgestellt, dass Einstellungsalgorithmen, die zur Überprüfung von Stellenbewerbern entwickelt wurden, Männer gegenüber Frauen bevorzugen, da sie auf historischen Einstellungsdaten geschult wurden, die geschlechtsspezifische Vorurteile am Arbeitsplatz widerspiegelten. Anstatt Gerechtigkeit zu fördern, verstärkten diese Algorithmen bestehende Ungleichheiten.

Gesichtserkennungssysteme sind ein weiteres eindrucksvolles Beispiel für algorithmische Voreingenommenheit. Studien haben gezeigt, dass einige Gesichtserkennungsalgorithmen Menschen mit dunkleren Hauttönen deutlich weniger genau identifizieren als solche mit helleren Hauttönen. Dies hat zu realen Konsequenzen geführt, wie unrechtmäßigen Verhaftungen und Diskriminierung, insbesondere gegenüber farbigen Menschen. Diese Ungenauigkeiten sind auf voreingenommene Trainingsdaten zurückzuführen, die bestimmte Gruppen unterrepräsentieren, was verdeutlicht, wie die Qualität und Vielfalt der Daten eine entscheidende Rolle für die algorithmische Fairness spielen.

Diskriminierende Kreditvergabepraktiken sind ein weiteres Beispiel dafür, wie Voreingenommenheit in Algorithmen Einzelpersonen schaden kann. Es wurde festgestellt, dass einige Finanzalgorithmen zur Bestimmung der Kreditwürdigkeit Minderheitengruppen benachteiligen, selbst wenn die Rasse nicht explizit als Faktor berücksichtigt wird. Dies liegt daran, dass die Algorithmen auf andere Datenpunkte wie Postleitzahlen oder Einkommensniveaus angewiesen sind, die als Indikator für Rasse oder sozioökonomischen Status dienen können. Dies kann dazu führen, dass Menschen aus marginalisierten Gemeinschaften zu Unrecht Kredite verweigert werden oder höhere Zinsen verlangt werden, was zu einem Teufelskreis der Ungleichheit führt.

Die Frage der Transparenz ist eng mit dem Problem der Voreingenommenheit verbunden. Viele Algorithmen funktionieren als „Black Boxes", was bedeutet, dass ihr Innenleben für Benutzer – oder sogar für die Menschen, die sie erstellt haben – nicht leicht zu verstehen ist. Dieser Mangel an Transparenz macht es schwierig, Fehler, Vorurteile oder unfaire Ergebnisse zu erkennen. Beispielsweise priorisieren Social-Media-Algorithmen Inhalte, die Engagement erzeugen, wie etwa Likes, Shares und Kommentare. Dies kann die Plattformen zwar ansprechender machen, aber auch schädliche Inhalte wie Fehlinformationen, Hassreden oder spaltende Beiträge verstärken. Nutzer haben oft keine Möglichkeit zu wissen, warum bestimmte Inhalte in ihren Feeds erscheinen, was zu Misstrauen und Bedenken hinsichtlich der Auswirkungen dieser Algorithmen auf den öffentlichen Diskurs führt.

Bonitätsbewertungssysteme sind ein weiterer Bereich, in dem Transparenz ein wichtiges Anliegen ist. Diese Algorithmen bestimmen, ob jemand für einen Kredit oder eine Kreditkarte in Frage kommt. Die von ihnen verwendeten Kriterien sind jedoch oft unklar. Wenn einer Person ein Kredit verweigert wird, versteht sie möglicherweise nicht, warum oder wie sie ihre Chancen in der Zukunft verbessern kann. Dieser Mangel an Klarheit kann zu Frustration und einem Gefühl der Ungerechtigkeit führen, insbesondere wenn die Entscheidungen erhebliche Auswirkungen auf das finanzielle Wohlergehen der Menschen haben.

Transparenz ist auch in wichtigen Bereichen wie dem Gesundheitswesen und der Strafjustiz von entscheidender Bedeutung. Beispielsweise können Algorithmen, die zur Vorhersage von Patientenergebnissen oder zur Bewertung des Rückfallrisikos in Strafsachen eingesetzt werden, lebensverändernde Auswirkungen haben. Wenn diese Algorithmen nicht transparent sind, ist es nahezu unmöglich, ihre Genauigkeit oder Fairness zu bewerten. Dies wirft wichtige Fragen auf, ob wir Algorithmen vertrauen können, Entscheidungen zu treffen, die sich auf das Leben der Menschen auswirken.

Das dritte große Risiko von Algorithmen ist die Rechenschaftspflicht. Wenn ein Algorithmus Schaden anrichtet oder eine unethische Entscheidung trifft, ist oft unklar, wer dafür verantwortlich gemacht werden soll. Ist es der Entwickler, der den Algorithmus entworfen hat? Das Unternehmen, das es eingesetzt hat? Oder die Regierungsbehörde, die seine Verwendung genehmigt hat? Dieser Mangel an Verantwortlichkeit schafft eine Grauzone, in der niemand die Verantwortung für die Folgen algorithmischer Entscheidungen übernimmt.

Wenn beispielsweise ein selbstfahrendes Auto mit Algorithmen einen Unfall verursacht, wer ist dann schuld? Ist es der Autohersteller, der Softwareentwickler oder der Besitzer des Fahrzeugs? Diese Fragen verdeutlichen die ethischen und rechtlichen Herausforderungen, Einzelpersonen oder Organisationen für das Handeln von Algorithmen zur Rechenschaft zu ziehen. Ohne klare Rechenschaftspflicht besteht für Unternehmen kaum ein Anreiz, sich mit den mit ihren

Algorithmen verbundenen Risiken auseinanderzusetzen, wodurch die Benutzer anfällig für Schäden werden.

Die Frage der Rechenschaftspflicht wird durch den globalen Charakter von Algorithmen noch komplizierter. Viele Algorithmen werden grenzüberschreitend entwickelt und eingesetzt, was die Festlegung einheitlicher Vorschriften oder die Durchsetzung ethischer Standards erschwert. Beispielsweise kann eine in einem Land ansässige Social-Media-Plattform Algorithmen verwenden, die Wahlen beeinflussen oder in einem anderen Land Fehlinformationen verbreiten. Dies wirft die Frage auf, wer für die Regulierung dieser Algorithmen und deren verantwortungsvollen Einsatz verantwortlich ist.

Um diesen Risiken zu begegnen, ist es wichtig, Vorschriften, ethische Richtlinien und Aufsichtsmechanismen zu entwickeln, die Fairness, Transparenz und Rechenschaftspflicht in algorithmischen Systemen fördern. Dazu gehört, dass Unternehmen ihre Algorithmen auf Verzerrungen prüfen, ihre Funktionsweise offenlegen und ihre Entscheidungen begründen müssen. Es bedeutet auch, Organisationen zur Rechenschaft zu ziehen, wenn ihre Algorithmen Schaden anrichten, sei es durch rechtliche Rahmenbedingungen oder Industriestandards.

Darüber hinaus ist die Förderung des öffentlichen Bewusstseins und der Aufklärung über Algorithmen von entscheidender Bedeutung. Die Menschen müssen verstehen, wie sich Algorithmen auf ihr Leben auswirken, und in der Lage sein, ihre Fairness und Genauigkeit in Frage zu stellen. Dies kann Einzelpersonen dazu befähigen, sich für mehr Transparenz und Rechenschaftspflicht einzusetzen und sicherzustellen, dass

Algorithmen so eingesetzt werden, dass sie der Gesellschaft als Ganzes zugute kommen.

## Wie Algorithmen unsere Entscheidungen und Verhaltensweisen beeinflussen

In der heutigen digitalen Welt sind Algorithmen zu mächtigen Fähigkeiten geworden, die nahezu jeden Aspekt unseres Lebens beeinflussen. Von den Inhalten, die wir in den sozialen Medien sehen, bis hin zu den Produkten, die wir online kaufen: Hinter den Kulissen arbeiten Algorithmen ständig daran, unsere Entscheidungen und Verhaltensweisen zu beeinflussen. Bei diesen Schritt-für-Schritt-Anleitungen zur Datenanalyse und Vorhersage von Präferenzen handelt es sich nicht nur um passive Fähigkeiten – sie steuern aktiv, wie wir mit der Welt interagieren, oft auf eine Weise, die wir gar nicht bemerken. Indem sie Inhalte, Empfehlungen und Werbung auf einzelne Benutzer zuschneiden, haben Algorithmen einen tiefgreifenden Einfluss auf unsere Entscheidungsfindung, unsere Gewohnheiten und sogar unsere Überzeugungen.

Im Kern sind Algorithmen darauf ausgelegt, große Datenmengen zu verarbeiten und Vorhersagen zu treffen. Wenn Sie eine Social-Media-Plattform nutzen, online einkaufen oder einen Film streamen, analysieren Algorithmen Ihr Verhalten – was Sie anklicken, wie lange Sie etwas ansehen, was Ihnen gefällt oder was Sie teilen – und nutzen diese Informationen, um vorherzusagen, was Sie als Nächstes sehen oder tun möchten. Wenn Sie beispielsweise Netflix öffnen, schlägt der Empfehlungsalgorithmus basierend auf Ihrem Sehverlauf und den Vorlieben von Benutzern mit ähnlichem Geschmack Filme und Fernsehsendungen vor.

Ebenso empfiehlt der Algorithmus von Amazon Produkte, die Sie interessieren könnten, während Spotify Playlists kuratiert, die auf Ihre Musikvorlieben zugeschnitten sind. Diese personalisierten Erlebnisse machen es einfacher, Inhalte oder Produkte zu finden, die Ihren Interessen entsprechen, aber sie leiten Ihre Entscheidungen auch auf subtile Weise, indem sie bestimmten Optionen Vorrang vor anderen geben.

Social-Media-Plattformen wie Facebook, Instagram, TikTok und YouTube bringen diese Personalisierung auf eine neue Ebene. Ihre Algorithmen sind darauf ausgelegt, das Engagement zu maximieren, d. h. sie priorisieren Inhalte, die Sie am ehesten zum Scrollen, Liken und Teilen anregen. Beispielsweise verwendet die „Für Sie"-Seite von TikTok einen Algorithmus, um Videos anzuzeigen, die Ihren Interessen entsprechen, basierend darauf, wie Sie mit der App interagieren. Wenn Sie mehr Zeit damit verbringen, sich lustige Videos oder Tanzherausforderungen anzusehen, zeigt Ihnen der Algorithmus mehr Inhalte dieser Art an. Ebenso schlägt der Empfehlungsalgorithmus von YouTube Videos vor, die zu Ihrem Wiedergabeverlauf passen und Sie dazu ermutigen, stundenlang weiterzuschauen.

Während diese Algorithmen Plattformen ansprechender machen, haben sie auch erhebliche psychologische und verhaltensbezogene Auswirkungen. Einer der bemerkenswertesten Effekte ist die Schaffung von Echokammern, in denen Benutzer hauptsächlich Inhalten ausgesetzt sind, die ihre bestehenden Überzeugungen bekräftigen. Wenn Sie beispielsweise häufig Videos ansehen oder Beiträge zu einem bestimmten politischen Standpunkt lesen, zeigt Ihnen der Algorithmus mehr Inhalte an, die mit dieser Perspektive übereinstimmen. Mit der Zeit kann dies dazu führen, dass Sie weniger unterschiedlichen Meinungen ausgesetzt sind und ein verzerrtes Bild der Realität entsteht, da Sie nur Informationen sehen, die das bestätigen, was Sie bereits glauben.

Algorithmen können auch Vorurteile verstärken, sowohl auf individueller als auch auf gesellschaftlicher Ebene. Wenn ein Algorithmus beispielsweise auf voreingenommene Daten trainiert wird, kann er Stereotypen oder diskriminierende Praktiken aufrechterhalten. Dies ist insbesondere in Bereichen wie Einstellung, Kreditvergabe oder Strafverfolgung besorgniserregend, wo algorithmische Entscheidungen Konsequenzen für die reale Welt haben können. Selbst in alltäglichen Interaktionen können Algorithmen unser Denken und Verhalten auf subtile Weise beeinflussen, indem sie bestimmte Ideen oder Trends verstärken und andere unterdrücken.

Ein weiterer wesentlicher Effekt algorithmischer Einflussnahme ist die Förderung von Suchtverhalten. Insbesondere Social-Media-Plattformen sind darauf ausgelegt, die Nutzer möglichst lange zu binden. Funktionen wie unendliches Scrollen, automatische Wiedergabe und Benachrichtigungen werden alle von Algorithmen gesteuert, die das Benutzerverhalten analysieren und für eine maximale Verweildauer auf der Plattform optimieren. Dies kann zu einer zwanghaften Nutzung führen, da sich Benutzer gezwungen fühlen, ihre Feeds ständig zu überprüfen oder „nur noch ein" Video anzusehen. Mit der Zeit kann sich dies auf die psychische Gesundheit auswirken und zu Angstgefühlen, Stress oder Unzufriedenheit führen.

Der Einfluss von Algorithmen erstreckt sich über das individuelle Verhalten hinaus auf breitere gesellschaftliche Trends. Beispielsweise spielen Algorithmen eine wichtige Rolle bei der Gestaltung der öffentlichen Meinung, indem sie bestimmen, welche Informationen Menschen sehen und wie sie präsentiert werden. Während Wahlen nutzen politische Kampagnen Algorithmen, um Anzeigen auf bestimmte Wählergruppen auszurichten und die Botschaften auf deren Interessen und Anliegen abzustimmen. Dies kann zwar eine wirksame Möglichkeit sein, Wähler einzubeziehen, wirft jedoch auch Bedenken hinsichtlich Manipulation und Verbreitung von Fehlinformationen auf. Gezielte Werbung kann die Ängste oder Vorurteile von Menschen ausnutzen und ihre Entscheidungen auf eine Weise beeinflussen, die sie möglicherweise nicht vollständig verstehen.

Auch Filterblasen, die durch Algorithmen entstehen, die personalisierte Inhalte priorisieren, können zur gesellschaftlichen Polarisierung beitragen. Wenn Menschen nur mit Informationen konfrontiert werden, die mit ihren Überzeugungen übereinstimmen, wird es schwieriger, eine gemeinsame Basis zu finden oder einen konstruktiven Dialog zu führen. Dies kann die Spaltungen innerhalb der Gesellschaft vertiefen, da verschiedene Gruppen stärker in ihren Perspektiven verwurzelt sind und weniger bereit sind, alternative Standpunkte zu berücksichtigen.

Auch Algorithmen spielen eine Rolle bei der Verstärkung von Fehlinformationen, insbesondere auf Social-Media-Plattformen. Inhalte, die aufsehenerregend, emotional aufgeladen oder kontrovers sind, erzeugen tendenziell mehr Engagement, was bedeutet, dass Algorithmen ihnen eher Priorität einräumen. Dies kann zur raschen Verbreitung falscher oder irreführender Informationen führen, mit schwerwiegenden Folgen für das Vertrauen und die Entscheidungsfindung der Öffentlichkeit. Während der COVID-19-Pandemie verbreiteten sich beispielsweise in den sozialen Medien weit verbreitete

Fehlinformationen über das Virus, Impfstoffe und Behandlungen, was die Bemühungen zur Bekämpfung der Krise und zum Schutz der öffentlichen Gesundheit erschwerte.

Trotz dieser Herausforderungen sind Algorithmen nicht grundsätzlich gut oder schlecht – sie sind Fähigkeiten, die die Ziele und Werte der Menschen widerspiegeln, die sie entwerfen und verwenden. Bei verantwortungsvollem Einsatz können Algorithmen unser Leben verbessern, indem sie Informationen leichter zugänglich machen, die Effizienz steigern und personalisierte Erlebnisse schaffen. Ihr Einfluss auf unsere Entscheidungen und Verhaltensweisen verdeutlicht jedoch auch die Notwendigkeit einer größeren Transparenz, Rechenschaftspflicht und ethischer Überlegungen bei ihrer Gestaltung und Umsetzung.

# Kapitel 11

## Wird die Technologie uns zusammenbringen oder auseinanderreißen?

### Die Rolle der Technologie beim Abbau von Barrieren

Technologie war schon immer eine treibende Kraft des Fortschritts und hat Barrieren abgebaut, die einst unüberwindbar schienen. Von der Verbindung von Menschen über große Entfernungen bis hin zur Stärkung marginalisierter Gemeinschaften und der Schaffung neuer wirtschaftlicher Möglichkeiten haben technologische Fortschritte die Art und Weise, wie wir leben, arbeiten und mit der Welt interagieren, verändert. Durch die Überwindung physischer, sozialer und wirtschaftlicher Barrieren hat die Technologie eine größere Konnektivität und Inklusivität gefördert und die Welt für Millionen von Menschen zugänglicher und gerechter gemacht.

Eine der bemerkenswertesten Möglichkeiten, wie die Technologie Barrieren abgebaut hat, ist die Überbrückung geografischer Entfernungen. Innovationen wie das Internet, Smartphones und Kommunikationsplattformen haben es Menschen ermöglicht, sich auf der ganzen Welt in Echtzeit zu vernetzen und zusammenzuarbeiten. Früher erforderte die Kommunikation mit jemandem am anderen Ende der Welt Briefe, deren Ankunft Wochen in Anspruch nahm, oder teure Ferngespräche. Heutzutage ermöglichen Videokonferenzfunktionen wie Zoom, Microsoft Teams und Google Meet den Menschen, sofort persönliche Gespräche zu führen, egal wo sie sich befinden. Dies hat Branchen revolutioniert und Remote-Arbeit und globale Zusammenarbeit ermöglicht. Beispielsweise kann ein Softwareentwickler in Indien nahtlos mit einem Team in den USA zusammenarbeiten, während ein Lehrer in Australien Schülern in Afrika Unterricht erteilen kann.

Online-Bildung ist ein weiteres eindrucksvolles Beispiel dafür, wie Technologie die Welt zugänglicher gemacht hat. Plattformen wie Coursera, Khan Academy und edX bieten Kurse von Top-Universitäten und -Institutionen an, sodass jeder mit einer Internetverbindung neue Fähigkeiten erlernen oder Zertifizierungen erwerben kann. Dies hat Bildungschancen für Menschen in abgelegenen oder unterversorgten Gebieten eröffnet, die möglicherweise keinen Zugang zu traditionellen Schulen oder Universitäten haben. In ähnlicher Weise hat die durch Technologie ermöglichte Fernarbeit es den Menschen ermöglicht, Karriere zu machen, ohne durch ihren physischen Standort eingeschränkt zu sein. Ein Grafikdesigner in einer Kleinstadt kann jetzt für ein Unternehmen in einer Großstadt arbeiten, wodurch die geografischen Barrieren abgebaut und neue Beschäftigungsmöglichkeiten geschaffen werden.

Technologie hat auch eine entscheidende Rolle dabei gespielt, soziale Barrieren abzubauen, marginalisierte Gemeinschaften zu stärken und vielfältige Stimmen zu stärken. Social-Media-Plattformen wie Twitter, Instagram und TikTok bieten Einzelpersonen eine Plattform, auf der sie ihre Geschichten teilen, sich für Veränderungen einsetzen und mit anderen in Kontakt treten können, die ihre Erfahrungen teilen. Bewegungen wie #MeToo, #BlackLivesMatter und #DisabilityPride haben durch soziale Medien weltweite Aufmerksamkeit erlangt, das Bewusstsein für Fragen der sozialen Gerechtigkeit geschärft und kollektives Handeln inspiriert. Diese Plattformen haben es Menschen aus allen Lebensbereichen ermöglicht, an Gesprächen teilzunehmen, die einst von einigen wenigen Auserwählten dominiert wurden, und so eine größere Inklusivität und Repräsentation gefördert.

Unterstützende Technologien haben soziale Barrieren weiter abgebaut, indem sie die Zugänglichkeit für Menschen mit Behinderungen verbessert haben. Innovationen wie Bildschirmlesegeräte, Spracherkennungssoftware und Prothesen haben es Menschen mit Behinderungen ermöglicht, besser am gesellschaftlichen Leben teilzuhaben. Bildschirmlesegeräte ermöglichen beispielsweise sehbehinderten Menschen die Navigation im Internet und den Zugriff auf Informationen, während Spracherkennungssoftware es Menschen mit eingeschränkter Mobilität ermöglicht, Geräte einfacher zu steuern und zu kommunizieren. Diese Technologien haben nicht nur die Lebensqualität verbessert, sondern auch Möglichkeiten für Bildung, Beschäftigung und soziale Interaktion geschaffen.

Neben der Beseitigung physischer und sozialer Barrieren hat die Technologie auch wirtschaftliche Barrieren beseitigt und Möglichkeiten für Unternehmertum, Zugang zu globalen Märkten und finanzielle Inklusion geschaffen. E-Commerce-Plattformen wie Amazon, Etsy und Shopify haben es kleinen Unternehmen und unabhängigen Kreativen ermöglicht, Kunden auf der ganzen Welt zu erreichen. Ein Handwerker in einem ländlichen Dorf kann nun seine Produkte an Käufer in städtischen Zentren oder sogar international verkaufen und dabei traditionelle Hindernisse wie begrenzte lokale Nachfrage oder fehlenden Zugang zu physischen Marktplätzen umgehen. Dies hat unzähligen Unternehmern die Möglichkeit gegeben, Unternehmen aufzubauen und ihren Lebensunterhalt zu verbessern.

Mobile Banking und digitale Zahlungssysteme haben in Entwicklungsländern, in denen der Zugang zu traditionellen Bankdienstleistungen oft eingeschränkt ist, einen besonderen Wandel bewirkt. Plattformen wie M-Pesa in Kenia haben es Millionen von Menschen ermöglicht, mit ihren Mobiltelefonen Geld zu senden und zu empfangen, Rechnungen zu bezahlen und auf Kredite zuzugreifen. Dies hat nicht nur die finanzielle Inklusion verbessert, sondern auch das Wirtschaftswachstum gefördert, indem es Einzelpersonen und Unternehmen die Teilnahme an der Wirtschaft erleichtert hat. Beispielsweise kann ein Landwirt in einer abgelegenen Gegend jetzt Zahlungen für seine Produkte direkt auf sein Mobiltelefon erhalten, wodurch kostspielige und zeitaufwändige Fahrten zur nächsten Bank entfallen.

Online-Lernmöglichkeiten haben auch wirtschaftliche Hindernisse überwunden, indem sie benachteiligten Bevölkerungsgruppen erschwingliche Bildung ermöglicht haben. Plattformen wie Udemy und Skillshare bieten kostengünstige Kurse zu einem breiten Themenspektrum an, von Codierung und Grafikdesign bis hin zu Business und Marketing. Diese Ressourcen ermöglichen es Einzelpersonen, neue Fähigkeiten zu erwerben und ihre Beschäftigungsfähigkeit zu verbessern, ohne die hohen Kosten, die mit traditioneller Bildung verbunden sind. In vielen Fällen war Online-Lernen eine Lebensader für Menschen, die sich an veränderte Arbeitsmärkte anpassen oder eine neue Karriere beginnen wollten.

Obwohl die Technologie beim Abbau von Barrieren unglaubliche Fortschritte gemacht hat, ist es wichtig anzuerkennen, dass weiterhin Herausforderungen bestehen. Beispielsweise schränkt die digitale Ungleichheit weiterhin den Zugang zu Technologie für viele Menschen ein, insbesondere in ländlichen Gebieten oder Gebieten mit niedrigem Einkommen. Um sicherzustellen, dass jeder vom technologischen Fortschritt profitieren kann, sind kontinuierliche Anstrengungen zur Erweiterung des Internetzugangs, zur Bereitstellung erschwinglicher Geräte und zur Förderung der digitalen Kompetenz erforderlich.

## Soziale Medien und globale Bewegungen: Die Kraft der Verbindung

Soziale Medien haben die Art und Weise, wie Menschen miteinander in Kontakt treten, kommunizieren und organisieren, verändert und sind zu einer der mächtigsten Fähigkeiten globaler Bewegungen im 21. Jahrhundert geworden. Plattformen wie Twitter, Facebook, Instagram und TikTok haben geografische, sprachliche und zugängliche Barrieren abgebaut und ermöglichen es Einzelpersonen und Gruppen, Informationen sofort auszutauschen, ihre Stimme zu verstärken und Unterstützung für Anliegen zu mobilisieren, die ihnen am Herzen liegen. Durch die Demokratisierung der Kommunikation haben soziale Medien marginalisierten Gemeinschaften eine Stimme gegeben, Basisaktivismus gestärkt und grenzüberschreitende Solidarität gefördert. Es ist zu einer digitalen Bühne geworden, auf der jeder, unabhängig von seinem Hintergrund, die Welt mitgestalten kann.

Eine der bedeutendsten Möglichkeiten, wie soziale Medien globale Bewegungen gestärkt haben, besteht darin, Menschen auf der ganzen Welt in Echtzeit miteinander zu verbinden. In der Vergangenheit erforderte die Organisation von Protesten oder die Sensibilisierung für ein Thema oft den Zugang zu traditionellen Medien wie Zeitungen, Radio oder Fernsehen. Diese Kanäle wurden von Gatekeepern kontrolliert, die darüber entschieden, welche Geschichten erzählt und wessen Stimmen gehört wurden. Die sozialen Medien haben diese Dynamik völlig verändert. Jetzt kann jeder mit einem Smartphone und einer Internetverbindung seine Geschichte teilen, Millionen von Menschen erreichen und zum Handeln anregen. Dies hat es den Bewegungen ermöglicht, schnell zu wachsen, angetrieben durch die Kraft der Verbindung und des gemeinsamen Ziels.

Der Arabische Frühling ist ein eindrucksvolles Beispiel dafür, wie soziale Medien globale Bewegungen entfachen und aufrechterhalten können. Ab Ende 2010 fegte eine Welle prodemokratischer Aufstände über den Nahen Osten und Nordafrika, forderte autoritäre Regime heraus und forderte politische Reformen. Social-Media-Plattformen wie Facebook und Twitter spielten bei diesen Aufständen eine zentrale Rolle und ermöglichten es Aktivisten, Proteste zu organisieren, Echtzeit-Updates auszutauschen und staatliche Razzien zu dokumentieren. In Ägypten beispielsweise nutzten Aktivisten Facebook, um Großdemonstrationen auf dem Tahrir-Platz zu koordinieren, während Twitter zu einer Plattform für den Austausch von Nachrichten und die Gewinnung internationaler Unterstützung wurde. In den sozialen Medien veröffentlichte Videos und Fotos machten weltweit auf die Kämpfe der einfachen Bürger aufmerksam, riefen Solidarität hervor und übten Druck auf die Regierungen aus, zu reagieren.

Ein weiteres Beispiel für die transformative Kraft sozialer Medien ist die #MeToo-Bewegung, die 2017 als Hashtag auf Twitter begann und sich schnell zu einem globalen Phänomen entwickelte. Die Bewegung ermutigte Überlebende sexueller Belästigung und Übergriffe, ihre Geschichten zu teilen, brach das Schweigen zu diesen Themen und machte mächtige Personen zur Verantwortung. Soziale Medien boten Überlebenden eine Plattform, um Kontakte zu knüpfen, sich gegenseitig zu unterstützen und ihre Stimmen zu verstärken, was zu einer Wellenwirkung führte, die Industrien, Institutionen und Regierungen auf der ganzen Welt erreichte. Die #MeToo-Bewegung hat gezeigt, wie soziale Medien Einzelpersonen in die Lage versetzen können, systemische Ungerechtigkeiten in Frage zu stellen und Veränderungen zu fordern.

Die Black Lives Matter (BLM)-Bewegung ist ein weiterer Beweis für die Macht der sozialen Medien, globalen Aktivismus voranzutreiben. BLM wurde 2013 gegründet und erlangte im Jahr 2020 nach der Ermordung von George Floyd, einem schwarzen Mann, der von einem Polizisten in den Vereinigten Staaten getötet wurde, große Aufmerksamkeit. Videos des Vorfalls, die auf Plattformen wie Facebook und Instagram geteilt wurden, lösten Empörung aus und mobilisierten Millionen Menschen auf der ganzen Welt, um Rassengerechtigkeit und Polizeireformen zu fordern. Hashtags wie #BlackLivesMatter und #JusticeForGeorgeFloyd waren weltweit im Trend und vereinten Menschen mit unterschiedlichem Hintergrund in einem gemeinsamen Aufruf zur Veränderung. Soziale Medien halfen nicht nur bei der Organisation von Protesten, sondern boten auch einen Raum für Bildung, Dialog und Solidarität und machten die Bewegung zu einer globalen Kraft für Rassengleichheit.

Der Aktivismus für den Klimawandel wurde auch stark von den sozialen Medien geprägt, wobei Persönlichkeiten wie Greta Thunberg Plattformen wie Twitter und Instagram nutzen, um eine neue Generation von Umweltaktivisten zu inspirieren. Gretas #FridaysForFuture-Kampagne, die als Einzelprotest vor dem schwedischen Parlament begann, entwickelte sich dank der sozialen Medien zu einer globalen Bewegung. Junge Menschen auf der ganzen Welt nutzten Hashtags, teilten Fotos ihrer Klimastreiks und vernetzten sich miteinander, um dringende Maßnahmen gegen den Klimawandel zu fordern. Die sozialen Medien ermöglichten es diesen Aktivisten, die traditionellen Gatekeeper der Medien zu umgehen, ihre Botschaft direkt an Millionen Menschen zu verbreiten und ein Gefühl der globalen Gemeinschaft aufzubauen.

Die Vorteile sozialer Medien bei der Förderung globaler Bewegungen sind unbestreitbar. Es ermöglicht Aktivisten, traditionelle Barrieren zu umgehen, Aktualisierungen in Echtzeit auszutauschen und ein Gefühl für gemeinsame Ziele zu schaffen. Beispielsweise können soziale Medien bei Protesten oder Naturkatastrophen wichtige Informationen über sichere Routen, Treffpunkte oder Notfallressourcen bereitstellen. Es verstärkt auch Stimmen, die sonst möglicherweise ungehört blieben, und bietet marginalisierten Gemeinschaften eine Plattform, um ihre Erfahrungen auszutauschen und sich für Veränderungen einzusetzen. Durch die Verbindung von Menschen unterschiedlicher Herkunft und Region fördern soziale Medien Empathie, Verständnis und Solidarität und ermöglichen den Aufbau grenzüberschreitender Koalitionen.

Allerdings bringt die Macht der sozialen Medien auch Herausforderungen und Risiken mit sich. Eine der größten Herausforderungen ist die Verbreitung von Fehlinformationen.

Soziale Medien können zwar eine wirkungsvolle Möglichkeit sein, genaue Informationen weiterzugeben, sie können aber auch falsche oder irreführende Inhalte verstärken. Bei globalen Bewegungen können Fehlinformationen Verwirrung stiften, das Vertrauen untergraben und sogar die Sicherheit der Menschen gefährden. Während der COVID-19-Pandemie verbreiteten sich beispielsweise falsche Informationen über das Virus und Impfstoffe in den sozialen Medien, was die Bemühungen zur Bekämpfung der Krise und zum Schutz der öffentlichen Gesundheit erschwerte.

Online-Belästigung ist ein weiteres großes Risiko im Zusammenhang mit Social-Media-Aktivismus. Aktivisten, insbesondere solche aus marginalisierten Gemeinschaften, werden im Internet häufig gezielten Belästigungen, Drohungen und Beschimpfungen ausgesetzt. Dies kann ein feindseliges Umfeld schaffen, das von der Teilnahme abhält und Stimmen zum Schweigen bringt, die für die Bewegung von entscheidender Bedeutung sind. Beispielsweise berichten Frauen und LGBTQ+-Aktivisten häufig von Online-Belästigung, die einen erheblichen emotionalen und psychologischen Tribut fordern kann.

Regierungen und Unternehmen haben auch die Möglichkeit, Online-Aktivismus zu unterdrücken oder zu manipulieren. In einigen Fällen haben Regierungen den Internetzugang gesperrt oder Social-Media-Plattformen blockiert, um Aktivisten daran zu hindern, sich zu organisieren oder Informationen weiterzugeben. Während der Proteste in Myanmar im Jahr 2021 verhängte die Militärregierung beispielsweise Internetsperren, um abweichende Meinungen zu unterdrücken. Auch Unternehmen können den Online-Aktivismus beeinflussen, indem sie Algorithmen steuern, die bestimmen, welche Inhalte von wem gesehen werden. Dies wirft wichtige Fragen zur Rolle von Technologieunternehmen bei der Gestaltung des öffentlichen Diskurses und zur Notwendigkeit einer größeren Transparenz und Rechenschaftspflicht auf.

## Der Aufstieg von Echokammern und Polarisation

Im digitalen Zeitalter hat sich die Art und Weise, wie wir Informationen konsumieren, dramatisch verändert. Social-Media-Plattformen, Suchmaschinen und andere digitale Möglichkeiten haben den Zugriff auf Nachrichten, Meinungen und Ideen einfacher denn je gemacht. Doch diese Bequemlichkeit bringt versteckte Kosten mit sich: das Aufkommen von Echokammern und Polarisation. Echokammern sind Umgebungen, in denen Einzelpersonen hauptsächlich Informationen und Meinungen ausgesetzt sind, die mit ihren bestehenden Überzeugungen übereinstimmen, während gegensätzliche Standpunkte herausgefiltert oder ignoriert werden. Diese Echokammern, die oft durch Algorithmen und die menschliche Psychologie angetrieben werden, haben zu wachsenden Spaltungen in der Gesellschaft beigetragen und es den Menschen erschwert, einen sinnvollen Dialog zu führen oder eine gemeinsame Basis zu finden.

Das Herzstück von Echokammern sind die Algorithmen, die digitale Plattformen antreiben. Social-Media-Plattformen wie Facebook, Twitter und YouTube entscheiden mithilfe von Algorithmen, welche Inhalte den Nutzern angezeigt werden. Diese Algorithmen sind darauf ausgelegt, das Engagement zu maximieren – Likes, Shares, Kommentare und die auf der Plattform verbrachte Zeit. Um dies zu erreichen, priorisieren sie Inhalte, die mit den Vorlieben und dem bisherigen Verhalten eines

Benutzers übereinstimmen. Wenn jemand beispielsweise häufig mit Beiträgen über eine bestimmte politische Partei oder Ideologie interagiert, zeigt ihm der Algorithmus mehr Inhalte, die diese Perspektive unterstützen. Im Laufe der Zeit entsteht dadurch eine Feedbackschleife, in der Benutzer einem begrenzten Spektrum an Ideen ausgesetzt werden, wodurch ihre bestehenden Überzeugungen gestärkt und gegensätzliche Standpunkte herausgefiltert werden.

Dieser Prozess ist nicht grundsätzlich bösartig; Es geht einfach darum, wie Algorithmen entwickelt werden, um die Benutzer zu beschäftigen. Die unbeabsichtigte Folge ist jedoch die Schaffung von Echokammern, in denen Menschen von gleichgesinnten Perspektiven umgeben sind. In diesen Räumen ist es weniger wahrscheinlich, dass Einzelpersonen auf unterschiedliche Standpunkte stoßen oder ihre Annahmen in Frage stellen. Stattdessen werden ihnen Informationen präsentiert, die ihre bereits Überzeugungen bestätigen, wodurch ihre Ansichten starrer und weniger offen für Veränderungen werden.

Die Wirkung von Echokammern geht über den einzelnen Benutzer hinaus; es hat tiefgreifende Auswirkungen auf die Gesellschaft als Ganzes. Eine der besorgniserregendsten Folgen ist die Polarisierung – die Vertiefung der ideologischen Kluft zwischen Gruppen mit gegensätzlichen Überzeugungen. In polarisierten Gesellschaften sind Menschen weniger bereit, Andersdenkenden zuzuhören oder sie zu verstehen. Stattdessen betrachten sie diejenigen auf der „anderen Seite" als Gegner oder sogar Feinde. Diese Dynamik wurde in verschiedenen Zusammenhängen beobachtet, beispielsweise bei der politischen Polarisierung in den Vereinigten Staaten. Bei den jüngsten Wahlen beispielsweise wurden Social-Media-Plattformen zu Schlachtfeldern für parteiische Inhalte, wobei Nutzer auf der linken und rechten Seite völlig unterschiedliche Narrative über dieselben Ereignisse konsumierten. Diese Spaltung hat es für die Menschen immer schwieriger gemacht, sich am zivilen Diskurs zu beteiligen oder gemeinsam an der Bewältigung gemeinsamer Herausforderungen zu arbeiten.

Die Brexit-Debatten im Vereinigten Königreich sind ein weiteres Beispiel dafür, wie Echokammern die öffentliche Meinung und den gesellschaftlichen Zusammenhalt beeinflussen können. Im Vorfeld des Referendums 2016 darüber, ob das Vereinigte Königreich die Europäische Union verlassen sollte, wurden Social-Media-Plattformen mit gezielter Werbung, Memes und Artikeln überschwemmt, die auf bestimmte Zielgruppen zugeschnitten waren. Pro-Brexit- und Anti-Brexit-Gruppen agierten in getrennten Echokammern und konsumierten jeweils Inhalte, die ihre Haltung stärkten. Dieser Mangel an Auseinandersetzung mit gegensätzlichen Standpunkten trug zu einer stark polarisierten und emotional aufgeladenen Debatte bei, die das Land auch nach dem Referendum tief gespalten hinterließ.

Auch bei der Verbreitung von Verschwörungstheorien spielen Echokammern eine bedeutende Rolle. Wenn Einzelpersonen Online-Communities beitreten, die ihre Überzeugungen teilen, ist es wahrscheinlicher, dass sie auf Fehlinformationen stoßen und diese akzeptieren, die mit ihrer Weltanschauung übereinstimmen. Beispielsweise gewinnen Verschwörungstheorien über Impfstoffe, den Klimawandel oder Wahlbetrug oft an Bedeutung in Echokammern, in denen die Skepsis gegenüber Mainstream-Informationen bereits groß ist. Diese Theorien können sich innerhalb dieser geschlossenen Netzwerke schnell verbreiten, die öffentliche Meinung beeinflussen und das Vertrauen in Institutionen untergraben.

Der Reiz von Echokammern liegt in der menschlichen Psychologie. Menschen fühlen sich von Natur aus zu Informationen hingezogen, die ihre Überzeugungen bestätigen, ein Phänomen, das als Bestätigungsverzerrung bekannt ist. Der Austausch mit gleichgesinnten Gemeinschaften vermittelt ein Gefühl der Bestätigung und Zugehörigkeit und gibt dem Einzelnen mehr Vertrauen in seine Ansichten. Dieser Trost kann in einer Welt, die sich oft komplex und unsicher anfühlt, besonders reizvoll sein. Der Nachteil besteht jedoch darin, dass kritisches Denken und Aufgeschlossenheit entmutigt werden, da die Menschen weniger bereit sind, ihre Annahmen zu hinterfragen oder alternative Perspektiven in Betracht zu ziehen.

Die Risiken einer durch Echokammern verursachten Polarisation sind erheblich. Eine große Sorge ist die Erosion des zivilen Diskurses – der Fähigkeit, respektvolle und konstruktive Gespräche mit Andersdenkenden zu führen. In polarisierten Gesellschaften münden Diskussionen häufig in Auseinandersetzungen oder persönlichen Angriffen, wodurch es schwieriger wird, wichtige Themen gemeinsam anzugehen. Dieser Zusammenbruch der Kommunikation kann zu einem politischen Stillstand führen, bei dem gegnerische Seiten nicht in der Lage sind, Kompromisse einzugehen oder Lösungen für drängende Probleme zu finden.

Ein weiteres Risiko ist die Verbreitung von Fehlinformationen. In Echokammern können falsche oder irreführende Informationen unangefochten bleiben, da die Wahrscheinlichkeit, dass Benutzer auf Faktenüberprüfungen oder alternative Standpunkte stoßen, geringer ist. Dies kann schwerwiegende Folgen haben, von der Untergrabung öffentlicher Gesundheitsbemühungen bis hin zur Beeinflussung von Wahlen. Während der COVID-19-Pandemie verbreiteten sich beispielsweise Fehlinformationen über das Virus und Impfstoffe in den sozialen Medien weit verbreitet, angeheizt durch Echokammern, in denen bereits Skepsis gegenüber Wissenschaft und Autorität vorherrschte. Diese Fehlinformationen gefährdeten nicht nur Leben, sondern vertieften auch die Kluft zwischen denen, die der Beratung im Bereich der öffentlichen Gesundheit vertrauten, und denen, die dies nicht taten.

Schließlich macht es die Polarisierung schwieriger, in kritischen Fragen eine gemeinsame Basis zu finden. Ob Klimawandel, wirtschaftliche Ungleichheit oder soziale Gerechtigkeit – die Bewältigung komplexer Herausforderungen erfordert Zusammenarbeit und gegenseitiges Verständnis. Echokammern erschweren durch die Isolierung von Menschen in ideologischen Silos den Aufbau des Vertrauens und der Empathie, die für eine Zusammenarbeit erforderlich sind. Stattdessen fördern sie eine „Wir gegen sie"-Mentalität, die den Fortschritt behindert und die Spaltungen verschärft.

## Bekämpfung von Fehlinformationen und digitaler Ungleichheit

Im digitalen Zeitalter sind Informationen leichter zugänglich als je zuvor, doch diese Zugänglichkeit bringt erhebliche Herausforderungen mit sich. Fehlinformationen und digitale Ungleichheit sind zwei der drängendsten Probleme, mit denen die Gesellschaft heute konfrontiert ist. Fehlinformationen verbreiten sich schnell über Social-Media-Plattformen, Suchmaschinen und andere digitale Netzwerke, verfälschen oft Fakten und beeinflussen die öffentliche Meinung auf schädliche Weise. Gleichzeitig schafft die digitale Ungleichheit – der ungleiche Zugang zu Technologie und Internet – Barrieren für Millionen von Menschen und schränkt ihre Fähigkeit ein, vollständig an der modernen Welt teilzunehmen. Diese Herausforderungen sind eng miteinander verknüpft und ihre Bewältigung erfordert gemeinsames Handeln von Regierungen, Technologieunternehmen und der Zivilgesellschaft.

Fehlinformationen gedeihen in der digitalen Welt aufgrund der Art und Weise, wie Informationen online geteilt und konsumiert werden. Social-Media-Plattformen und Suchmaschinen verwenden Algorithmen, um Inhalte zu priorisieren, die Engagement erzeugen – Likes, Shares und Kommentare. Leider erregen aufsehenerregende oder emotional aufgeladene Inhalte häufig mehr Aufmerksamkeit als zutreffende oder ausgewogene Informationen. Infolgedessen können sich falsche oder irreführende Inhalte schnell verbreiten und Millionen von Menschen erreichen, bevor sie korrigiert oder entlarvt werden. Dieses Phänomen wurde in verschiedenen Zusammenhängen beobachtet, von Wahlen bis hin zu Krisen im Bereich der öffentlichen Gesundheit.

Während der COVID-19-Pandemie verbreiteten sich beispielsweise in den sozialen Medien weit verbreitete Fehlinformationen über das Virus, Impfstoffe und Behandlungen. Falsche Behauptungen, etwa die Vorstellung, dass Impfstoffe Mikrochips enthielten oder dass bestimmte unbewiesene Heilmittel das Virus heilen könnten, führten zu Verwirrung und Misstrauen. Diese Fehlinformationen untergruben die Bemühungen im Bereich der öffentlichen Gesundheit und machten es schwieriger, die Ausbreitung des Virus zu kontrollieren und gefährdete Bevölkerungsgruppen zu schützen. Ebenso wurden bei Wahlen

Fake News und Verschwörungstheorien eingesetzt, um Wähler zu manipulieren, Spaltungen zu säen und das Vertrauen in demokratische Institutionen zu untergraben. Diese Beispiele verdeutlichen die realen Folgen von Fehlinformationen, die Einzelpersonen, Gemeinschaften und der Gesellschaft als Ganzes schaden können.

Während Fehlinformationen jeden betreffen, werden ihre Auswirkungen oft durch digitale Ungleichheit verstärkt. Unter digitaler Ungleichheit versteht man die Kluft zwischen denen, die Zugang zu Technologie und Internet haben, und denen, die keinen Zugang haben. Diese Lücke wird durch Faktoren wie Einkommen, Bildung, Geografie und Infrastruktur geprägt. Beispielsweise kann es sein, dass Menschen in ländlichen Gebieten oder Entwicklungsländern keinen zuverlässigen Internetzugang haben, während Familien mit niedrigem Einkommen Schwierigkeiten haben, sich Geräte wie Smartphones oder Laptops zu leisten. Digitale Ungleichheit betrifft auch marginalisierte Gemeinschaften, die aufgrund systemischer Diskriminierung oder mangelnder Ressourcen möglicherweise mit zusätzlichen Hindernissen beim Zugang zu Technologie konfrontiert sind.

Die Folgen der digitalen Ungleichheit sind weitreichend. Ohne Zugang zu Technologie und Internet sind Einzelpersonen von Chancen auf Bildung, Beschäftigung und Bürgerbeteiligung ausgeschlossen. Beispielsweise können Studierende in unterversorgten Gebieten Schwierigkeiten haben, auf Online-Lernressourcen zuzugreifen, wodurch sie im Vergleich zu ihren Mitschülern benachteiligt werden. Ebenso verpassen kleine Unternehmen ohne Internetzugang möglicherweise Gelegenheiten, Kunden zu erreichen oder auf dem globalen Markt zu konkurrieren. Die digitale Ungleichheit schränkt auch den Zugang zu zuverlässigen Informationen ein, wodurch es für Menschen schwieriger wird, Fehlinformationen zu erkennen und zu bekämpfen. Dadurch entsteht ein Teufelskreis, in dem diejenigen, die am anfälligsten für Fehlinformationen sind, auch am wenigsten für deren Bekämpfung gerüstet sind.

Der Umgang mit Fehlinformationen und digitaler Ungleichheit erfordert einen vielschichtigen Ansatz. Eine der wirksamsten Möglichkeiten, Fehlinformationen zu bekämpfen, ist die Förderung digitaler Kompetenz. Bei der digitalen Kompetenz geht es darum, Menschen beizubringen, Informationen kritisch zu bewerten, glaubwürdige Quellen zu erkennen und falsche oder irreführende Inhalte zu erkennen. Schulen, Gemeindeorganisationen und Regierungen können eine Schlüsselrolle bei der Vermittlung digitaler Kompetenzen spielen und Einzelpersonen mit den Fähigkeiten ausstatten, die sie für einen verantwortungsvollen Umgang mit der digitalen Welt benötigen.

Initiativen zur Faktenprüfung sind eine weitere wichtige Strategie zur Bekämpfung von Fehlinformationen. Organisationen wie Snopes, FactCheck.org und PolitiFact arbeiten daran, die Richtigkeit von Behauptungen zu überprüfen und der Öffentlichkeit zuverlässige Informationen bereitzustellen. Auch Social-Media-Plattformen können eine Rolle spielen, indem sie mit Faktenprüfern zusammenarbeiten, um falsche Inhalte zu kennzeichnen oder zu entfernen. Während der COVID-19-Pandemie haben beispielsweise Plattformen wie Facebook und Twitter Maßnahmen ergriffen, um Beiträge mit Fehlinformationen über das Virus zu kennzeichnen oder zu entfernen. Obwohl diese Bemühungen nicht perfekt sind, stellen sie einen wichtigen Schritt zur Reduzierung der Verbreitung falscher Informationen dar.

Es ist auch von entscheidender Bedeutung, Technologieunternehmen für die von ihnen verbreiteten Inhalte zur Verantwortung zu ziehen. Plattformen müssen Verantwortung für die Rolle übernehmen, die ihre Algorithmen bei der Verbreitung von Fehlinformationen spielen, und der Genauigkeit Vorrang vor dem Engagement geben. Dies könnte die Anpassung von Algorithmen umfassen, um glaubwürdige Quellen zu fördern, die Transparenz über die Priorisierung von Inhalten zu erhöhen und den Benutzern die Möglichkeit zu geben, falsche Informationen zu melden oder anzufechten. Regierungen und Regulierungsbehörden können diese Bemühungen unterstützen, indem sie klare Richtlinien und Standards für die Moderation von Inhalten festlegen und so sicherstellen, dass Plattformen im öffentlichen Interesse handeln.

Die Bekämpfung der digitalen Ungleichheit erfordert andere Lösungen, die sich auf die Erweiterung des Zugangs zu Technologie und Internet konzentrieren. Einer der wichtigsten Schritte ist die Investition in die Infrastruktur, um unterversorgten Gebieten wie ländlichen Gemeinden und Entwicklungsländern einen zuverlässigen Internetzugang zu ermöglichen. Regierungen und private Unternehmen können zusammenarbeiten, um Breitbandnetze aufzubauen, erschwingliche Internettarife anzubieten und sicherzustellen, dass niemand im digitalen Zeitalter zurückbleibt.

Die Bereitstellung erschwinglicher Geräte ist eine weitere Schlüsselstrategie. Programme, die kostengünstige Laptops, Tablets oder Smartphones an einkommensschwache Familien verteilen, können dazu beitragen, die digitale Kluft zu überbrücken und sicherzustellen, dass jeder über die Fähigkeiten verfügt, die er zur Teilnahme an der digitalen Welt benötigt. Beispielsweise haben

Initiativen wie das „One Laptop Per Child"-Programm Millionen von Kindern in Entwicklungsländern Zugang zu Technologie verschafft und so neue Möglichkeiten für Bildung und Lernen eröffnet.

Ebenso wichtig ist die Investition in digitale Bildungsprogramme. Diese Programme können Einzelpersonen den effektiven Umgang mit Technologie vermitteln, von grundlegenden Fähigkeiten wie dem Navigieren im Internet bis hin zu fortgeschritteneren Fähigkeiten wie Codierung oder Datenanalyse. Indem sie Menschen mit digitalen Fähigkeiten ausstatten, können diese Programme dazu beitragen, die Kluft zwischen denen, die Zugang zu Technologie haben, und denen, die keinen Zugang zu Technologie haben, zu schließen und so eine integrativere und gerechtere Gesellschaft zu schaffen.

Zusammenarbeit ist für die Bewältigung dieser miteinander verbundenen Herausforderungen von entscheidender Bedeutung. Regierungen, Technologieunternehmen und die Zivilgesellschaft müssen zusammenarbeiten, um Lösungen zu entwickeln und umzusetzen, die sowohl Fehlinformationen als auch digitale Ungleichheit bekämpfen. Beispielsweise können Regierungen Finanzmittel und politische Unterstützung für Initiativen zur digitalen Inklusion bereitstellen, während Technologieunternehmen in Fähigkeiten und Funktionen investieren können, die korrekte Informationen fördern und die Verbreitung falscher Inhalte reduzieren. Organisationen der Zivilgesellschaft können eine entscheidende Rolle dabei spielen, sich für Veränderungen einzusetzen, das Bewusstsein zu schärfen und bedürftigen Gemeinschaften Bildung und Ressourcen bereitzustellen.

# Balance zwischen digitalen und realen Interaktionen

In der heutigen Welt sind digitale Technologien zu einem integralen Bestandteil unserer Art und Weise geworden, wie wir uns vernetzen, kommunizieren und Beziehungen aufbauen. Social-Media-Plattformen, Messaging-Apps und die Möglichkeit für virtuelle Meetings haben die Art und Weise, wie wir interagieren, verändert und es einfacher denn je gemacht, mit Freunden, Familie und Kollegen in Kontakt zu bleiben, egal wo sie sich befinden. Diese Technologien haben unglaubliche Vorteile mit sich gebracht, da sie es uns ermöglichen, Beziehungen über Entfernungen hinweg aufrechtzuerhalten, mit Menschen auf der ganzen Welt zusammenzuarbeiten und Momente unseres Lebens sofort zu teilen. Da wir uns jedoch zunehmend auf digitale Kommunikation verlassen, wird es immer wichtiger, ein Gleichgewicht zwischen unseren Online-Interaktionen und unseren Beziehungen in der realen Welt zu finden.

Die digitale Kommunikation hat die Art und Weise, wie wir mit anderen in Kontakt treten, revolutioniert. Plattformen wie WhatsApp, Facebook, Instagram und Zoom ermöglichen uns eine sofortige Kommunikation und überwinden so Zeit- und Distanzbarrieren. Beispielsweise kann eine Familie, die Tausende von Kilometern voneinander entfernt ist, über Videoanrufe in Verbindung bleiben und ihr Leben in Echtzeit teilen. Freunde können durch Gruppenchats eine enge Bindung pflegen, auch wenn sie in verschiedenen Städten oder Ländern leben. Soziale Medien ermöglichen es uns, Aktualisierungen, Fotos und Erfahrungen mit einem breiten Publikum zu teilen und uns so mit anderen verbunden zu fühlen, auch wenn wir getrennt sind. Diese

Fähigkeiten waren besonders in Krisenzeiten wie der COVID-19-Pandemie wertvoll, als die räumliche Distanzierung persönliche Interaktionen erschwerte oder unmöglich machte.

Der Komfort und die Zugänglichkeit der digitalen Kommunikation haben auch neue Möglichkeiten für die globale Konnektivität eröffnet. Menschen können jetzt über Kulturen und Kontinente hinweg Beziehungen aufbauen und mit anderen zusammenarbeiten und so eine stärker vernetzte Welt schaffen. Virtuelle Meetings und Online-Communities ermöglichen es beispielsweise Fachleuten, gemeinsam an Projekten zu arbeiten, ohne dass sie sich am selben physischen Ort befinden müssen. Durch soziale Medien sind auch Online-Communities entstanden, in denen Menschen mit gemeinsamen Interessen oder Erfahrungen Kontakte knüpfen, sich gegenseitig unterstützen und sinnvolle Beziehungen aufbauen können.

Trotz dieser Vorteile kann eine übermäßige Abhängigkeit von digitalen Interaktionen erhebliche Herausforderungen mit sich bringen. Eines der besorgniserregendsten Probleme ist die Möglichkeit sozialer Isolation. Während digitale Kommunikation uns dabei helfen kann, in Verbindung zu bleiben, kann sie auch ein falsches Gefühl der Nähe erzeugen. Wenn man zum Beispiel den Beitrag eines Freundes auf Instagram mit „Gefällt mir" markiert oder ihm eine kurze Textnachricht sendet, fühlt man sich vielleicht wie eine bedeutungsvolle Interaktion an, aber es mangelt oft an der Tiefe und emotionalen Verbindung persönlicher Gespräche. Mit der Zeit kann dies zu Gefühlen der Einsamkeit und Trennung führen, da digitale Interaktionen bedeutungsvollere, persönliche Kontakte ersetzen.

Eine weitere Herausforderung ist der Einfluss der digitalen Kommunikation auf die sozialen Kompetenzen im persönlichen Gespräch. Da Menschen mehr Zeit damit verbringen, über Bildschirme zu kommunizieren, fühlen sie sich möglicherweise weniger wohl bei persönlichen Interaktionen. Jüngere Generationen, die mit Smartphones und sozialen Medien aufgewachsen sind, haben beispielsweise möglicherweise Schwierigkeiten mit Fähigkeiten wie dem Lesen der Körpersprache, dem Aufrechterhalten von Augenkontakt oder der Teilnahme an intensiven, bedeutungsvollen Gesprächen. Dieser Rückgang der persönlichen Kommunikationsfähigkeiten kann es schwieriger machen, starke, authentische Beziehungen in der realen Welt aufzubauen.

Die zunehmende Besorgnis über die „Bildschirmzeit" verdeutlicht auch die möglichen negativen Auswirkungen einer übermäßigen digitalen Nutzung auf die psychische Gesundheit. Insbesondere soziale Medien werden mit Problemen wie geringem Selbstwertgefühl, Angstzuständen und Depressionen in Verbindung gebracht. Plattformen wie Instagram und TikTok stellen oft eine idealisierte Version der Realität dar, in der Menschen nur die Höhepunkte ihres Lebens teilen. Dies kann unrealistische Erwartungen hervorrufen und zu Gefühlen der Unzulänglichkeit oder des Vergleichs führen. Wenn jemand zum Beispiel Fotos von Freunden im Urlaub oder beim Erreichen von Meilensteinen durchblättert, hat er vielleicht das Gefühl, sein eigenes Leben sei weniger aufregend oder erfolgreich, auch wenn das nicht stimmt.

Übermäßige Bildschirmzeit kann auch die Beziehungen und Erfahrungen in der realen Welt beeinträchtigen. Es kommt beispielsweise häufig vor, dass Menschen bei gesellschaftlichen

Zusammenkünften an ihre Telefone gefesselt sind, Benachrichtigungen prüfen oder durch soziale Medien scrollen, anstatt mit den Menschen um sie herum in Kontakt zu treten. Dieser Mangel an Präsenz kann Beziehungen schwächen und Menschen daran hindern, den Moment voll und ganz zu genießen. Mit der Zeit kann es zu einem Gefühl der Trennung kommen, selbst in Situationen, in denen Menschen physisch zusammen sind.

Um diese Herausforderungen zu bewältigen, ist es wichtig, ein gesundes Gleichgewicht zwischen digitalen und realen Interaktionen zu finden. Eine wirksame Strategie besteht darin, der Bildschirmzeit Grenzen zu setzen. Beispielsweise können Einzelpersonen „technikfreie" Zonen oder Zeiten einrichten, beispielsweise während des Essens, bei Familientreffen oder vor dem Schlafengehen. Dies schafft Möglichkeiten, sich auf reale Verbindungen und Aktivitäten zu konzentrieren, ohne durch digitale Geräte abgelenkt zu werden. Viele Smartphones verfügen mittlerweile über Funktionen, die die Bildschirmzeit verfolgen und es Benutzern ermöglichen, Beschränkungen für die App-Nutzung festzulegen, wodurch es einfacher wird, digitale Gewohnheiten zu verwalten.

Ein weiterer wichtiger Schritt ist die Priorisierung persönlicher Kontakte. Obwohl digitale Kommunikation bequem ist, sollte sie persönliche Interaktionen nicht ersetzen. Wenn Sie sich Zeit für Aktivitäten wie ein Treffen mit Freunden auf einen Kaffee, die Teilnahme an gesellschaftlichen Veranstaltungen oder das Verbringen hochwertiger Zeit mit der Familie nehmen, können Sie Beziehungen stärken und tiefere Bindungen aufbauen. Anstatt beispielsweise einem Freund eine SMS zu schreiben, um ihn zu treffen, sollten Sie ihn lieber zu einem persönlichen Treffen einladen. Diese realen Interaktionen bieten Möglichkeiten für sinnvolle Gespräche, gemeinsame Erfahrungen und emotionale Verbindungen, die online nicht vollständig reproduziert werden können.

Der achtsame Umgang mit Technologie ist auch der Schlüssel zum Erreichen eines Gleichgewichts. Das bedeutet, bewusst darüber zu entscheiden, wie und warum wir digitale Fähigkeiten nutzen, anstatt uns von ihnen unser Verhalten diktieren zu lassen. Anstatt beispielsweise gedankenlos durch soziale Medien zu scrollen, können Einzelpersonen diese Plattformen nutzen, um ihre realen Beziehungen zu verbessern, indem sie beispielsweise Veranstaltungen organisieren, wichtige Updates teilen oder mit entfernten Angehörigen in Kontakt bleiben. Zum achtsamen Umgang mit Technologie gehört auch, sich ihrer Auswirkungen auf unsere psychische Gesundheit bewusst zu sein und Maßnahmen zu ergreifen, um etwaigen negativen Auswirkungen entgegenzuwirken, wie z. B. die Begrenzung des Kontakts mit Inhalten, die Vergleiche oder Ängste auslösen.

Letztendlich geht es bei der Balance zwischen digitalen und realen Interaktionen darum, sinnvolle Beziehungen zu fördern und das Gefühl der Präsenz in der physischen Welt aufrechtzuerhalten. Auch wenn die digitale Kommunikation ihre Vorteile hat, sollte sie die Verbindungen in der realen Welt ergänzen und nicht ersetzen. Indem wir Grenzen setzen, persönliche Interaktionen priorisieren und Technologie achtsam nutzen, können wir die Vorteile digitaler Fähigkeiten nutzen und gleichzeitig den Reichtum und die Tiefe unserer Beziehungen in der realen Welt bewahren.

# Kapitel 12

## Neue Technologien und die Zukunft der Kommunikation

### Künstliche Intelligenz

Künstliche Intelligenz (KI) ist zu einer transformativen Kraft in der Art und Weise geworden, wie Ideen geteilt, kommuniziert und verstärkt werden. Durch die Automatisierung von Aufgaben, die Personalisierung der Kommunikation und den Abbau von Barrieren hat KI Einzelpersonen und Organisationen neue Möglichkeiten eröffnet, sich auszudrücken und mit anderen in Kontakt zu treten. Gleichzeitig hat das schnelle Wachstum der KI Herausforderungen und ethische Bedenken mit sich gebracht, die angegangen werden müssen, um sicherzustellen, dass sie verantwortungsvoll eingesetzt wird. Das Gleichgewicht zwischen diesen Chancen und Herausforderungen definiert die Rolle der KI bei der Gestaltung der Zukunft unseres Ideenaustauschs.

Eine der aufregendsten Möglichkeiten, die KI bietet, ist ihre Fähigkeit, die Erstellung von Inhalten zu automatisieren. Funktionen wie ChatGPT, DALL·E und andere KI-gestützte Systeme können Text, Bilder und sogar Videos generieren und es so den Menschen erleichtern, ihre Ideen zum Leben zu erwecken. Beispielsweise kann ein Autor KI verwenden, um einen Artikel zu verfassen, seine Sprache zu verfeinern oder kreative Konzepte zu entwickeln. Ebenso können Unternehmen mithilfe von KI Marketingmaterialien, Social-Media-Beiträge oder Antworten auf den Kundensupport erstellen und so Zeit und Ressourcen sparen. Diese Automatisierung ermöglicht es Einzelpersonen und Organisationen, sich auf die kreativen und strategischen Aspekte ihrer Arbeit zu konzentrieren, während die KI sich wiederholende oder zeitaufwändige Aufgaben erledigt.

KI verbessert auch die Personalisierung der Kommunikation und passt Nachrichten an individuelle Vorlieben und Bedürfnisse an. Empfehlungssysteme, wie sie von Netflix, Spotify und YouTube verwendet werden, analysieren das Nutzerverhalten, um ihnen Inhalte vorzuschlagen, die ihren Interessen entsprechen. Diese Personalisierung hilft Menschen, neue Ideen, Geschichten und Perspektiven zu entdecken, die bei ihnen Anklang finden. Im Bildungsbereich passen KI-gestützte Plattformen wie Duolingo und Khan Academy den Unterricht an das Lerntempo jedes Schülers an und erleichtern so den Lernenden, komplexe Konzepte zu verstehen und engagiert zu bleiben. Durch die Bereitstellung von Inhalten, die sich relevant und bedeutungsvoll anfühlen, fördert KI tiefere Verbindungen zwischen Menschen und den Ideen, denen sie begegnen.

Eine weitere bemerkenswerte Fähigkeit der KI ist ihre Rolle beim Abbau von Sprachbarrieren. Echtzeit-Übersetzungsfunktionen wie Google Translate und KI-gestützte Transkriptionsdienste ermöglichen es Menschen mit unterschiedlichem sprachlichem Hintergrund, nahtlos zu kommunizieren und zusammenzuarbeiten. Beispielsweise kann ein Unternehmen in Japan KI nutzen, um seine Marketingmaterialien in mehrere Sprachen zu übersetzen und so ein globales Publikum zu erreichen. Ebenso können internationale Teams KI nutzen, um Besprechungen und Diskussionen zu erleichtern und so sicherzustellen, dass Sprachunterschiede den Ideenaustausch nicht behindern. Diese

Fähigkeit, Menschen über Kulturen und Sprachen hinweg zu verbinden, hat den Zugang zu Informationen demokratisiert und es ermöglicht, dass Ideen weiter und schneller verbreitet werden als je zuvor.

Die Fähigkeit der KI, riesige Datenmengen zu analysieren, hat auch die Art und Weise revolutioniert, wie Ideen geteilt und verstanden werden. Im Journalismus beispielsweise kann KI große Datensätze durchsuchen, um Trends, Muster und Erkenntnisse aufzudecken, die für Menschen schwer zu erkennen wären. Dies hat zu einer stärker datengesteuerten Berichterstattung geführt und Journalisten dabei geholfen, sowohl genaue als auch wirkungsvolle Geschichten zu erzählen. In der Kreativbranche unterstützen KI-Funktionen wie Adobe Sensei Designer und Künstler, indem sie Änderungen vorschlagen, Ideen generieren und Arbeitsabläufe optimieren. Diese Fähigkeiten ermöglichen Einzelpersonen und Organisationen, ihre Ideen effektiver zu teilen, ein breiteres Publikum zu erreichen und eine größere Wirkung zu erzielen.

Neben diesen Möglichkeiten stellt KI jedoch auch erhebliche Herausforderungen beim Austausch von Ideen dar. Eine der dringendsten Sorgen ist die Verbreitung von Fehlinformationen. KI kann Inhalte generieren, die äußerst glaubwürdig erscheinen, was die Verbreitung falscher Informationen erleichtert. Beispielsweise kann die Deepfake-Technologie realistische Videos von Menschen erstellen, die Dinge sagen oder tun, die sie nie getan haben, was dazu genutzt werden kann, die öffentliche Meinung zu manipulieren oder den Ruf zu schädigen. Ebenso können KI-generierte Fake-News-Artikel weit verbreitet in sozialen Medien verbreitet werden, wodurch Leser irregeführt und die Wahrheit verzerrt werden. Diese Risiken verdeutlichen die

Notwendigkeit von Wachsamkeit und kritischem Denken beim Konsum von KI-generierten Inhalten.

Eine weitere Herausforderung sind die ethischen Implikationen von KI in der Kommunikation. Verzerrungen in Algorithmen sind ein großes Problem, da KI-Systeme häufig die Verzerrungen in den Daten widerspiegeln, auf denen sie trainiert werden. Beispielsweise könnte eine KI-gestützte Einstellungsfunktion aufgrund voreingenommener Schulungsdaten bestimmte Kandidaten gegenüber anderen bevorzugen und so Ungleichheiten aufrechterhalten. Beim Austausch von Ideen können voreingenommene Algorithmen bestimmte Stimmen verstärken und andere zum Schweigen bringen, was zu ungleichen Wettbewerbsbedingungen führt. Dies wirft wichtige Fragen zu Fairness, Repräsentation und Verantwortlichkeit beim Einsatz von KI auf.

Der Verlust menschlicher Authentizität in der Kommunikation ist ein weiteres zu berücksichtigendes Problem. Während KI Inhalte generieren kann, die ausgefeilt und professionell sind, fehlt ihr möglicherweise die emotionale Tiefe und persönliche Note, die der menschliche Ausdruck mit sich bringt. Ein KI-generiertes Gedicht oder eine KI-erstellte Geschichte könnte beispielsweise technisch beeindruckend sein, aber nicht die einzigartige Perspektive und Kreativität eines menschlichen Autors einfangen. Dies wirft Bedenken hinsichtlich der Rolle der KI in kreativen Bereichen und dem Wert auf, den wir der menschlichen Originalität beimessen.

Auch eine übermäßige Abhängigkeit von KI-Systemen stellt ein potenzielles Risiko dar. Da KI immer stärker in unser Leben integriert wird, besteht die Gefahr, dass Menschen zu sehr von diesen Fähigkeiten abhängig werden und kritische Fähigkeiten und

Urteilsvermögen verlieren. Wenn Schüler beispielsweise bei der Erledigung ihrer Aufgaben ausschließlich auf KI angewiesen sind, verpassen sie möglicherweise die Gelegenheit, ihre eigenen Schreib- und Analysefähigkeiten zu entwickeln. Wenn sich Unternehmen bei der Entscheidungsfindung zu stark auf KI verlassen, übersehen sie möglicherweise wichtige menschliche Faktoren wie Empathie und Intuition.

Um diese Herausforderungen anzugehen, ist es wichtig, Transparenz, Rechenschaftspflicht und ethische Richtlinien für den Einsatz von KI beim Austausch von Ideen festzulegen. Zur Transparenz gehört es, deutlich zu machen, wann Inhalte KI-generiert sind, und Informationen über die Funktionsweise von Algorithmen bereitzustellen. Beispielsweise könnten Social-Media-Plattformen KI-generierte Beiträge kennzeichnen oder erklären, wie ihre Empfehlungssysteme Inhalte priorisieren. Rechenschaftspflicht bedeutet, Entwickler, Unternehmen und Benutzer für die Auswirkungen von KI-Systemen verantwortlich zu machen und sicherzustellen, dass sie auf eine Weise genutzt werden, die ethischen Standards entspricht. Dies könnte die Umsetzung von Vorschriften, die Durchführung von Audits und die Förderung bewährter Verfahren bei der Entwicklung und Bereitstellung von KI umfassen.

Die Förderung digitaler Kompetenz ist eine weitere wichtige Strategie. Indem wir Menschen beibringen, KI-generierte Inhalte kritisch zu bewerten, Fehlinformationen zu erkennen und die Grenzen der KI zu verstehen, können wir Einzelpersonen in die Lage versetzen, sich verantwortungsvoll in der digitalen Landschaft zurechtzufinden. Auch die Zusammenarbeit zwischen Regierungen, Technologieunternehmen und der Zivilgesellschaft ist bei der Bewältigung dieser Herausforderungen von entscheidender Bedeutung. Durch die Zusammenarbeit können Stakeholder Richtlinien und Initiativen entwickeln, die den Nutzen der KI maximieren und gleichzeitig ihre Risiken minimieren.

## Virtuelle und erweiterte Realität

Virtual Reality (VR) und Augmented Reality (AR) revolutionieren die Art und Weise, wie wir kommunizieren, und bieten immersive und interaktive Erlebnisse, die einst Science-Fiction waren. Diese Technologien verändern die Art und Weise, wie Menschen sich vernetzen, Ideen austauschen und zusammenarbeiten, überwinden physische Barrieren und schaffen völlig neue Möglichkeiten, mit der Welt und untereinander zu interagieren. Durch die Verschmelzung der digitalen und physischen Welt gestalten VR und AR die Kommunikation in den Bereichen Bildung, Gesundheitswesen, Wirtschaft, Unterhaltung und darüber hinaus neu und machen es möglich, Ideen auf eine Weise zu erleben und auszutauschen, die sich realer und ansprechender anfühlt als je zuvor.

Um die Auswirkungen von VR und AR zu verstehen, ist es wichtig, zunächst zu verstehen, was diese Technologien sind und wie sie funktionieren. Virtuelle Realität schafft vollständig immersive digitale Umgebungen, die Benutzer erkunden und mit ihnen interagieren können, oft mithilfe von VR-Headsets wie Oculus Quest oder HTC Vive. Wenn Sie ein VR-Headset aufsetzen, werden Sie in eine völlig andere Welt entführt – sei es ein virtueller Besprechungsraum, eine 3D-Nachbildung des antiken Roms oder eine Fantasielandschaft. Alles, was Sie sehen und hören, wird vom VR-System erzeugt, sodass Sie das Gefühl haben, wirklich in dieser Umgebung präsent zu sein.

Augmented Reality hingegen überlagert die reale Welt mit digitalen Elementen und vermischt so das Physische mit dem Virtuellen. Im Gegensatz zu VR ersetzt AR Ihre Umgebung nicht, sondern erweitert sie mit zusätzlichen Informationen oder Bildern. AR-Anwendungen wie Pokémon GO ermöglichen es Benutzern beispielsweise, digitale Kreaturen zu sehen, die über ihre Smartphone-Kameras in ihre reale Umgebung eingeblendet sind. Ebenso können AR-Brillen wie die HoloLens von Microsoft 3D-Modelle, Anweisungen oder Animationen in das Sichtfeld des Benutzers projizieren und so eine nahtlose Mischung aus Realem und Digitalem erzeugen.

Bei diesen Technologien geht es nicht nur um Unterhaltung – sie verändern die Kommunikation auf tiefgreifende Weise. Im Bildungswesen beispielsweise schaffen VR und AR immersive Lernerlebnisse, die weit über traditionelle Klassenzimmer hinausgehen. Stellen Sie sich einen Geschichtsunterricht vor, in dem die Schüler in eine VR-Simulation des Kolosseums im antiken Rom eintreten, durch seine Korridore gehen und einem Gladiatorenkampf beiwohnen können, als wären sie dort. Oder denken Sie über eine AR-App nach, mit der Biologiestudenten ein 3D-Modell des menschlichen Körpers erkunden und Organe und Systeme heranzoomen können, um zu verstehen, wie sie funktionieren. Diese Technologien machen das Lernen ansprechender und interaktiver und helfen den Schülern, komplexe Konzepte durch praktische Erfahrungen zu verstehen.

Im Gesundheitswesen verbessern VR und AR die Kommunikation zwischen Ärzten, Patienten und medizinischen Teams. Chirurgen können AR-Fähigkeiten nutzen, um während einer Operation wichtige Informationen wie Blutgefäße oder Tumorstellen auf den Körper eines Patienten zu legen und so die Präzision und

Ergebnisse zu verbessern. VR wird auch für die medizinische Ausbildung eingesetzt und ermöglicht es Studenten, Verfahren in realistischen virtuellen Umgebungen zu üben, ohne die Risiken, die mit echten Patienten verbunden sind. Beispielsweise kann ein angehender Chirurg mithilfe eines VR-Systems eine virtuelle Operation durchführen und so wertvolle Erfahrungen und Feedback sammeln, bevor er in einem realen Operationssaal arbeitet. Diese Technologien verbessern nicht nur die Fähigkeiten, sondern fördern auch eine bessere Kommunikation und Zusammenarbeit zwischen medizinischen Fachkräften.

In der Geschäftswelt ermöglichen VR und AR neue Formen des Arbeitens und der Zusammenarbeit. Virtual-Reality-Plattformen wie Spatial und Horizon Workrooms ermöglichen es Teams, Besprechungen in virtuellen 3D-Räumen abzuhalten, in denen die Teilnehmer als Avatare interagieren, Präsentationen austauschen und Ideen sammeln können, als wären sie im selben Raum. Dies ist besonders für Remote-Teams wertvoll, da es ein Gefühl der Präsenz und Verbundenheit schafft, das Videoanrufe nicht reproduzieren können. Augmented Reality wird auch in Branchen wie der Fertigung und dem Einzelhandel eingesetzt, wo Arbeiter mithilfe von AR-Brillen auf Anweisungen in Echtzeit zugreifen, Gerätefehler beheben oder Produktdesigns visualisieren können. Diese Fähigkeiten optimieren die Kommunikation und erleichtern die Bewältigung komplexer Aufgaben.

Unterhaltung ist ein weiterer Bereich, in dem VR und AR die Art und Weise verändern, wie Menschen miteinander in Kontakt treten und Erfahrungen austauschen. Virtual-Reality-Spiele erfreuen sich immer größerer Beliebtheit und ermöglichen es Spielern, in immersive Welten einzutauchen und in Echtzeit mit anderen zu interagieren. AR verbessert Live-Events wie Konzerte und

Sportveranstaltungen durch das Hinzufügen digitaler Overlays, die zusätzlichen Kontext oder interaktive Elemente bieten. Beispielsweise können Fans eines Fußballspiels mithilfe einer AR-App Spielerstatistiken oder Wiederholungen auf ihre Bildschirme projizieren sehen, was ihr Erlebnis bereichert und ihr Engagement vertieft.

Während die Möglichkeiten, die VR und AR bieten, aufregend sind, bringen diese Technologien auch Herausforderungen und Einschränkungen mit sich. Eines der größten Hindernisse sind die Kosten. Hochwertige VR-Headsets und AR-Geräte können teuer sein und daher für viele Menschen unzugänglich sein. Dies schränkt die weit verbreitete Einführung dieser Technologien ein, insbesondere in Entwicklungsländern oder unterversorgten Gemeinden. Darüber hinaus ist die zur Unterstützung von VR und AR erforderliche Infrastruktur, wie Hochgeschwindigkeitsinternet und leistungsstarke Computersysteme, noch nicht allgemein verfügbar, was die digitale Ungleichheit weiter verstärkt.

Ein weiteres Anliegen ist die Zugänglichkeit. Nicht jeder findet VR- und AR-Erlebnisse komfortabel oder benutzerfreundlich. Manche Menschen leiden beispielsweise unter Reisekrankheit oder Überanstrengung der Augen, wenn sie VR-Headsets verwenden, während andere möglicherweise Schwierigkeiten mit den technischen Fähigkeiten haben, die für die Bedienung dieser Geräte erforderlich sind. Die Sicherstellung, dass diese Technologien inklusiv und benutzerfreundlich sind, ist für ihren langfristigen Erfolg von entscheidender Bedeutung.

Datenschutz und Datensicherheit sind ebenfalls wichtige Themen. VR- und AR-Systeme sammeln riesige Mengen an Daten über Benutzer, einschließlich ihrer Bewegungen, Vorlieben und sogar physischen Umgebungen. Dies wirft Bedenken hinsichtlich der Art und Weise auf, wie diese Daten gespeichert, verwendet und geschützt werden. Beispielsweise könnte eine AR-App, die die Umgebung eines Benutzers kartiert, versehentlich vertrauliche Informationen erfassen, beispielsweise den Grundriss seines Zuhauses. Um Vertrauen aufzubauen und Missbrauch zu verhindern, muss sichergestellt werden, dass diese Technologien mit einem starken Datenschutz ausgestattet sind.

Schließlich gibt es Bedenken hinsichtlich der psychologischen Auswirkungen des Aufenthalts über längere Zeiträume in virtuellen Umgebungen. Während VR und AR unglaubliche Erlebnisse schaffen können, können sie auch die Grenze zwischen Realität und digitaler Welt verwischen. Eine übermäßige Abhängigkeit von diesen Technologien könnte zu sozialer Isolation oder einer verminderten Wertschätzung für Interaktionen in der realen Welt führen. Um sicherzustellen, dass diese Technologien die menschlichen Beziehungen verbessern und nicht ersetzen, ist es wichtig, ein Gleichgewicht zwischen immersiven digitalen Erlebnissen und sinnvollen Verbindungen in der realen Welt zu finden.

## Blockchain und dezentrale Netzwerke

In einer Welt, in der das Vertrauen oft fragil ist und Datenschutzverletzungen immer häufiger vorkommen, verändern Blockchain-Technologie und dezentrale Netzwerke die Art und Weise, wie wir Informationen teilen, speichern und sichern. Durch die Schaffung transparenter, manipulationssicherer und von zentralisierten Behörden unabhängiger Systeme läuten diese Technologien eine neue Ära des Vertrauens und der Sicherheit ein.

Blockchain, die Grundlage dezentraler Netzwerke, ist nicht nur ein Schlagwort – es ist eine revolutionäre Methode, um sicherzustellen, dass Informationen korrekt, zuverlässig und für alle Beteiligten zugänglich sind.

Im Kern handelt es sich bei Blockchain um eine Art Distributed-Ledger-Technologie. Stellen Sie sich ein digitales Hauptbuch vor, ähnlich einem Notizbuch, das Transaktionen oder Dateneingaben aufzeichnet. Doch anstatt an einem Ort gespeichert zu werden, ist dieses Hauptbuch auf mehrere Computer, sogenannte Knoten, auf der ganzen Welt verteilt. Jedes Mal, wenn eine neue Transaktion durchgeführt wird, wird diese als „Datenblock" zum Hauptbuch hinzugefügt. Diese Blöcke sind in chronologischer Reihenfolge miteinander verbunden und bilden eine „Kette" – daher der Name Blockchain. Das Besondere an diesem System ist, dass ein einmal zur Kette hinzugefügter Block nicht mehr geändert oder gelöscht werden kann. Diese Unveränderlichkeit stellt sicher, dass die Daten sicher und vertrauenswürdig sind.

Um zu verstehen, wie Blockchain funktioniert, nehmen wir das Beispiel von Kryptowährungstransaktionen wie Bitcoin. Wenn jemand Bitcoin an eine andere Person sendet, wird die Transaktion an das gesamte Knotennetzwerk übertragen. Diese Knoten arbeiten zusammen, um zu überprüfen, ob die Transaktion gültig ist – indem sie beispielsweise prüfen, ob der Absender über genügend Bitcoin auf seinem Konto verfügt. Sobald die Transaktion verifiziert ist, wird sie einem Block hinzugefügt, der dann der Blockchain hinzugefügt wird. Dieser Prozess stellt sicher, dass jede Transaktion transparent, sicher und dauerhaft protokolliert ist.

Eine weitere leistungsstarke Anwendung der Blockchain sind intelligente Verträge. Ein Smart Contract ist ein selbstausführendes Programm, das auf der Blockchain läuft. Die Bedingungen einer Vereinbarung werden automatisch durchgesetzt, wenn bestimmte Bedingungen erfüllt sind. Stellen Sie sich zum Beispiel vor, ein Landwirt und ein Käufer vereinbaren einen Deal, bei dem der Käufer den Landwirt bezahlt, sobald eine Produktlieferung geliefert wurde. Ein Smart Contract kann so programmiert werden, dass die Zahlung automatisch freigegeben wird, wenn die Sendung bestätigt wird, sodass keine Zwischenhändler wie Banken oder Anwälte erforderlich sind. Das spart nicht nur Zeit und Geld, sondern stellt auch sicher, dass die Vereinbarung fair und transparent abgewickelt wird.

Die Vorteile von Blockchain und dezentralen Netzwerken sind weitreichend. Einer der größten Vorteile ist die erhöhte Sicherheit. Da die Blockchain über viele Knoten verteilt ist, ist es für Hacker äußerst schwierig, die Daten zu verändern oder zu manipulieren. Um eine Blockchain erfolgreich zu manipulieren, müsste ein Hacker die Kontrolle über mehr als die Hälfte der Knoten im Netzwerk erlangen – eine nahezu unmögliche Aufgabe für große, etablierte Blockchains wie Bitcoin oder Ethereum. Dies macht Blockchain zu einer idealen Lösung für die Speicherung sensibler Informationen wie Finanzunterlagen, medizinische Daten oder digitale Identitäten.

Transparenz ist ein weiterer wichtiger Vorteil der Blockchain. Jede Transaktion oder jeder Dateneintrag auf der Blockchain ist für alle Teilnehmer des Netzwerks sichtbar. Diese Offenheit schafft Vertrauen, da jeder die Richtigkeit der Informationen überprüfen kann. Beispielsweise kann Blockchain im Supply Chain Management genutzt werden, um den Weg von Waren vom

Hersteller bis zum Verbraucher zu verfolgen. Ein Unternehmen kann jeden Schritt des Prozesses in der Blockchain aufzeichnen und so sicherstellen, dass die Produkte authentisch sind und aus ethischen Gründen stammen. Verbraucher können dann auf diese Informationen zugreifen, um die Herkunft und Qualität der von ihnen gekauften Waren zu überprüfen.

Blockchain macht auch Zwischenhändler überflüssig, wodurch Prozesse rationalisiert und Kosten gesenkt werden. In traditionellen Systemen sind häufig Vermittler wie Banken, Notare oder Makler erforderlich, um Transaktionen zu überprüfen oder Vereinbarungen durchzusetzen. Blockchain beseitigt diesen Bedarf, indem es ein dezentrales System bereitstellt, bei dem Vertrauen in die Technologie selbst eingebaut ist. Dies hat zum Aufstieg des dezentralen Finanzwesens (DeFi) geführt, bei dem Menschen Vermögenswerte direkt miteinander verleihen, leihen oder handeln können, ohne auf Banken oder andere Finanzinstitute angewiesen zu sein. DeFi-Plattformen nutzen Blockchain, um ein transparentes und sicheres Finanzökosystem zu schaffen, das für jeden mit einer Internetverbindung zugänglich ist.

Die digitale Identität ist ein weiterer Bereich, in dem Blockchain einen erheblichen Einfluss hat. Herkömmliche Identitätssysteme wie Reisepässe oder Führerscheine sind oft anfällig für Betrug oder Diebstahl. Blockchain bietet eine Lösung, indem es sichere, manipulationssichere digitale Identitäten schafft, die Einzelpersonen kontrollieren können. Beispielsweise können die Identitätsinformationen einer Person in der Blockchain gespeichert werden, sodass diese ihre Identität nachweisen kann, ohne unnötige persönliche Daten weiterzugeben. Dies findet Anwendung in Bereichen wie Wahlen, wo Blockchain dafür sorgen kann, dass Wahlen sicher und frei von Manipulationen sind.

Trotz ihrer vielen Vorteile ist die Blockchain nicht ohne Herausforderungen. Eines der größten Probleme ist die Skalierbarkeit. Je mehr Transaktionen zur Blockchain hinzugefügt werden, desto größer wird das Ledger, was mehr Speicher und Rechenleistung erfordert. Dies kann das Netzwerk verlangsamen und seine Effizienz beeinträchtigen, insbesondere bei großen Anwendungen. Entwickler arbeiten an Lösungen wie Sharding oder Layer-2-Protokollen, um diese Skalierbarkeitsprobleme anzugehen, aber sie bleiben eine erhebliche Hürde.

Ein weiteres Problem ist der hohe Energieverbrauch einiger Blockchain-Systeme, insbesondere derjenigen, die Proof-of-Work (PoW) als Konsensmechanismus verwenden. PoW erfordert, dass Knoten komplexe mathematische Probleme lösen, um Transaktionen zu validieren, ein Prozess, der viel Strom verbraucht. Beispielsweise wurde das Bitcoin-Netzwerk wegen seiner Auswirkungen auf die Umwelt kritisiert, da sein Energieverbrauch mit dem ganzer Länder mithalten kann. Alternative Konsensmechanismen wie Proof-of-Stake (PoS) werden entwickelt, um den Energieverbrauch zu senken, aber die breite Einführung ist noch im Gange.

Auch die Integration der Blockchain in bestehende Systeme kann komplex und kostspielig sein. Vielen Unternehmen fehlt das technische Fachwissen oder die Ressourcen zur Implementierung von Blockchain-Lösungen, was zu Hürden bei der Einführung führt. Darüber hinaus entwickelt sich die Regulierungslandschaft für Blockchain und Kryptowährungen immer noch weiter, und Regierungen auf der ganzen Welt kämpfen mit der Regulierung dieser Technologien. Es bedarf klarer und kohärenter Vorschriften, um Rechtssicherheit zu schaffen und Innovationen zu fördern und gleichzeitig Bedenken hinsichtlich Missbrauch wie Geldwäsche oder Betrug auszuräumen.

## Ethische Überlegungen bei der Entwicklung zukünftiger Technologien

Da sich die Technologie in einem beispiellosen Tempo weiterentwickelt, verändert sie die Art und Weise, wie wir leben, arbeiten und mit der Welt interagieren. Von künstlicher Intelligenz (KI) und genetischer Bearbeitung bis hin zu autonomen Fahrzeugen und fortschrittlichen Überwachungssystemen bergen neue Technologien ein enormes Potenzial, das Leben zu verbessern und globale Herausforderungen zu lösen. Mit diesem Potenzial geht jedoch eine große Verantwortung einher. Die Entscheidungen, die bei der Entwicklung und dem Einsatz dieser Technologien getroffen werden, können weitreichende Folgen für Einzelpersonen, Gesellschaften und die Umwelt haben. Aus diesem Grund müssen ethische Überlegungen bei der Technologieentwicklung im Vordergrund stehen, um sicherzustellen, dass Innovation mit gesellschaftlichen Werten in Einklang steht und das Gemeinwohl fördert.

Bei der Ethik in der Technologieentwicklung geht es um mehr als nur die Vermeidung von Schaden – es geht darum, aktiv Systeme zu entwerfen, die fair, transparent und rechenschaftspflichtig sind. Jede neue Technologie bringt eine Reihe ethischer Herausforderungen mit sich, die sorgfältig angegangen werden müssen, um unbeabsichtigte Folgen zu verhindern und sicherzustellen, dass die Vorteile gerecht verteilt werden. Beispielsweise haben KI-Systeme, die zunehmend in Bereichen wie Einstellung, Polizeiarbeit und Gesundheitswesen eingesetzt werden, das Potenzial, Vorurteile in den Daten, auf denen sie trainiert werden, aufrechtzuerhalten oder sogar zu verstärken. Wenn ein KI-System auf voreingenommenen Daten trainiert wird, kann es Entscheidungen treffen, die bestimmte Gruppen, wie Frauen oder Minderheiten, unfair benachteiligen. Dies wirft wichtige Fragen zu Fairness und Rechenschaftspflicht auf: Wer ist verantwortlich, wenn ein KI-System eine voreingenommene Entscheidung trifft, und wie können wir sicherstellen, dass diese Systeme so konzipiert sind, dass alle gleich behandelt werden?

Datenschutz ist ein weiterer wichtiger ethischer Aspekt bei der Entwicklung zukünftiger Technologien. Da die Überwachungstechnologien immer fortschrittlicher werden, verschwimmt die Grenze zwischen Sicherheit und Datenschutz zunehmend. Beispielsweise sind Gesichtserkennungssysteme mittlerweile in der Lage, Personen in Echtzeit zu identifizieren, was Bedenken hinsichtlich der Art und Weise aufwirft, wie diese Daten erfasst, gespeichert und verwendet werden. Während diese Systeme für Strafverfolgungs- oder Sicherheitszwecke wertvoll sein können, bergen sie auch erhebliche Risiken für die Privatsphäre und die bürgerlichen Freiheiten des Einzelnen. In einigen Fällen können Regierungen oder Unternehmen diese Technologien missbrauchen, um Bürger zu überwachen oder abweichende Meinungen zu unterdrücken, was eine abschreckende Wirkung auf die Meinungsfreiheit hat. Die Abwägung zwischen den Vorteilen der Überwachung und der Notwendigkeit, die Privatsphäre zu schützen, ist eine komplexe ethische Herausforderung, die sorgfältige Abwägung und Regulierung erfordert.

Autonome Fahrzeuge stellen ein weiteres ethisches Dilemma dar, insbesondere in Szenarien, in denen es um Leben und Tod geht.

Wenn beispielsweise ein selbstfahrendes Auto einen unvermeidbaren Unfall erleidet, wie sollte es dann entscheiden, wem es Vorrang einräumt – den Passagieren im Auto oder den Fußgängern auf der Straße? Diese oft als „Trolley-Probleme" bezeichneten Entscheidungen verdeutlichen die Schwierigkeit, Maschinen so zu programmieren, dass sie in komplexen, realen Situationen ethische Entscheidungen treffen. Entwickler müssen sich mit der Frage auseinandersetzen, wie moralische Werte in Algorithmen kodiert werden und wer zur Verantwortung gezogen werden sollte, wenn etwas schief geht.

Das Potenzial unbeabsichtigter Folgen ist ein weiteres wichtiges ethisches Problem bei der Technologieentwicklung. Automatisierung hat beispielsweise das Potenzial, Millionen von Arbeitskräften zu verdrängen, insbesondere in Branchen wie dem verarbeitenden Gewerbe, dem Transportwesen und dem Einzelhandel. Während Automatisierung die Effizienz steigern und Kosten senken kann, wirft sie auch die Frage auf, wie Arbeitnehmer unterstützt werden können, deren Arbeitsplätze durch Maschinen ersetzt werden. Ebenso können Technologien wie Deepfakes – KI-generierte Videos, die den Anschein erwecken können, als hätte jemand etwas gesagt oder getan, was er nie getan hat – dazu genutzt werden, Fehlinformationen zu verbreiten, die öffentliche Meinung zu manipulieren oder den Ruf zu schädigen. Diese unbeabsichtigten Folgen unterstreichen, wie wichtig es ist, die mit neuen Technologien verbundenen Risiken vorherzusehen und zu mindern.

Auch genetische Bearbeitungstechnologien wie CRISPR werfen tiefgreifende ethische Fragen auf. Während diese Technologien das Potenzial haben, genetisch bedingte Krankheiten zu heilen und die menschliche Gesundheit zu verbessern, öffnen sie auch die Tür zu umstrittenen Praktiken wie „Designer-Babys", bei denen genetische Merkmale aus nichtmedizinischen Gründen ausgewählt oder verändert werden. Dies wirft Bedenken hinsichtlich der Gerechtigkeit auf, da der Zugang zur genetischen Bearbeitung möglicherweise auf die Wohlhabenden beschränkt ist, was die bestehenden sozialen und wirtschaftlichen Ungleichheiten verschärft. Es wirft auch Fragen zu den langfristigen Folgen der Veränderung des menschlichen Genoms und den ethischen Grenzen wissenschaftlicher Experimente auf.

Angesichts dieser Herausforderungen ist es klar, dass Entwickler, Unternehmen und Regierungen eine gemeinsame Verantwortung dafür haben, sicherzustellen, dass zukünftige Technologien verantwortungsvoll gestaltet und genutzt werden. Entwickler müssen einen „Ethics by Design"-Ansatz verfolgen und ethische Grundsätze von Anfang an in den Technologieentwicklungsprozess einbeziehen. Das bedeutet, die potenziellen Auswirkungen einer Technologie auf den Einzelnen und die Gesellschaft zu berücksichtigen, Risiken zu identifizieren und Maßnahmen zu deren Minderung zu ergreifen. Entwickler von KI-Systemen können beispielsweise Voreingenommenheitsprüfungen durchführen, um sicherzustellen, dass ihre Algorithmen fair und inklusiv sind, oder sie können Systeme entwerfen, die Transparenz priorisieren, damit Benutzer nachvollziehen können, wie Entscheidungen getroffen werden.

Unternehmen spielen auch eine entscheidende Rolle bei der Förderung ethischer Technologieentwicklung. Als Haupttreiber von Innovationen müssen Unternehmen neben der Rentabilität auch ethische Überlegungen in den Vordergrund stellen. Dazu gehört, transparent darüber zu sein, wie ihre Technologien funktionieren, mit verschiedenen Interessengruppen zusammenzuarbeiten, um die möglichen Auswirkungen zu verstehen, und Verantwortung für die Folgen ihrer Produkte zu übernehmen. Technologieunternehmen können beispielsweise Ethikausschüsse oder Beratungsausschüsse einrichten, um bei komplexen ethischen Fragen Orientierung zu geben, oder sie können mit Forschern und politischen Entscheidungsträgern zusammenarbeiten, um Best Practices für verantwortungsvolle Innovation zu entwickeln.

Auch Regierungen spielen eine entscheidende Rolle dabei, sicherzustellen, dass Technologien in einer Weise entwickelt und genutzt werden, die mit gesellschaftlichen Werten im Einklang steht. Dazu gehört die Schaffung von Vorschriften und Richtlinien, die Transparenz, Rechenschaftspflicht und Fairness fördern. Beispielsweise können Regierungen Datenschutzgesetze erlassen, um die Privatsphäre zu schützen, oder sie können Unternehmen dazu verpflichten, Folgenabschätzungen durchzuführen, bevor sie neue Technologien einsetzen. Auch die internationale Zusammenarbeit ist unerlässlich, da viele der Herausforderungen im Zusammenhang mit neuen Technologien – wie Cybersicherheitsbedrohungen oder der Missbrauch von KI – über nationale Grenzen hinausgehen. Die Entwicklung globaler Rahmenwerke und Standards kann dazu beitragen, sicherzustellen, dass Technologien auf globaler Ebene verantwortungsvoll und ethisch eingesetzt werden.

Inklusivität ist ein weiteres Schlüsselprinzip bei der Auseinandersetzung mit ethischen Bedenken. Die Entwicklung zukünftiger Technologien sollte unterschiedliche Perspektiven einbeziehen, darunter auch die von marginalisierten Gemeinschaften, Ethikern und Organisationen der Zivilgesellschaft. Dadurch wird sichergestellt, dass die Stimmen derjenigen gehört werden, die möglicherweise am stärksten von neuen Technologien betroffen sind, und dass die Vorteile gerecht verteilt werden. Beispielsweise kann die Einbeziehung von Gemeindevertretern in die Gestaltung von Überwachungssystemen dazu beitragen, Bedenken hinsichtlich Privatsphäre und Diskriminierung auszuräumen, während die Zusammenarbeit mit Ethikern wertvolle Einblicke in die moralischen Implikationen neuer Technologien liefern kann.

# Kapitel 13

## *Globale Konnektivität und der Ideenfluss*

## Das Versprechen einer vernetzten Welt

Die Welt war noch nie so vernetzt wie heute. Fortschritte in der Technologie, im Internet und in der digitalen Kommunikation haben ein globales Netzwerk geschaffen, in dem Menschen über Branchen, Kulturen und Grenzen hinweg zusammenarbeiten und Innovationen entwickeln können. Diese vernetzte Welt hat beispiellose Möglichkeiten eröffnet und ermöglicht es Einzelpersonen und Organisationen, in Echtzeit zusammenzuarbeiten, Ideen sofort auszutauschen und Ressourcen zu bündeln, um einige der dringendsten Herausforderungen der Welt zu lösen. Das Versprechen einer vernetzten Welt liegt in ihrer Fähigkeit, die Zusammenarbeit zu fördern und Innovationen anzustoßen und so eine Zukunft zu schaffen, in der der Fortschritt durch gemeinsame Anstrengungen und gemeinsames Wissen vorangetrieben wird.

Einer der transformativsten Aspekte einer vernetzten Welt ist die Möglichkeit zur Zusammenarbeit, ohne durch den geografischen Standort eingeschränkt zu sein. Das Internet und digitale Plattformen haben es Menschen ermöglicht, von überall auf der Welt aus zusammenzuarbeiten und so Entfernungs- und Zeitbarrieren zu überwinden. Beispielsweise ist Remote-Arbeit in vielen Branchen zur Standardpraxis geworden und ermöglicht

Teams eine nahtlose Zusammenarbeit über Kontinente hinweg. Funktionen wie Zoom, Microsoft Teams und Slack ermöglichen Kommunikation und Koordination in Echtzeit und machen es für Menschen einfacher denn je, Ideen auszutauschen, Probleme zu lösen und gemeinsame Ziele zu erreichen.

Open-Source-Projekte sind ein weiteres starkes Beispiel für globale Zusammenarbeit. In Open-Source-Communitys tragen Entwickler aus der ganzen Welt dazu bei, Software zu entwickeln und zu verbessern, die für jedermann frei verfügbar ist. Projekte wie Linux, ein Open-Source-Betriebssystem, und die Programmiersprache Python sind dank der gemeinsamen Anstrengungen Tausender Mitwirkender zu wesentlichen Fähigkeiten in Technologie und Innovation geworden. Diese Projekte zeigen, wie eine vernetzte Welt die Kraft der Zusammenarbeit nutzen kann, um Fähigkeiten und Lösungen zu schaffen, von denen alle profitieren.

Globale Forschungskooperationen haben auch den Fortschritt in Bereichen wie Wissenschaft, Medizin und Technologie beschleunigt. Die Entwicklung von COVID-19-Impfstoffen ist ein Paradebeispiel dafür, was erreicht werden kann, wenn die Welt zusammenkommt, um eine gemeinsame Herausforderung anzugehen. Wissenschaftler, Forscher und Pharmaunternehmen aus verschiedenen Ländern arbeiteten zusammen, um in Rekordzeit Daten auszutauschen, Studien durchzuführen und Impfstoffe zu entwickeln. Dieses Maß an internationaler Zusammenarbeit wäre ohne die Konnektivität moderner Technologie nicht möglich gewesen, die es Forschern ermöglicht, Informationen auszutauschen und Bemühungen auf globaler Ebene zu koordinieren.

Eine vernetzte Welt fördert auch Innovationen, indem sie den schnellen Austausch von Ideen und den Zugang zu vielfältigen Perspektiven ermöglicht. Wenn Menschen mit unterschiedlichen Hintergründen, Kulturen und Disziplinen zusammenkommen, bringen sie einzigartige Erkenntnisse und Ansätze ein, die zu bahnbrechenden Lösungen führen können. Beispielsweise florieren globale Technologiezentren wie Silicon Valley, Shenzhen und Bangalore, weil sie Talente aus der ganzen Welt anziehen und Umgebungen schaffen, in denen vielfältige Ideen gedeihen können. Diese Zentren sind Brutstätten für Innovationen und treiben Fortschritte in Bereichen wie künstliche Intelligenz, erneuerbare Energien und Biotechnologie voran.

Crowdfunding-Plattformen wie Kickstarter und GoFundMe sind ein weiteres Beispiel dafür, wie Konnektivität Innovationen vorantreibt. Diese Plattformen ermöglichen es Schöpfern, Unternehmern und Innovatoren, ihre Ideen einem globalen Publikum vorzustellen und sich die Finanzierung von Unterstützern auf der ganzen Welt zu sichern. Dies hat den Zugang zu Ressourcen demokratisiert und ermöglicht Einzelpersonen mit großartigen Ideen, aber begrenzten finanziellen Mitteln, ihre Projekte zum Leben zu erwecken. Von innovativen Gadgets bis hin zu bahnbrechenden Filmen hat Crowdfunding unzähligen Kreativen die Möglichkeit gegeben, ihre Visionen in die Realität umzusetzen.

Die Vorteile einer vernetzten Welt gehen über einzelne Projekte und Branchen hinaus. Konnektivität hat das Potenzial, globale Herausforderungen wie Klimawandel, Armut und Krisen im Bereich der öffentlichen Gesundheit zu bewältigen, indem sie eine Zusammenarbeit in einem noch nie dagewesenen Ausmaß ermöglicht. Beispielsweise nutzen internationale Organisationen wie die Vereinten Nationen digitale Plattformen, um die Bemühungen zwischen Mitgliedstaaten, NGOs und Privatunternehmen zu koordinieren und so sicherzustellen, dass Ressourcen und Fachwissen effektiv geteilt werden. In ähnlicher Weise nutzen Initiativen wie die Global Partnership for Education die Konnektivität, um den Zugang zu Bildung in unterversorgten Regionen zu verbessern und so dazu beizutragen, Chancen- und Wissenslücken zu schließen.

Das Versprechen einer vernetzten Welt ist jedoch nicht ohne Herausforderungen. Eines der größten Probleme ist die digitale Ungleichheit – die Kluft zwischen denen, die Zugang zu Technologie und dem Internet haben, und denen, die keinen Zugang haben. Während die Konnektivität für viele unglaubliche Möglichkeiten eröffnet hat, haben Millionen Menschen auf der ganzen Welt immer noch keinen Zugang zu grundlegender digitaler Infrastruktur. Diese digitale Kluft wirkt sich unverhältnismäßig stark auf marginalisierte Gemeinschaften, ländliche Gebiete und Entwicklungsländer aus und schränkt ihre Möglichkeiten ein, an den Vorteilen einer vernetzten Welt teilzuhaben. Die Bekämpfung der digitalen Ungleichheit ist von entscheidender Bedeutung, um sicherzustellen, dass die durch die Konnektivität geschaffenen Chancen gerecht verteilt werden.

Bedrohungen der Cybersicherheit sind ein weiteres großes Problem in einer vernetzten Welt. Je mehr Systeme und Geräte miteinander vernetzt werden, desto größer wird das Risiko von Cyberangriffen. Hacker können Schwachstellen in Netzwerken ausnutzen, um vertrauliche Informationen zu stehlen, Dienste zu stören oder sogar kritische Infrastrukturen zu gefährden. Beispielsweise können Ransomware-Angriffe auf Krankenhäuser oder Stromnetze verheerende Folgen haben und verdeutlichen die

Notwendigkeit robuster Cybersicherheitsmaßnahmen zum Schutz der Systeme, die unserer vernetzten Welt zugrunde liegen.

Die übermäßige Abhängigkeit von Technologie ist eine weitere Herausforderung, die angegangen werden muss. Während digitale Fähigkeiten und Plattformen die Zusammenarbeit und Innovation erleichtert haben, können sie auch Abhängigkeiten schaffen, die Einzelpersonen und Organisationen anfällig machen, wenn Systeme ausfallen. Beispielsweise kann ein Unternehmen, das für seinen Betrieb ausschließlich auf Cloud-basierte Funktionen angewiesen ist, mit erheblichen Störungen rechnen, wenn diese Funktionen offline gehen. Um sicherzustellen, dass die Konnektivität eine Stärke und keine Schwäche bleibt, ist es von entscheidender Bedeutung, ein Gleichgewicht zwischen der Nutzung von Technologie und der Wahrung der Widerstandsfähigkeit zu finden.

Um das Versprechen einer vernetzten Welt vollständig zu verwirklichen, ist es wichtig, diese Herausforderungen anzugehen und sicherzustellen, dass Zusammenarbeit und Innovation von ethischen Grundsätzen geleitet werden. Dazu gehört die Förderung der Inklusion, damit jeder – unabhängig von seinem Standort oder seinem sozioökonomischen Status – von der Konnektivität profitieren kann. Regierungen, Unternehmen und die Zivilgesellschaft müssen zusammenarbeiten, um den Zugang zur digitalen Infrastruktur zu erweitern, erschwingliche Geräte bereitzustellen und in Programme zur digitalen Kompetenz zu investieren, die Einzelpersonen in die Lage versetzen, am globalen Netzwerk teilzunehmen.

Transparenz und Rechenschaftspflicht sind ebenfalls von entscheidender Bedeutung. Da Technologie immer stärker in unser

Leben integriert wird, ist es wichtig sicherzustellen, dass die Systeme und Plattformen, auf die wir uns verlassen, verantwortungsvoll gestaltet und genutzt werden. Dazu gehört der Schutz der Privatsphäre der Nutzer, die Verhinderung des Missbrauchs von Daten sowie die Sicherstellung, dass Algorithmen und Entscheidungsprozesse fair und unvoreingenommen sind. Die Zusammenarbeit zwischen Interessengruppen ist der Schlüssel zur Entwicklung von Rahmenwerken und Standards, die Vertrauen fördern und die Integrität einer vernetzten Welt schützen.

## Bewältigung der digitalen Kluft

In der heutigen Welt ist der Zugang zu digitalen Technologien und dem Internet für Bildung, Arbeit, Gesundheitsversorgung und sogar das tägliche Leben unverzichtbar geworden. Doch Millionen von Menschen auf der ganzen Welt sind immer noch nicht vernetzt und können nicht von den Möglichkeiten profitieren, die das digitale Zeitalter bietet. Diese Kluft zwischen denen, die Zugang zu digitalen Technologien haben, und denen, die keinen Zugang zu digitalen Technologien haben, wird als digitale Kluft bezeichnet. Es handelt sich um ein dringendes Problem, das die Ungleichheit aufrechterhält, die Möglichkeiten einschränkt und ganze Gemeinschaften von der uneingeschränkten Teilhabe an der modernen Welt ausschließt. Bei der Bewältigung der digitalen Kluft geht es nicht nur darum, den Zugang zu Technologie zu ermöglichen – es geht auch darum sicherzustellen, dass jeder über die Fähigkeiten, das Wissen und die Möglichkeiten verfügt, um in einer zunehmend vernetzten Gesellschaft erfolgreich zu sein.

Die digitale Kluft wird durch mehrere Faktoren verursacht, wobei wirtschaftliche Ungleichheiten einer der bedeutendsten sind. Viele Menschen, insbesondere in Haushalten mit niedrigem Einkommen, können sich die Geräte oder Internetverbindungen, die für den Zugang zu digitalen Fähigkeiten erforderlich sind, nicht leisten. Beispielsweise verfügt eine Familie, die Schwierigkeiten hat, über die Runden zu kommen, möglicherweise nicht über die Mittel, um einen Computer zu kaufen oder eine zuverlässige Breitbandverbindung zu bezahlen. Dieser fehlende Zugang stellt ein Hindernis für Informationen, Bildung und wirtschaftliche Möglichkeiten dar und benachteiligt diese Familien im Vergleich zu denen, die sich die Technologie leisten können.

Eine weitere Hauptursache für die digitale Kluft ist die mangelnde Infrastruktur in ländlichen oder unterversorgten Gebieten. In vielen Teilen der Welt, insbesondere in Entwicklungsländern, ist der Internetzugang begrenzt oder nicht vorhanden, weil die notwendige Infrastruktur, wie Glasfaserkabel oder Mobilfunkmasten, nicht gebaut wurde. Selbst in entwickelten Ländern sind ländliche Gemeinden im Vergleich zu städtischen Gebieten häufig mit langsameren Internetgeschwindigkeiten oder höheren Kosten konfrontiert. Dieser Mangel an Infrastruktur führt dazu, dass die Menschen in diesen Regionen von der digitalen Welt abgeschnitten sind und keinen Zugang zu Online-Bildung, Telemedizin oder Fernarbeitsmöglichkeiten haben.

Auch die eingeschränkte digitale Kompetenz ist ein Schlüsselfaktor für die digitale Kluft. Selbst wenn Menschen Zugriff auf Geräte und das Internet haben, wissen sie möglicherweise nicht, wie sie diese effektiv nutzen können. Beispielsweise könnte ein älterer Erwachsener, der noch nie ein Smartphone oder einen Computer benutzt hat, Schwierigkeiten haben, auf Online-Plattformen zu navigieren oder auf wichtige Informationen zuzugreifen. Ebenso kann es für Personen mit niedrigem Bildungsniveau schwierig sein, digitale Fähigkeiten zu nutzen, wodurch sich die Kluft zwischen denen, die von der Technologie profitieren können, und denen, die nicht davon profitieren können, noch weiter vergrößert.

Die Folgen der digitalen Kluft sind weitreichend und zutiefst besorgniserregend. Eine der bedeutendsten Auswirkungen betrifft die Bildung. Während der COVID-19-Pandemie, als Schulen auf der ganzen Welt auf Online-Lernen umstellten, blieben Millionen von Schülern in abgelegenen oder einkommensschwachen Gebieten zurück, weil sie keinen Zugang zu Geräten oder zum Internet hatten. In einigen ländlichen Gemeinden waren die Schüler beispielsweise auf gedruckte Arbeitsblätter oder gemeinsam genutzte Geräte angewiesen, was es nahezu unmöglich machte, mit ihren Mitschülern mitzuhalten, die Zugang zu Hochgeschwindigkeitsinternet und digitalen Lernplattformen hatten. Diese Bildungslücke beeinträchtigt nicht nur die schulischen Leistungen der Schüler, sondern schränkt auch ihre Zukunftschancen ein und setzt den Kreislauf von Armut und Ungleichheit fort.

Die digitale Kluft wirkt sich auch auf den Zugang zur Gesundheitsversorgung aus. Telemedizin, die es Patienten ermöglicht, Ärzte aus der Ferne zu konsultieren, ist zu einer wichtigen Möglichkeit für die Gesundheitsversorgung in unterversorgten Gebieten geworden. Ohne Internetzugang oder digitale Kompetenz können viele Menschen diese Dienste jedoch nicht nutzen. Beispielsweise muss eine Person, die in einer ländlichen Gegend ohne zuverlässiges Internet lebt, möglicherweise weite Strecken zurücklegen, um einen Arzt aufzusuchen, selbst wenn es sich um geringfügige Gesundheitsprobleme handelt, die durch eine virtuelle Konsultation gelöst werden könnten. Dieser fehlende Zugang zur Gesundheitsversorgung kann schwerwiegende Folgen für Einzelpersonen und Gemeinschaften haben, insbesondere während Krisen im Bereich der öffentlichen Gesundheit.

Wirtschaftliche Chancen sind ein weiterer Bereich, in dem die digitale Kluft erhebliche Auswirkungen hat. In der heutigen digitalen Wirtschaft ist der Zugang zum Internet für die Arbeitssuche, die Gründung von Unternehmen und die Teilnahme am E-Commerce von entscheidender Bedeutung. Beispielsweise kann es für jemanden ohne Internetzugang schwierig sein, sich auf eine Stelle zu bewerben, da viele Arbeitgeber mittlerweile Online-Bewerbungen verlangen. Ebenso verpassen kleine Unternehmen in unterversorgten Gebieten möglicherweise die Möglichkeit, Kunden online zu erreichen, was ihr Wachstum und ihre Rentabilität einschränkt. Dieser Ausschluss aus der digitalen Wirtschaft betrifft nicht nur Einzelpersonen, sondern behindert auch die wirtschaftliche Entwicklung ganzer Regionen.

Die Bewältigung der digitalen Kluft erfordert einen vielschichtigen Ansatz, der die Grundursachen des Problems angeht. Eine der wichtigsten Strategien ist der Ausbau der Breitbandinfrastruktur, um sicherzustellen, dass jeder, unabhängig von seinem Wohnort, Zugang zu zuverlässigem und erschwinglichem Internet hat. Regierungen und private Unternehmen können zusammenarbeiten, um in ländlichen und unterversorgten Gebieten die notwendige Infrastruktur aufzubauen, beispielsweise durch die Verlegung von Glasfaserkabeln oder den Einsatz von Satelliteninternet. Beispielsweise zielen Initiativen wie Starlink von SpaceX darauf ab, mithilfe von Satellitentechnologie

Hochgeschwindigkeitsinternet für abgelegene Regionen bereitzustellen und so dazu beizutragen, die Lücke für zurückgelassene Gemeinden zu schließen.

Die Bereitstellung erschwinglicher Geräte ist ein weiterer entscheidender Schritt zur Überwindung der digitalen Kluft. Programme, die kostengünstige Laptops, Tablets oder Smartphones an einkommensschwache Familien verteilen, können dazu beitragen, dass jeder über die Fähigkeiten verfügt, die er für den Zugang zur digitalen Welt benötigt. Beispielsweise haben Initiativen wie „One Laptop Per Child" Millionen von Kindern in Entwicklungsländern Zugang zu Technologie verschafft, sodass sie am digitalen Lernen teilnehmen und wertvolle Fähigkeiten erwerben können.

Auch Programme zur digitalen Kompetenz sind für die Überbrückung der Kluft von entscheidender Bedeutung. Diese Programme vermitteln den Menschen den Umgang mit digitalen Fähigkeiten und die Navigation im Internet und befähigen sie so, die Möglichkeiten der Technologie zu nutzen. Beispielsweise können Gemeindezentren oder Bibliotheken kostenlose Workshops zu grundlegenden Computerkenntnissen anbieten und so älteren Erwachsenen, Personen mit geringem Einkommen und anderen unterversorgten Gruppen dabei helfen, ihr Selbstvertrauen und ihre Kompetenz im Umgang mit Technologie aufzubauen.

Die Zusammenarbeit zwischen Regierungen, Technologieunternehmen und der Zivilgesellschaft ist der Schlüssel zur Überwindung der digitalen Kluft. Regierungen können Richtlinien umsetzen und Mittel bereitstellen, um die Entwicklung der Infrastruktur, die Geräteverteilung und Programme zur digitalen Kompetenz zu unterstützen.

Technologieunternehmen können eine Rolle spielen, indem sie erschwingliche Geräte entwickeln, kostengünstige Internettarife anbieten oder mit gemeinnützigen Organisationen zusammenarbeiten, um unterversorgte Gemeinden zu erreichen. Zivilgesellschaftliche Organisationen können sich für digitale Inklusion einsetzen, das Bewusstsein für das Thema schärfen und diejenigen vor Ort unterstützen, die sie am meisten benötigen.

Es gibt bereits viele erfolgreiche Initiativen, die die Kraft der Zusammenarbeit bei der Überbrückung der digitalen Kluft unter Beweis stellen. Beispielsweise nutzte Googles Project Loon Ballons in großer Höhe, um abgelegenen Gebieten Zugang zum Internet zu ermöglichen, während Microsofts Airband Initiative daran arbeitet, unterversorgten Gemeinden in den Vereinigten Staaten und auf der ganzen Welt Breitband bereitzustellen. Gemeinnützige Organisationen wie der Digital Divide Council und die Alliance for Affordable Internet arbeiten ebenfalls daran, die digitale Inklusion zu fördern und sicherzustellen, dass jeder Zugang zu den Fähigkeiten hat, die er braucht, um im digitalen Zeitalter erfolgreich zu sein.

## Die Rolle von Regierungen, Unternehmen und Einzelpersonen bei der Gestaltung der Zukunft

*„Der beste Weg, die Zukunft vorherzusagen, besteht darin, sie zu gestalten."* – Peter Drucker

Die Zukunft passiert uns nicht einfach – sie ist etwas, das wir durch unser Handeln, unsere Entscheidungen und unsere Zusammenarbeit gestalten. Regierungen, Unternehmen und Einzelpersonen spielen jeweils eine entscheidende Rolle bei der

Bestimmung der Richtung von Technologie, Gesellschaft und globalem Fortschritt. Diese drei Hauptakteure beeinflussen die Art und Weise, wie wir Herausforderungen angehen, Chancen nutzen und eine Welt aufbauen, die unsere gemeinsamen Werte widerspiegelt. Indem wir ihre Rollen und Verantwortlichkeiten verstehen, können wir zusammenarbeiten, um eine Zukunft zu schaffen, die nachhaltig, integrativ und innovativ ist.

Regierungen spielen eine einzigartige und kraftvolle Rolle bei der Gestaltung der Zukunft. Sie legen die Regeln und Rahmenbedingungen fest, die die Gesellschaft leiten, entwickeln Richtlinien zur Bewältigung dringender Probleme und investieren in Infrastruktur und Innovation, um den Fortschritt voranzutreiben. Durch Vorschriften stellen Regierungen sicher, dass neue Technologien verantwortungsvoll entwickelt und genutzt werden. Da beispielsweise künstliche Intelligenz (KI) immer stärker in unser Leben integriert wird, arbeiten Regierungen daran, ethische Richtlinien und Gesetze zu schaffen, um Missbrauch wie Voreingenommenheit in KI-Systemen oder die Verbreitung von Fehlinformationen durch Deepfakes zu verhindern. Diese Vorschriften tragen zum Schutz der Bürger bei und stärken gleichzeitig das Vertrauen in neue Technologien.

Regierungen spielen auch eine entscheidende Rolle bei der Bewältigung globaler Herausforderungen wie dem Klimawandel. Durch die Förderung erneuerbarer Energien und nachhaltiger Praktiken können sie den Übergang in eine grünere Zukunft vorantreiben. Länder wie Dänemark und Deutschland haben beispielsweise stark in Wind- und Solarenergie investiert und sich ehrgeizige Ziele zur Reduzierung der $CO_2$-Emissionen gesetzt. Diese Bemühungen bekämpfen nicht nur den Klimawandel, sondern schaffen auch Arbeitsplätze und stimulieren das Wirtschaftswachstum im Bereich der erneuerbaren Energien.

Zusätzlich zu Regulierungs- und Umweltinitiativen investieren Regierungen in Bildung, Gesundheitsversorgung und Infrastruktur, um sicherzustellen, dass ihre Bürger die Fähigkeiten und Möglichkeiten haben, sich zu entfalten. Programme, die den Zugang zu hochwertiger Bildung erweitern, wie z. B. kostenlose öffentliche Schulen oder Stipendien für die Hochschulbildung, befähigen Einzelpersonen, einen Beitrag zur Gesellschaft und Wirtschaft zu leisten. Ebenso sorgen Investitionen in Gesundheitssysteme dafür, dass Menschen ein gesünderes und produktiveres Leben führen können. Regierungen bauen und unterhalten auch Infrastrukturen wie Straßen, Brücken und Internetnetzwerke, die für die Verbindung von Gemeinschaften und die Ermöglichung von Fortschritt unerlässlich sind.

Während Regierungen die Weichen stellen, sind Unternehmen häufig die Treiber für Innovation und Wirtschaftswachstum. Unternehmen entwickeln neue Technologien, schaffen Arbeitsplätze, beeinflussen das Verbraucherverhalten und prägen so die Art und Weise, wie wir leben und arbeiten. Technologieunternehmen haben beispielsweise Branchen mit Fortschritten in den Bereichen künstliche Intelligenz, erneuerbare Energien und Weltraumforschung revolutioniert. Unternehmen wie Tesla haben die Einführung von Elektrofahrzeugen beschleunigt, die Abhängigkeit von fossilen Brennstoffen verringert und andere Autohersteller dazu inspiriert, diesem Beispiel zu folgen. In ähnlicher Weise hat SpaceX die Erforschung des Weltraums zugänglicher und kostengünstiger gemacht und neue Möglichkeiten für wissenschaftliche Entdeckungen und kommerzielle Unternehmungen eröffnet.

Auch Unternehmen haben durch ihre ethische Verantwortung einen erheblichen Einfluss auf die Gesellschaft. Wenn Unternehmen wachsen und expandieren, müssen sie die langfristigen Auswirkungen ihres Handelns auf die Umwelt, ihre Mitarbeiter und die Gemeinden, denen sie dienen, berücksichtigen. Viele Unternehmen wenden beispielsweise nachhaltige Praktiken an, etwa die Abfallreduzierung, die Nutzung erneuerbarer Energien und die Entwicklung umweltfreundlicher Produkte. Diese Bemühungen kommen nicht nur dem Planeten zugute, sondern sprechen auch Verbraucher an, die bei ihren Kaufentscheidungen Wert auf Nachhaltigkeit legen.

Der Datenschutz ist ein weiterer Bereich, in dem Unternehmen eine entscheidende Verantwortung tragen. In einer Zeit, in der personenbezogene Daten in einem noch nie dagewesenen Ausmaß erfasst und analysiert werden, müssen Unternehmen einen sicheren und transparenten Umgang mit Daten gewährleisten. Technologiegiganten wie Apple haben beispielsweise den Schwerpunkt auf die Privatsphäre der Benutzer gelegt, indem sie Funktionen implementiert haben, die Einzelpersonen mehr Kontrolle über ihre Daten geben. Durch die Priorisierung ethischer Praktiken können Unternehmen Vertrauen bei ihren Kunden aufbauen und zu einer gerechteren und sichereren digitalen Landschaft beitragen.

Während Regierungen und Unternehmen eine wichtige Rolle spielen, sind Einzelpersonen das Herzstück der Gestaltung der Zukunft. Durch kollektives Handeln, Verbraucherentscheidungen und Basisbewegungen haben Menschen die Macht, Veränderungen voranzutreiben und Institutionen zur Rechenschaft zu ziehen. Aktivismus ist eine der sichtbarsten Möglichkeiten, wie Menschen die Zukunft beeinflussen. Beispielsweise hat die von

Persönlichkeiten wie Greta Thunberg angeführte Befürwortung des Klimawandels Millionen von Menschen auf der ganzen Welt dazu inspiriert, Maßnahmen von Regierungen und Unternehmen zu fordern. Diese Bewegungen haben die Staats- und Regierungschefs dazu gedrängt, ehrgeizigere Klimapolitiken zu verfolgen und in nachhaltige Lösungen zu investieren.

Auch die Entscheidungen der Verbraucher haben einen tiefgreifenden Einfluss auf die Gestaltung der Zukunft. Wenn Einzelpersonen sich dafür entscheiden, Unternehmen zu unterstützen, die ihren Werten entsprechen – etwa indem sie bei Unternehmen einkaufen, die Wert auf Nachhaltigkeit oder ethische Arbeitspraktiken legen –, senden sie eine starke Botschaft an den Markt. Diese Nachfrage nach verantwortungsvollen Produkten und Dienstleistungen ermutigt Unternehmen, bessere Praktiken einzuführen und Innovationen auf eine Weise zu entwickeln, die der Gesellschaft zugute kommt.

Basisbewegungen und soziales Unternehmertum sind weitere Möglichkeiten, wie Einzelpersonen zum Fortschritt beitragen. Sozialunternehmer gründen beispielsweise Unternehmen, die sich sozialen oder ökologischen Herausforderungen stellen und gleichzeitig wirtschaftlichen Wert schaffen. Organisationen wie TOMS Shoes, die für jedes verkaufte Paar Schuhe ein Paar Schuhe spenden, zeigen, wie Einzelpersonen Innovation mit dem Engagement verbinden können, die Welt zu einem besseren Ort zu machen. Diese Bemühungen zeigen, dass jeder, unabhängig von seinem Hintergrund oder seinen Ressourcen, eine Rolle bei der Gestaltung der Zukunft spielen kann.

Der bedeutendste Fortschritt entsteht oft dann, wenn Regierungen, Unternehmen und Einzelpersonen zusammenarbeiten.

Zusammenarbeit ist für die Bewältigung globaler Herausforderungen wie Klimawandel, Ungleichheit und technologische Störungen von entscheidender Bedeutung. Beispielsweise brachte das Pariser Klimaabkommen Regierungen, Unternehmen und die Zivilgesellschaft zusammen, um Ziele für die Reduzierung der $CO_2$-Emissionen und den Übergang zu erneuerbaren Energien festzulegen. Diese Art von Partnerschaft zeigt die Kraft kollektiven Handelns bei der Bewältigung komplexer Probleme, die kein einzelner Stakeholder allein lösen kann.

Gemeinsame Verantwortung und ethische Entscheidungsfindung sind der Schlüssel zur Gewährleistung einer nachhaltigen und integrativen Zukunft. Regierungen müssen Richtlinien entwickeln, die Gerechtigkeit fördern und das Gemeinwohl schützen. Unternehmen müssen ethischen Praktiken und langfristiger Nachhaltigkeit Vorrang vor kurzfristigen Gewinnen geben. Einzelpersonen müssen informiert bleiben, bewusste Entscheidungen treffen und Institutionen zur Rechenschaft ziehen. Durch die Zusammenarbeit können diese drei Stakeholder eine Zukunft schaffen, die unsere gemeinsamen Werte und Bestrebungen widerspiegelt.

## Aufbau eines integrativeren und transparenteren Informationsnetzwerks

In der heutigen vernetzten Welt sind Informationsnetzwerke das Rückgrat unserer Kommunikation, unseres Lernens und unserer Entscheidungen. Diese Netzwerke – die das Internet, Social-Media-Plattformen, Suchmaschinen und Datenaustauschsysteme umfassen – haben die Macht,

Gesellschaften zu formen, die Wirtschaft zu beeinflussen und Menschen auf der ganzen Welt zu verbinden. Der aktuelle Zustand der Informationsnetze ist jedoch alles andere als perfekt. Herausforderungen wie digitale Ungleichheit, algorithmische Voreingenommenheit, Fehlinformationen und mangelnde Transparenz bei der Erhebung und Nutzung von Daten haben zu Hindernissen geführt, die marginalisierte Gemeinschaften unverhältnismäßig stark beeinträchtigen und soziale und wirtschaftliche Ungleichheiten vertiefen. Um ein integrativeres und transparenteres Informationsnetzwerk aufzubauen, müssen wir uns diesen Herausforderungen stellen und sicherstellen, dass jeder gleichberechtigten Zugang zu Technologie, unvoreingenommenen Systemen und klarer Kommunikation darüber hat, wie Informationen verwaltet werden.

Eines der drängendsten Probleme in den heutigen Informationsnetzwerken ist die digitale Ungleichheit. Millionen von Menschen auf der ganzen Welt haben immer noch keinen Zugang zum Internet oder über die Geräte, die sie benötigen, um am digitalen Zeitalter teilzunehmen. Diese Kluft ist oft auf wirtschaftliche Ungleichheiten zurückzuführen, da Haushalte mit niedrigem Einkommen nicht in der Lage sind, sich die notwendige Technologie zu leisten. Erschwerend kommt hinzu, dass es in ländlichen oder unterversorgten Gebieten, in denen Hochgeschwindigkeitsinternet nicht verfügbar oder unerschwinglich teuer ist, an Infrastruktur mangelt. Ohne Zugang zu Informationsnetzwerken sind Einzelpersonen von Möglichkeiten in den Bereichen Bildung, Gesundheitsversorgung und Beschäftigung ausgeschlossen, was zu einem Teufelskreis von Armut und Ungleichheit führt.

Eine weitere große Herausforderung ist die algorithmische Verzerrung. Viele der Systeme, die Informationsnetzwerke wie Suchmaschinen, Empfehlungsalgorithmen und künstliche Intelligenz (KI) antreiben, basieren auf Daten, die bestehende gesellschaftliche Vorurteile widerspiegeln. Beispielsweise könnte ein für die Einstellung eingesetztes KI-System Kandidaten aus bestimmten demografischen Gruppen bevorzugen, wenn die Schulungsdaten auf diese Gruppen ausgerichtet sind. Ebenso können Suchmaschinen Inhalte priorisieren, die Stereotypen verstärken oder unterschiedliche Perspektiven ausschließen. Diese Vorurteile können Auswirkungen auf die reale Welt haben, indem sie die Chancen für marginalisierte Gemeinschaften einschränken und die Diskriminierung aufrechterhalten.

Fehlinformationen stellen in Informationsnetzwerken ein wachsendes Problem dar, da sich falsche oder irreführende Inhalte schnell über soziale Medien und andere Plattformen verbreiten. Dieses Problem wird häufig durch Algorithmen verschärft, die das Engagement priorisieren und sensationelle oder emotional aufgeladene Inhalte gegenüber präzisen Informationen verstärken. Fehlinformationen können schwerwiegende Folgen haben, von der Beeinflussung von Wahlen bis hin zur Untergrabung öffentlicher Gesundheitsbemühungen. Während der COVID-19-Pandemie verbreiteten sich beispielsweise falsche Informationen über Impfstoffe weit im Internet, was zur Impfskepsis beitrug und Leben gefährdete.

Ein Mangel an Transparenz darüber, wie Daten gesammelt, weitergegeben und genutzt werden, verkompliziert diese Herausforderungen zusätzlich. Viele Benutzer sind sich nicht bewusst, wie ihre persönlichen Daten von Unternehmen verfolgt und monetarisiert werden, was zu Bedenken hinsichtlich des

Datenschutzes und der Datensicherheit führt. Beispielsweise sammeln Social-Media-Plattformen oft riesige Mengen an Daten über ihre Nutzer, doch die Prozesse hinter dieser Datenerhebung werden selten klar und verständlich erklärt. Dieser Mangel an Transparenz untergräbt das Vertrauen in digitale Systeme und macht Benutzer anfällig für Ausbeutung.

Um diese Herausforderungen zu bewältigen, müssen wir den Grundsätzen der Inklusivität und Transparenz beim Aufbau von Informationsnetzwerken Vorrang einräumen. Inklusivität bedeutet sicherzustellen, dass jeder, unabhängig von seinem Hintergrund oder seinen Umständen, Zugang zu den Fähigkeiten und Möglichkeiten hat, die digitale Technologien bieten. Dazu gehört der Ausbau des Internetzugangs in unterversorgten Gebieten, die Bereitstellung erschwinglicher Geräte und die Implementierung digitaler Kompetenzprogramme, um Menschen dabei zu helfen, sich in der Online-Welt zurechtzufinden. Beispielsweise zeigen Initiativen wie Googles Project Loon, bei dem Ballons in großer Höhe eingesetzt werden, um abgelegene Regionen mit Internet zu versorgen, wie Technologie zur Überbrückung der digitalen Kluft eingesetzt werden kann.

Transparenz hingegen bedeutet, Informationsnetzwerke offener und verantwortungsvoller zu machen. Das bedeutet, Systeme zu entwerfen, die leicht verständlich sind und klare Erklärungen darüber liefern, wie Daten gesammelt, weitergegeben und verwendet werden. Open-Source-Plattformen, bei denen der zugrunde liegende Code öffentlich verfügbar ist, sind ein hervorragendes Beispiel für gelebte Transparenz. Auf diesen Plattformen können Benutzer sehen, wie das System funktioniert, und zu seiner Entwicklung beitragen, wodurch Vertrauen und Zusammenarbeit gefördert werden. Community-gesteuerte

Initiativen wie Wikipedia demonstrieren ebenfalls die Macht der Transparenz, indem sie es Benutzern ermöglichen, Inhalte gemeinsam zu überprüfen und zu bearbeiten.

Regierungen, Unternehmen und die Zivilgesellschaft spielen alle eine entscheidende Rolle beim Aufbau eines integrativeren und transparenteren Informationsnetzwerks. Regierungen können Richtlinien und Vorschriften schaffen, die die digitale Inklusion fördern und die Privatsphäre der Benutzer schützen. Beispielsweise legt die Datenschutz-Grundverordnung (DSGVO) der Europäischen Union strenge Richtlinien für den Umgang von Unternehmen mit personenbezogenen Daten fest und gibt Benutzern mehr Kontrolle über ihre Informationen. Regierungen können auch in Infrastrukturprojekte investieren, um den Internetzugang zu erweitern und Mittel für Programme zur digitalen Kompetenz bereitzustellen.

Als Schöpfer und Betreiber vieler Informationsnetzwerke haben Unternehmen die Verantwortung, Systeme zu entwerfen, die fair, zugänglich und transparent sind. Dazu gehört die Bekämpfung algorithmischer Verzerrungen durch die Verwendung verschiedener Datensätze und die Durchführung regelmäßiger Prüfungen, um Fairness sicherzustellen. Unternehmen können auch ethische KI-Praktiken einführen, z. B. indem sie der Privatsphäre der Benutzer Priorität einräumen und den Einsatz von KI für schädliche Zwecke vermeiden. Microsoft hat sich beispielsweise dazu verpflichtet, KI-Systeme zu entwickeln, die inklusiv und verantwortungsbewusst sind, und damit ein Beispiel für andere Technologieunternehmen zu sein, dem sie folgen können.

Die Zivilgesellschaft, einschließlich gemeinnütziger Organisationen, Interessengruppen und einzelner Bürger, spielt eine entscheidende Rolle dabei, Regierungen und Unternehmen zur Rechenschaft zu ziehen. Basisbewegungen können das Bewusstsein für digitale Ungleichheit schärfen und auf Maßnahmen zur Förderung der Inklusion drängen. Gemeinnützige Organisationen können Schulungen zur digitalen Kompetenz anbieten und sich für marginalisierte Gemeinschaften einsetzen. Organisationen wie die Electronic Frontier Foundation setzen sich beispielsweise für den Schutz digitaler Rechte und die Förderung der Transparenz in Informationsnetzwerken ein.

Die Zusammenarbeit zwischen diesen Interessengruppen ist für die Schaffung eines umfassenderen und transparenteren Informationsnetzwerks von entscheidender Bedeutung. Regierungen, Unternehmen und die Zivilgesellschaft müssen zusammenarbeiten, um die Ursachen der digitalen Ungleichheit anzugehen, Fehlinformationen zu bekämpfen und sicherzustellen, dass Informationsnetzwerke im Hinblick auf Fairness und Rechenschaftspflicht gestaltet werden. Öffentlich-private Partnerschaften, beispielsweise zwischen Technologieunternehmen und Regierungen, können Ressourcen und Fachwissen bündeln, um komplexe Herausforderungen zu bewältigen. Beispielsweise haben Partnerschaften zum Ausbau des Breitbandzugangs in ländlichen Gebieten Millionen von Menschen erfolgreich an das Internet angeschlossen.

Die Vorteile eines integrativen und transparenten Informationsnetzwerks sind immens. Indem wir dafür sorgen, dass jeder Zugang zu digitalen Technologien hat, können wir den Einzelnen in die Lage versetzen, umfassend an der Gesellschaft und der Wirtschaft teilzuhaben. Transparente Systeme schaffen Vertrauen und fördern Zusammenarbeit und Innovation. Beispielsweise haben Open-Data-Initiativen, bei denen

Regierungen und Organisationen Daten öffentlich teilen, zu Durchbrüchen in Bereichen wie Gesundheitswesen, Stadtplanung und Umweltschutz geführt. Ein integratives und transparentes Informationsnetzwerk stärkt auch die Demokratie, indem es sicherstellt, dass die Bürger Zugang zu korrekten Informationen haben und Institutionen zur Rechenschaft ziehen können.

Der Aufbau eines solchen Netzwerks ist jedoch nicht ohne Herausforderungen. Der Widerstand gegen Veränderungen, die Kosten der Umsetzung und die Notwendigkeit einer globalen Zusammenarbeit können Hindernisse darstellen. Beispielsweise erfordert die Ausweitung des Internetzugangs in abgelegenen Gebieten erhebliche Investitionen in die Infrastruktur, während die Beseitigung algorithmischer Vorurteile fortlaufende Forschung und Entwicklung erfordert. Um diese Herausforderungen zu meistern, sind nachhaltige Anstrengungen, Zusammenarbeit und die Verpflichtung zu ethischen Grundsätzen erforderlich.

www.ingramcontent.com/pod-product-compliance
Lightning Source LLC
LaVergne TN
LVHW051225050326
832903LV00028B/2248